『계간삼천리』
· 가교 · 차연

Doing
자이니치

『계간삼천리』
· 가교 · 차연

Doing
자이니치

| 전성곤 지음

서문

'재일조선인과 자이니치'의 비균질성
그리고 차연

　　재일 당사자인 윤건차는 일본에 사는 '조선인'을 '재일조선인', '재일한국·조선인', '재일 혹은 자이니치'라는 호칭이 역사적 산물이라는 점을 강조했다. 즉 그 호칭들이 '역사적'으로 혹은 '사회적'인 배경 속에서 형성된 것이며, 특히 '국가, 민족, 국적' 개념이 전제되어 '국민'으로 포섭(Subsumtion)과 배제(exclusion)의 경계 속에서 형성된 것이라고 보았다. 역설적으로 호칭 속에 그러한 국가, 민족, 국민이라는 요소들이 작동하고 있음을 설명해냈다.[1]

　　호칭은 자연스럽게 국가와 민족 개념과 연동되어 작동한다는 것을 보여주었고, 여기서 윤건차가 사용하는 역사적·사회적이라는 말은 많은 시사점을 제공해준다. 왜냐하면 대상이 그렇게 명명되는 것은 당시의 역사적·사회적인 환경 내부의 '조건'들이 개입된 것이며 비평적으로 바라볼 필요성을 제시한 것이다. 호칭 문제만 가지고도

---

1) 尹健次, 「「在日韓国·朝鮮人」という言葉」, 『ほるもん文化1』, 新幹社, 1990年, pp.56-73.

그 역사적 배경을 파악하는 것이 그리 만만하지 않다는 것을 알게 해주는데, 그렇기 때문에 현재까지도 이 호칭을 둘러싼 많은 '입장'과 '시각들'이 존재한다고 말할 수 있을 것이다.

이러한 점을 감안하면서 필자는 성급하게 '국가, 국민, 국적' 바깥의 위치에 서야 한다고 주장하기보다는 그것과 '어떻게' 투쟁해 왔고, '무엇을' 투쟁하는가라는 물음을 세우고, 이에 대한 필자 나름대로의 고민을 기술하고자 한다. 필자의 고민이란 호칭의 내부에 갇혀 있는 것이 무엇을 의미하고, 단지 그것에 그치지 않고 다시 그 호칭에 부착된 역사성이나 정치성의 '의미'들을 하나하나 검토해보고, 그 호칭들 사이의 '연속성과 단절성' 그리고 연속선 속에서 다시 다른 결들이 무엇인지를 찾고자 한다.

이를 위해 재일조선인으로 불리는 당사자들이 간행한 잡지 『계간삼천리』를 분석하여 '재일조선인, 재일한국조선인, 자이니치'의 '세계'를 논의해보고자 한다. 세 개의 호칭으로는 그 범주를 정할 수 없는데, 이는 그 범주의 제한성을 오히려 부각시켜주는 것이며 동시에 한반도에 루트를 갖는 한민족 동포나 교포의 일부 혹은 일본국민의 일부라는 부분성에 대한 문제를 해결해야 함을 보여준다.

이것은 근대 국민국가의 일부로서 내재화된 국민 아이덴티티의 긍정 인식에서 오는 '신경증적 스티그마'를 발견하는 길이기도 할 것이다. 이를 가장 잘 보여주는 텍스트로서 필자가 주목한 것은 바로 『계간삼천리』이다.

『계간삼천리』는 1975년 2월에 창간[2]되었고 1987년 5월에 종

---

2) 1975년 2월 창간호(봄호) 발간 때의 편집위원은 강재언, 김달수, 김석범, 박경식, 윤학준, 이진희, 이철이다. 季刊三千里編集委員会, 「編集委員会」, 『季刊三千里』創刊号, 三千里社, 1975年, p.214.

간3)되었다. '재일'4) '당사자들'뿐만 아니라 일본 내의 지식인, 그리고 일반 독자들의 글을 게재하는 '실질적인 담론'을 전개했던 공간5)이었다. '공간'이라는 것은 텍스트의 내용을 의미하기도 하지만 형이상학적 세계로서 '인식론의 내부'를 상상할 수 있는 담론의 장이기도 하다.

이를 이해하기 위해서는 무엇보다도 『계간삼천리』의 '창간사'에 주목해볼 필요가 있다. 창간사는 창간호뿐만 아니라 지속적으로 재수록하는 방식으로 '창간사'의 내용을 강조하고 있기 때문이다. 심지어는 종간호에 창간사를 재수록 했고 창간사의 내용에 대한 회고와 그 실천 여부를 논하는 것이 종간사가 되었다.

그런 의미에서 창간사가 단순하게 잡지 창간에 대한 일시적인 인

---

3) 1987년 5월 종간호(여름호) 발간 때의 편집위원은 강재언, 김달수, 서채원, 이철, 이진희, 서동호, 사토 노부유키(佐藤信行), 위량복(魏良福)이다. 季刊三千里編集委員会,「終刊のことば」,『季刊三千里』終刊号, 三千里社, 1987年, p.288. 강재언, 김달수, 이진희가 1981년 3월 20일부터 27일까지 한국을 방문했는데, 이것이 갈등의 계기가 되어 편집위원이 바뀐 것으로 여겨진다. 3명의 한국 방문은 '재일교포수형자에 대한 관용을 청원하는 교포문필가의 고국방문단'이라는 이름에서 알 수 있듯이 재일조선인 정치범의 관용적 배려를 바라는 청원서를 제출하는 구원활동의 일환이었다. 그렇지만 남한 정권에 대해 거리를 두던 입장을 고수하던 김석범과 김시종은 이를 비판했는데, 결국 이를 계기로 편집위원을 사퇴한 것으로 보인다. 李進熙,「三月の訪韓について」,『季刊三千里』第26号, 三千里社, 1981年, pp.234-235. 李進熙,「編集を終えて」,『季刊三千里』第26号, 三千里社, 1981年, p.256. 이진희는「편집을 마치고」란에 3명의 방한 목적과 그 경위에 대한 글을 게재했다고 밝히고 비난/비판의 목소리는 겸허하게 받아들인다고 적고 있다. 李進熙,「編集を終えて」,『季刊三千里』第27号, 三千里社, 1981年, p.256. 앞 호, 즉 제26호에 게재된 '3월의 방한에 대해(三月の訪韓について)' 반향을 적고 있다. 감사를 표하는 독자도 있지만 중상, 비방에 대해서도 언급한다. 「온돌방」에도 그 '반응'에 대한 글을 게재했는데 비평이나 비난의 글이라기보다 '신조를 초월한 방한'이라는 소개하고, 편집위원이면서 방한 당사자인 강재언이「세 명의 방한에 대해(三人の訪韓について)」를 통해 방한의 객관적 의미를 이해해달라는 글을 적고 있다. 당시 이 문제가 재일 사이에서는 커다란 잇슈였음을 알 수 있다.

4) '재일'에 대한 명칭이 재일한국인, 재일조선인, 재일코리안, 조선인, 한인이라는 호칭으로 사용된다. 특히 본서에서는『계간삼천리』를 분석하면서 '조선 국적', '한국 국적' 그리고 귀화하여 '일본 국적'을 취득한 귀화자까지를 포함해서 '재일'이라고 호칭한다. 그것은 재일이 만드는 새로운 세계를 의미하기도 한다. 그렇지만『계간삼천리』속에서도 '재일조선인'이라고 표기하기도 하고 '재일'이라고 적기도 하는 등 일관성이 없는, 본서에서는 인용하는 논고에 '재일', '재일조선인'이라는 용어를 사용했다면, 그 부분은 원문 그대로 사용했음을 밝힌다.

5) 최범순,「『계간 삼천리』(季刊三千里)의 민족정체성과 이산적 상상력」,『일본어문학』제41집, 한국일본어문학회, 2009년, p.398.

사말이 아니라 어떤 강렬한 '의지'와 '의식'이 담겨 있었다는 것을 알 수 있다.

먼저 창간사에 주목해보면 가장 눈에 뜨이는 것은 '가교'라는 말이다. 실제 『계간삼천리』에는 가교라는 '코너'가 매호 마련되어 있고, 제1호부터 제50호까지 한 호도 빠지지 않고 3개 내지 4개를 규칙적으로 게재하고 있었다.

가교의 사전적 의미를 살펴 보면 둘 사이를 이어주는 역할로서 양쪽을 건너지르도록 다리를 가설(架設)하는 것이라고 볼 수도 있을 것이다. 가교에 집필자는 작가, 저널리스트, 일반인, 대학 교수 등 다양한 직업을 가진 사람들이 글을 기고하고 있었다. 그리고 일본인, 재일한국·조선인이 참여하고 있었고 남성·여성의 구분도 없었다.6)

그런데 글을 전부 읽다 보면 집필자들의 특징을 발견 할 수 있다. 그것은 바로 '체험'이라는 키워드였고, 그러한 체험은 국내외의 경계가 없이 개인 자아의 내면에서 발견되는 '세계'였다. 하나의 예를 들어본다면 『계간삼천리』 제35호에 나타난 일례로서 '가교'를 소개해 두기로 하자.

재일한국인 소설가인 이양지가 집필한 「내 손안의 우륵(于勒)」이라는 글이 있다. 이양지는 1980년 5월 처음으로 한국을 방문했는데 이후 무속(巫俗) 무용, 가야금, 판소리를 배우게 된다. 「내 손안의 우륵」이라는 글도 서울에서 유학 중에 배운 가야금, 무속 무용 등에 대한 잔상을 기록한 것이다. 한국에 처음 와서 느낀 것은

---

6) 전자의 경우는 일본 내지와 외지 식민지에서 생활한 체험을 적은 것이다. 그런데 그 체험에는 차이가 있는데 지역적 차이도 있고 연령이나 학력 등의 차이도 있다.

'일본 내에서 이해했던 한국'과는 다른 한국이라는 이질성을 의식하게 된다. 그런데 그 이질성이란 단순한 차원에서 논하는 '차이'가 아니었다.

그것은 내면적 세계까지도 포함하는 내용이며 이는 가야금 연주나 창(唱), 무속(巫俗) 무용 연습장 등의 실생활에서 느끼는 인식 세계의 차이였다. 처음에 이양지는 가야금 연주나 창, 무속 무용을 배우면서 선생님이 하는 대로 흉내를 내는 것으로 그 세계를 이해할 수 있을 것이라고 보았지만, 정체불명의 '할큄' 같은 것을 느끼게 되어 위화감을 갖게 된다. 그 과정에서 '갈 곳을 잃은 어린아이'처럼 혼돈을 겪고 현실 인식에서 균열감을 갖게 된다. 그러던 어느 날 '자신의 몸을 관통해서 지나가는 무엇'인가를 느끼게 되는데, 그것은 "나를 둘러싸고 있는 상황이나 내 역사, 그 모든 것을 포괄하고 있는 나는 나밖에 없고 그런 내가 가야금을 켜고 있는 것"[7]의 세계였다. 그것은 달리 표현하자면 자신만의 호흡 혹은 자신만의 장단을 '발견'하는 것으로, 일순간의 환상 수수께끼처럼 '자아가 발견되는 순간'을 보게 된 것이다. 바로 이양지가 논하는 '자아 발견'의 세계가 이 순간이었던 것이다.

이처럼 『계간삼천리』 속 '가교'라는 코너에 글들이 게재되었는데 창간사에서 밝힌 내용, 즉 "조선과 일본 사이에 복잡하게 엉킨 실타래를 풀어내고 상호간의 이해와 연대를 꾀하기 위한 하나의 가교(架橋)가 되기를 희망"[8]한다는 뜻이 담겨 있었다. 이해와 연대를 위한 가교라고 했는데, 이는 사전적인 의미인 '가(架)+교(橋)'의 연장선에

---

7) 李良枝,「私の中の于勒」,『季刊三千里』第35号, 三千里社, 1983年, p.16.
8) 季刊三千里編集委員会,「創刊のことば」,『季刊三千里』創刊号, 三千里社, 1975年, p.11.

서 인간 내면의 새로운 발견을 위한 다른 '세계들'을 잇는 내용임을 추측할 수 있다.

그리고 일본 제국주의의 식민지, 즉 조선, 대만, 만주에서의 체험을 소개한 것도 있으며 전후 일본인으로서 일본 내에서 재일한국·조선인을 접하거나 조선반도에 대한 접촉이 있었던 체험을 적은 것도 게재되어 있다. 예를 들면 히라바야시 히사에(平林久枝)가 야마다 쇼지(山田昭次)의 권유로 한센병 요양소인 다마전생원(多摩全生園)을 방문하면서 느낀 내용 등이 그것이다. 히라바야시 히사에 자신이 갖고 있던 한센병에 대한 지식은 '소도(小島)의 봄'이라는 옛날 영화나 아카시 가이진(明石海人)의 노래, 호조 다미오(北条民雄)의 소설인 「생명의 초야(いのちの初夜)」 등을 통해 얻은 과거의 이미지뿐으로 아무것도 알지 못했다고 한다.

특히 재일조선인에 대해서는 전혀 인지하지 못했다고 했다. 그런데 다마전생원에서 한센병 환자인 재일조선인들을 조우하게 되면서 그동안 일본 사회가 만들어낸 '재일조선인 한센병 환자에게 부착된 차별의 역사'를 인지하게 된다.

그리하여 히라바야시 히사에가 느끼게 된 점은 '외국인에게도 공평한 연금제도, 고향방문, 조국 통일'에 대한 논의가 필요하다는 것이며 이는 '재일조선인 한센병 환자'의 문제를 넘어 '차별의 역사'를 새로 각성하는 인간 보편성 문제라고 깨닫게 된다.[9]

그리고 우치야마 가즈오(內山一雄)의 「재일조선인 교육과 나」라는 글의 내용이다. 우치야마 가즈오는 대학 졸업 후 오사카의 아사히구(旭区)에 있던 피차별부락 지역의 교사로 취직한다. 당시 자신

9) 平林久枝, 「全生園の在日朝鮮人」, 『季刊三千里』 第35号, 三千里社, 1983年, p.23.

은 일본 사회 내에서 내걸고 있던 '전쟁과 평화, 민주주의 일반론에 단락적으로 해소'하는 '정치주의적 편향' 속에 빠져 있었다고 한다.

그러던 중 분과발표회에서 꺽쇠(「 」)가 붙어 표기되는 '한국'에 대해 논쟁이 생긴 상황에 부딪친다. 즉 분과 발표자 중에 '한국을 괴뢰정권'이라고 보고, '「한국」'으로 표기해야 한다고 발언한 것에 대한 논쟁이 벌어진 것이다. 즉 꺽쇠를 붙인 것은 독립국가라고 인정하지 않는 표현이라고 하는 등 반론이 나왔기 때문이다. 동시에 '조선'이라는 용어에 대한 논의도 마찬가지였다. 조선은 북한을 가리키는 것으로 표기를 '한국·조선'이라고 해야 한다는 것이었다.

그렇다면 일본인 입장에서는 어떤 호칭을 사용할 것인지 '선택해라'라고 했을 때 본인 스스로는 '조선, 조선인'이라고 부르고 싶다고 적었다. 그리고 그 호칭은 결국 "일본인이 조선, 조선인이라는 호칭과 부즉불리(不卽不離)의 관계로서 차별적으로 몸에 베인 뒤틀린 민족관이 일반적으로 현존한다. 그 극복을 위해서 일부러 조선, 조선인 호칭에 구애를 받지 않을 수 없다. 다시 말해서 호칭의 문제라기보다는 우리 일본인의 조선 인식의 문제"10)라며 호칭과 연결된 인식의 세계를 되돌아볼 것을 각성하게 된다.

이러한 체험들은 결국 한국과 일본이라는 국가를 연결하기 위한 '눈에 보이는' 가교의 역할뿐만 아니라, 한국과 일본이라는 국가를 초월한 '개인의 인식과 인식을 이어주고' 이를 통해 전후 식민지나 피식민지의 기억들의 단층이 갖는 중층성의 합리화를 넘어 '새로운 세계를 잇는 가교'를 상정하고 있었음을 알 수 있다.

그것은 부동적이고 고정적인 '이미지들'에 대한 저항과 부정(否定)

---

10) 内山一雄, 「在日朝鮮人敎育と私」, 『季刊三千里』第35号, 三千里社, 1983年, p.26.

이었다. 즉 일본 내에서 형성된 식민지지배의 부인(否認)과 움직이지 않는 제국주의적 역사 관념에 대한 투쟁이기도 했다. 다시 말해서 고정적인 세계관에서 새로운 자유적 공공 세계를 향해 나아갈 수 있는 인식론적 세계를 제시하는 것이었다. 여기서 말하는 자유의 세계란 한나 아렌트(Hannah Arendt)가 『과거와 미래사이』[11])에서 '공공적 공간'에 대해 논하면서 제시한 두 개의 '정치적 가치'와 관련되어 있다.

그중 하나가 '자유'였다. 사이토 준이치(斎藤純一)는 아렌트가 말하는 자유란 억압으로부터 해방되어 있는 것(liberty) 이상의 의미를 갖고 있다고 보고, 그것을 이니셔티브(initiative)라고 명명했다. 즉 '무엇인가를 새롭게 시작하는 것'이라고 보았다.

그리고 다른 하나는 '배제에 대한 저항'이었다. 자유를 위한 장소, 즉 공공적 공간이란 모든 사람들에게 마련된 공간임에도 불구하고 이 장소를 박탈당한 사람들 그리고 마치 존재하지 않는 것처럼 살아갈 수밖에 없는 사람들이 존재함을 잊지 말아야 한다고 경고했다.

이러한 세상에 대해 비판적인 견해를 제시하는 것은 물론이고 특히 그러한 세상을 만드는 배경으로서 '세상을 볼 때 사람들이 갖게 되는 실리주의 사상' 그 자체를 문제 삼았다. 근대적 사고방식의 하나로서 내면화해버린 실리주의 논리는 세상을 보는 기준으로 작동하게 되고, 그 실리주의적 판단 기준으로 인해 세상은 '유용 대 무용' 등의 기준이 적용된다는 점[12])을 비판한 것이다.

선험적으로 갖게 된 이러한 실리주의적 기준도 사회적 · 역사적

---

11) 한나 아렌트 지음, 서유경 옮김, 『과거와 미래사이』 푸른숲, 2005년, p.11. 한나아렌트, 이진우 · 박미애역, 『전체주의의 기원』2, 한길사, 2006년, p.279.

12) 사이토 준이치(斎藤純一) 지음, 윤대석 · 류수연 · 윤미란 옮김, 『민주적 공공성』, 2009년, 이음, pp.13-16.

조건 속에서 만들어진 것으로, 그렇게만 세상을 보게 되는 논리는 세상을 보는 개인의 주체를 '획득'한 것이 아니라 오히려 주체를 '상실'하게 하는 '무주체적 주체'라는 점이다.

이를 이해하기 위해서는 다시 자유의 의미를 재고할 필요가 있다. 자유 개념 또한 억압의 세계를 이해해야 하는데, 그것은 '하고 싶은 것을 마음대로 하는 것'이 자유가 아니라 억압의 구조 속에서만 자유다운 자유를 '인지'하게 해주기 때문에 억압을 인지하는 것이 자유라는 점이다. 동시에 포용과 배제의 개념도 마찬가지인 것이다. 국가는 '국민만들기'를 성공적으로 수행하기 위해서는 국민을 국가 속에 포용해야 되기 때문에 이때 배제를 사용하게 된다. 그렇기 때문에 배제를 동정하거나 배제에 대해 비판적인 논리만으로는 포용의 폭력도 보이지 않게 된다.

이처럼 근대 실리주의적 개념으로 세상을 보는 논리에 존재하는 이분법적 판단 가치에 대해 새롭게 되돌아보아야 한다. 이 말은 이분법적 판단 가치 자체를 재고해야 한다는 의미이다. 즉 포용과 배제, 자유와 억압, 유용과 무용은 결국 하나이며 동일한 것으로 국가를 지탱하고 개인을 국가와 일체화시키는 세계관을 만들어내기 때문이다.

이것은 잘 알려진 것처럼 자크 데리다(Jacques Derrida)가 말하는 이원구조의 허구성에 대한 자각으로 연결된다. 데리다는 이를 차연이라고 불렀다. 차연은 초과(outrance, 초월이 아님)를 의미하는 것으로 이분법적 사유를 넘어서는 방법의 하나라는 것이다.

즉 이분법적 구조로 대조되는 것은 대조되는 것이 아니라 사실은 폐쇄된 이원구조 그 안에서 발생한 것이기 때문에 동일한 것이다.

그렇다고 해서 그 이분법은 양쪽을 넘나드는 것이 자유인가 하면 또 그렇지도 않은 것이다. 이는 이분법으로서 '저항 대 순응'이라는 구조들 혹은 '자본주의 대 사회주의'라는 거대 담론의 주류적인 것으로부터 거리를 두는 것이다. 그 방법론으로써 이중적 대처법이라는 시각이 존재한다.

다시 말해서 서구 근대의 논리에 의해 내면화된 이분법적 가치 판단에 의해 형성된 세계관 그리고 그로 인해 구축된 체제와 제도를 일종의 허구라고 보면서 그것으로부터 벗어나는 자유를 찾기 위해서는 끊임없이 그 체제와 제도 내부를 알아야만 하는 것이다. 그것은 다시 이 '차연'이라는 말 속에도 적용된다. 이 구조들을 벗어나기 위한 증상/증후들이 나타난다. 바로 이 증상/증후들을 찾고자 한다.[13]

즉 『계간삼천리』 속에 내재되어 있는 민족, 국가, 평화, 안보, 통일, 주체, 유신, 단결, 총화, 반공, 불순, 편향, 종파, 차별, 규탄, 교포, 권리, 고향, 일제, 애족(愛族), 충성, 동포, 투쟁, 조국, 만세 등등으로 '재일적인 것'들로 점철되는 이미지들이[14] 갖는 '갇힘'의 세계에 대해 '열림'의 증후를 찾아내고자 한다.

그것은 바로 '재일'의 얼굴을 찾아내는 작업으로도 이어진다. 그렇지만 이 연구는 재일한국·조선인 문제에 대한 해결을 요구하거나 데이터 조사, 참정권 요구나 차별철폐 등 '일반론'적 분석이 아니다. 또한 개인의 고발이나 단체적 규탄대회를 선동하는 것도 더욱 아니다.

게다가 이 연구는 기본적으로 전후 일본 사회가 전전과 마찬가지로 강요하는 동화정책, 차별과 억압을 기층에 두고 재일한국·조선

13) 김보현 지음, 『데리다 입문』, 문예출판사, 2004년, pp.19-209.
14) 宮田浩人, 「在日朝鮮人の顔と顔」, 『季刊三千里』第8号, 三千里社, 1976年, pp.39-45.

인이 민족이나 국가의 조직과 연결된다는 스테레오타입적인 해석을 전개하는 것은 더더욱 아니다.

『계간삼천리』에서는 '연대'와 '통일조선'을 상정하면서 조선과 일본의 상호이해의 가능성과 연대의 문제를 제시하고 있다. 그것은 가교의 '세계'를 만들어가는 논리와도 맞닿아 있으며 조선의 역사, 문화, 교과서문제, '재일조선인'의 문제 그중에서도 특히 재일1세, 2세, 3세의 갈등 문제까지도 포괄하여 남한과 북한이 아니라 '통일 국가'를 상정하고 '탈국민국가'와 포스트식민주의의 문제를 다루고 있다.

『계간삼천리』에서는 '재일이란 무엇인가'라는 당사자들의 근원적인 물음으로 출발하여 한국과 북한, 그리고 일본 더 나아가 미국 제국주의의 문제까지 묻고 있는 것이다. 결국 '국가나 절대 공동체'가 갖는 '세계성'15) 그 자체를 재문(再文)하고 있다.

본 저서는 이러한 문제의식을 바탕으로 각각의 문제점들을 다루어보고자 기획했으며 전체 6장으로 구성되어 있다. 먼저 제1장에서는 '재일조선인'이 전후 일본에서 정주하며 배외주의가 온존하는 '식민주의=국민국가'에 대해 도전하면서 새로운 세계를 구축하기 위해 『계간삼천리』라는 잡지에서 그것을 전개했음을 밝혔다. 재일조선인은 일본 제국주의의 유산임과 동시에 GHQ의 점령정책에 의한 '공공연한 피식민자'라는 점, 한반도의 남북 분단을 그대로 이식받은 '포스트 피식민자'라는 삼중의 멍에에 구속되어 있고, 다시 국

---

15) 金明, 『国家学』, 博英社, 1995年, pp.31-34. 국가는 역사적 산물이며 국가의 역할과 기능도 시대와 상황에 따라 변해간다는 시점이다. 그리고 국가를 정의할 때 일반사회와 대비하면서 정의하는데 두 가지의 형태가 존재할 수 있다고 본다. 하나는 일원적 국가관으로 국가를 포괄적 사회라고 보고 그 속에 다양한 사회집단을 보는 견해이다. 다른 하나는 다원론적 국가관으로 사회를 인간과 집단관계로 보는 것으로 국가도 하나의 집단으로 보는 개념이다. 필자는 이러한 양면적 국가개념을 하나의 공동체 또는 사회 공간이라고 보고자 한다.

가로부터 배제상태에 놓이게 되었다는 것은 잘 알려진 사실이다.

기존에 이러한 재일조선인에 관한 공통된 시각에 대해 『계간삼천리』에서는 '포스트 근대'의 문제를 제기하며 국민국가의 지배적 관념들에 대한 해체를 도전했다. 구체적으로 '정주화' 현상에 주목하면서 근대적 개념인 국가와 민족, 국민의 의미를 재고한다. 이를 위해 『계간삼천리』에서는 재일조선인이 전전 일본 신민에서 전후 외국인으로 변화된 것을 미국의 정책과 연관시켜 논의했다. 전후 일본이 국민국가를 재구축해가는 과정에서 미국의 영향 아래 수립한 재일조선인 문제를 '주체 없는 국민국가'의 굴절 이론으로 비판한다.

동시에 남북으로 분단된 '조선반도=조국'도 이데올로기의 피식민 국가로 보고 호칭에 '꺽쇠'를 넣어 표기하며 거리두기를 시도한다. 그런 과정에서 재일조선인은 '재일'이라는 현실을 응시하고, 남북·일본·미국이 만든 '배외적' 국민론에 대해 실생활과 경험을 키워드로 자기변혁을 모색하게 된다. 기존의 재일조선인, 재일한국·조선인, 재일의 논리에 내재된 '유산'을 계승하면서 다시 그 유산을 만들어낸 '조건'들에 대해 검토하면서 '자이니치'로 나아가는 주체성을 구축해 간다.

특히 김석범이 제시한 재일의 근거 이론, 고바야시 마사루(小林勝)와 고토 메이세이(後藤明生)의 인식 세계, 이소가이 지로(磯貝治良)의 혼혈자론 그리고 다케다 세이지(竹田靑嗣)의 '근대국가'의 사상의 내면화 문제를 통한 '인식론' 비판과, 이와 대립되는 국민국가 정당론자인 사토 가쓰미(佐藤勝巳)를 대비시키면서 낡은 국민국가론과 탈국가론의 이중성을 탈근대성으로 연결하여 넘어서고자 한다. 그것은 바로 세계적 시각이라는 새로운 세계로 나아가는 주체 개념

넘기의 시도이며 낡은 국민국가론의 해체를 제기하고 있는 것이다.

제2장에서는 재일 당사자들에 의해 간행된 『계간삼천리』를 텍스트로 삼아 재일이 기술하는 국가 담론과, 그러한 '국가에 대한 개인의 주체성' 찾기가 어떠한 방식으로 전개되고 있는지를 규명하고자 했다. 먼저 일본이라는 국가가 아시아에 대해 갖는 시선이 어떻게 형성되었는지에 대해 검토해보았다.

이는 일본이 아시아에 대해서도 일본이라는 국가 내부에서 형성한 아시아 공간에 대한 차별화 과정의 궤적을 밝혀내는 작업이었다. 전전에 전쟁에 동원된 일본 국민들은 아시아 해방이라는 인식에 대해 의심하지 못했고 국가 이데올로기에 동원되었던 것이다.

그것은 서구적 근대 인식을 무사상적으로 받아들여 일본 자신들만의 해석에서 바라본 '아시아 해방'이었다. 그렇지만 이러한 인식은 전후 일본에서도 지속적으로 계승하고 있다는 점을 제시한다. 그것은 바로 전전과 전후에 연속적으로 갖는 그 내적 특성을 보여주는 것이었다. 특히 전후 자국 역사학의 특성에 존재하는 국가주의적 틀에 의한 '편견적 무사상'을 초월하여 '진정한 주체'를 갖는 경지에 도달하기를 시사하고 있었다. 그리고 이를 전제로 전전에 일본인으로서 조선인을 차별하지 않으려는 인식은 전후 미점령군의 행동을 보면서 깨닫게 된 경위를 설명한다.

특히 지금까지 '기대고 살았던 기반'을 전면적 재설정하는, 즉 주체의식에 대한 재성찰을 느끼게 했다는 점이다. 그것은 동시에 전후 일본 내부에서 이질적인 존재로 생활하는 조선인을 보면서 일본인이라는 것을 새로 느끼는 계기가 된 점을 소개했다.

그리고 일본의 지식인이 한국의 민중 개념을 통해 일본 내의 민주주의에 대한 반성을 촉구하는 내용이다. 전후 한국과 일본이 국가적 차원의 밀월시대가 열리면서 억압받는 민중이 존재하는 것은 전전과 전후가 '지배자'만 교체된 것이지 동형적 억압이 존재한다는 점을 의미한다. 국민으로 수렴되는 국가권력자도 마찬가지로 나란히 다룰 수 있는 것으로 '그러한 충실성'에 비판적 견해를 제시한다. 국가라는 공간에서 존재하는 개인이 그 국가의 경계 속에서 자아를 형성하는 논리를 통해 역설적으로 그 경계에 의해 인간의 주체가 형성되는 것이었다는 점을 인지하고, '국가'라는 개념이 만든 '주체와 경계 공간'을 타파하고자 하는 것을 주장하고 있었다.

제3장에서는 일본 제국주의의 유재(遺才)로 볼 수 있는 재일한국·조선인이 간행한 『계간삼천리』를 분석하여 식민지지배와 전후 일본 민주주의 논리에 감춰진 '제국주의'를 드러내고자 했다. 이를 위해 첫째, 탈아시아론이 갖는 이중성을 분석했다. 즉 탈아시아론은 서구지향이면서 일본 중심주의의 강조였음을 밝혀냈다. 그렇지만 그 공통점은 황국사관에 근거하고 있었다.

둘째, 민중 구제론으로서 '아시아 연대론'의 허구성을 밝혀냈다. 아시아의 연대 속에는 조선인 차별을 강조하고 있었음을 알 수 있다. 셋째, 이러한 갈래가 결국 전후 일본에서는 미국 제국주의에 대한 비판적 시각에서 한일연대론이 제안되었다. 미국식 민주주의의 수용이라는 식민지지배 아래 동아시아의 연대가 강조된다. 국가권력의 지배층과 민중의 저항이라는 구도로만 민주주의의 자유를 논하는 일본 입장은 전후 민중과 민족 개념이 새로운 국가를 만들어 낼 수 있다는 논리를 재생산하면서 일본 민족주의를 유지·공고히하게 된다. 그 한계성을 『계간삼천리』 속에서 찾아냈고 현재 진행형인 포스트식민주의의 논리를 제시했다.

제4장에서는 재일한국·조선인이 참여한 『계간삼천리』에 발표된 '재일론'의 양상을 제시하고 국가와 개인의 문제를 논의하고자 했다. 1970년대 후반에 창간되어 1980년대 후반에 종간된 이 『계간삼천리』는 재일한국·조선인에서 '재일'로 변용되는 역사적 과정을 기술하고 있다.

호칭의 변용이 아니라 국가와 민족의 '편견'들이 부착되는 역사적 사실을 분명하게 보여주고 있다. 그것은 국민국가적 '억압과 규율'이 투기(投企)되는 과정을 보여주는 것이다. 먼저 『계간삼천리』에 나타난 정주화 논쟁에 대해 살펴보고, 그 시대 상황 속에서 국적의 문제가 어떻게 동화와 배제의 양면성을 동반했는지를 규명했다. 그것은 재일의 개념이 갖는 '규범성' 문제를 내포하게 되었고, 국가와의 거리를 통해 개인의 주체를 발견해가는 새로운 '재일의 탄생'을 설명해주는 것이기도 했다.

그와 동시에 다문화·단일문화의 자장이 만들어낸 국민의 균질화 논리가 개인의 주체성 찾기와 연동하고 있음을 밝혀냈다. 즉 국민 의식을 주조해버린 것에 대한 다루었다.

제5장에서는 『계간삼천리』를 분석하여 전후 36년이라는 시간 속에 어떻게 전전의 식민지를 기억하고, '국가와 민족'을 극복하고자 하는지에 대해 검토했다. 식민지/탈식민지의 연속선상에 나타난 주체 찾기가 어떻게 월경자들의 체험 '세계'에 나타나는지를 부각시키고자 했다. 『계간삼천리』를 보면 식민지를 경험한 일본인이 전후 일본에서 구축한 자아의 세계는 일본 내지에서 외국인이 된 조선인이 맞이하는 자아 세계와 공통점이 존재했다.

그것은 바로 '월경자들의 체험'인데 식민자이면서 피식민자의 시선을 획득하는 입장이 존재했다. 그것은 조선인과 일본인의 '국민만들기' 논리로서 국가가 개인의 내면적 자유를 '침해'하는 다른 의미의 제국주의였음을 보여준다. 이를 극복하고 새로운 주체를 찾기 위한 방법으로서 '정주자의 시선' 속에 표박자의 눈과 마음을 혼합하는 방식이 제시되었다. 이는 일본 사회에 존재하는 재일한국·조선인의 사건을 통해 내부의 타자를 만들어내는 일본 사회를 다시 비판적으로 보게 하는 역할을 한다.

다시 재일한국·조선인의 내부 사회에서 생겨나는 세대 간의 차이와 모국에 대한 상실감, 그리고 일본 사회의 이질감을 통해 국가나 민족의 허상을 깨닫게 된다. 『계간삼천리』에서는 재일한국·조선인 입장에서 국가와 국민의 정의를 묻는 동시에 '내면의 식민지'를 탈피하는 '탈식민지'의 패러다임 전환을 창조하고자 했다.

이처럼 본 저서는 『계간삼천리』를 텍스트로 삼아 '재일조선인'에서 '자이니치'에 도달하는 프로세스를 통해 '자연적인 것'으로 여긴 '재일조선인, 자이니치'의 이미지가 갖는 '역사성의 덫'으로부터 탈출 가능성을 엿보고자 했다. 엄밀히 말하자면 본서에서 재일조선인, 자이니치의 역사 전체를 다룬 것은 아니며 『계간삼천리』 텍스트로 한정시켰다. 그렇지만 『계간삼천리』에 나타난 '재일'·'자이니치'에 착목해서 다룸으로써 『계간삼천리』의 특성에 주목할 수 있었고, 그 속에 내재된 국민국가의 '한계성'과 '식민지성'의 문제를 진단해볼 수 있었다.

그렇지만 이 문제는 끝난 작업이 아니라 아직도 미완인 상태로 현재 진행형이라는 의미에서 'Doing 자이니치'라고 제목을 정했다. 국민국가의 문제는 식민지 이후의 문제가 전후 이전에 존재했다는 점과, 그것을 묻는 것이 'Doing 자이니치'이며 이를 통해 새로운 사유의 빗장을 열었으면 하는 저자의 바램이다.

봉의산 기슭에서
저자 전성곤

목
차

제4장

'재일되기'와 '재일 외부'
사유의 함정에 대한 가능성

이 저서는 2017년도 정부(교육부)의 재원으로 한국연구재단의 지원을 받아
한림대학교 일본학연구소가 수행하는 인문한국플러스지원사업의 일환으로
이루어진 연구임.(2017S1A6A3A01079517)

제1장

'호칭'이 묻는 국민국가:
부분성과 제한성을 넘어

1

호칭의 '내폐성' 극복과
비균질성의 발견

일본 사회에서의 '재일조선인' 차별에 대해 반(反)차별운동을 전개하던 사토 가쓰미(佐藤勝巳)[1]는 국민국가를 완수하는 것이 세계적 흐름이라고 보고, 재일조선인을 일본으로 동화시켜야 된다고 주장했다.[2] 반면 후카사쿠 미쓰사다(深作光貞) 등은 국가는 '국민의 균질성(homogeneous)'을 주장하지만, 오히려 비국민을 재구성해내는 과정이라며 비판적으로 다루었다.[3]

이는 국민국가에 대한 정반대의 입장을 보여주는 예인데, 전자는 국민국가를 완성하기 위해 비국민을 국민화해야 한다고 보는 입장이며 후자는 국민국가를 완성해가는 가운데 '국민만들기' 과정에서 비국민을 생산해내는 구조를 문제시한 것이다.

이처럼 국민국가라는 동일한 언어 속에서 '국민만들기'를 긍정하는 측면과, '국민만들기' 속에 비국민이 어떻게 주조되는지를 꿰뚫어 보며 그 국민국가론이 가진 허상임을 알아야 한다고 보는 입장이 존재한다.

---

1) 柏崎正憲, 「反差別から差別への同軸反転-現代コリア研究所の捩れと日本の歴史修正主義」, 『クヴァドランテ』No.10, 東京外国語大学海外事情研究所, 2008年, p.417.

2) 佐藤勝巳, 『在日韓国朝鮮人に問う』, 亜紀書房, 1992年, p.191.

3) 深作光貞・鶴見俊輔・飯沼二郎, 「非国民のすすめ」, 『在日朝鮮人を語るIII<非国民>のすすめ』, 麦秋社, 1985年, p.20.

그리고 이러한 국민국가와 관련하여 호칭의 문제가 존재했다. 사회언어학자 다나카 가쓰히코(田中克彦)는 '국가의 호칭'이 언어로 불리는 것이 아니라, 오히려 '그 형태를 만드는 것이 언어'라고 지적했다.[4] 이는(언뜻 보기에) 국가에 대한 호칭이 자연스럽게 사용되는 것처럼 보이지만, 실은 자연스러운 것처럼 '만들어진 것'이 호칭이었다는 역설적인 시선을 제공해준다.

또한 재일한국·조선인 문제 연구자인 이누마 지로(飯沼二郎)는 언어(호칭)로 나타낸 국가라는 것이 '언어의 신뢰성'이라는 의식의 문제와 연관시켜 언어로서 민족과 국가의 형태가 설명되는 것이 아니며, 언어에 예속되어 그것을 자연화하여 추종함으로써 다른 것들이 파생된 것이라고 보았다. 그 일부가 바로 '국민'과 '비국민'의 구분[5]이라고 보았다.

다나카 가쓰히코가 호칭은 사람들을 국가의 부속물 혹은 부착물로 '눈을 속인 것'이라고 본 것, 또는 이누마 지로가 '언어나 호칭이 절대적'인 것이 아니라 '자연스러운 것'처럼 보이도록 인위적인 것이 작동한 것이라고 보는 시각은 호칭이 만들어낸 '의식의 구조'였음을 파악할 수 있게 해준다. 따라서 이를 통해 언어나 호칭의 범주에 갇히지 않고, 이러한 범주로부터 탈피하기 위해서는 그 호칭이 형성된 '기원'과 변용 과정의 '배경'을 살펴보아야 한다는 점을 일깨워준다.

이 문제에 대해 접근한다는 것은 호칭에 의해 규정된 '국민과 비국민'의 경계가 자명한 것이 아니라, '진리로 믿게 되는' 의식 그 자체에 틈새를 일으켜 이를 상대화하는 방법에 대한 탐구로 이어질 것

---

4) 田中克彦, 『ことばと国家』, 岩波新書, 1981年, pp.11-13.
5) 飯沼二郎, 『在日朝鮮人を語るⅢ : <非国民>のすすめ』, 麦秋社, 1985年, pp.16-39.

이다. 이러한 문제의식의 연장선상으로써 본 저서에서 논하고자 하는 것은 바로 재일조선인, 재일한국·조선인, 재일, 자이니치에 대한 '호칭'과 '국민국가'의 문제이다.

따라서 필자는 이 두 갈래의 국민국가론을 내파하기 위한 방법으로서 그 국민국가론'들'이 어떠한 조건들 속에서 발현되었는가를 살펴보고자 한다. 이를 통해 국민/비국민의 범주화의 '틀'이 형성된 '기원'과 변용 과정에 동반된 '배경'을 규명하는 방식으로, 국민국가론 자체가 가진 모순점을 밝혀내고자 한다.

그것은 국민국가 자체가 만들어낸 '국민/비국민'의 논리가 표면적으로 제시하는 이항대립을 넘는 시도이다. 즉 국민국가가 내장한 '국민과 비국민'의 경계가 자명한 것이 아니라 '자연스러운 것이라고 믿는' 그 의식이 작위적인 것이라는 점과, 그 '물이나 공기처럼 느낀 그 자체'[6]에 갇혀있다는 것을 보여주는 것이기도 하다.

이렇게 생각해보면 일본에 정주하는 한반도 출신자 혹은 그 후손들에 대한 호칭의 문제도 재고할 필요가 있는 것이다. 물론 호칭은 호칭을 사용하는 사람의 입장에 따라 다를 수 있고 입장에 따라 다양할 수 있다. 그렇지만 호칭이 하나의 '공동체'를 만들어내고 이를 통해 국민/비국민, 지배/피지배, 차별/비차별의 '경계'를 내외부에서 만들어낼 위험성을 내포하고 있기 때문에 호칭의 문제는 국민국가와 불가분의 관계에 있는 커다란 문제 중 하나이다.

특히 일본 식민지지배의 유재로서 일본에 정주하는 '재일조선인', '재일한국·조선인', '자이니치'라는 호칭은 당사자와 비당사자의 '정치성'으로부터 자유로울 수가 없다. 왜냐하면 그것은 정치적 입장이

---

6) 新木厚子, 「指紋押捺制度に思う」, 『季刊三千里』第40号, 三千里社, 1984年, p.262.

나 국적, 그리고 민족의 의미가 '부착'되어 사용되고 이를 바탕으로 변용되어 온 것은 부정할 수가 없기 때문이다.

따라서 이 변주형태와 그 역사적 조건들을 살펴보는 이유는 호칭에 의해 구속되거나 해방이 착종하거나 융화하는 과정을 규명함으로써 자아 해방의 계기로 환기될 수 있기 때문이다.

특히 중요한 것은 재일조선인이 재일한국·조선인, 자이니치로 변용되는 호칭을 둘러싼 '조건과 형태'에 대해 논의적 실천이 다루어진 것이 1970년대 후반부터 1980년대 중반까지 재일조선인에 의해 발간된 『계간삼천리』였다.[7] 실제로 『계간삼천리』에서는 간행 10주년을 맞아 『계간삼천리』의 10년을 회고하면서 재일조선인의 재류(在留) 근거성의 변용과, 당사자들의 의식변용에 대한 흐름의 '대응'을 잘 보여주고 있다.[8]

따라서 필자는 『계간삼천리』 전체를 총 망라하여 호칭의 변용과 국민국가의 '관계'를 새롭게 조명함으로써 '절대성' 개념에서 벗어나 호칭에 의해 '물신화'되고 규범화된 과정을 밝혀내고자 한다. 물론 첫 번째 호칭으로서 재일조선인을 다루는 동시에 그 내부에서 시작하는 재일조선인의 의미가 다시 남북, 일본과 관련하면서 국가의 외부로 나아가려는 시도들을 살펴볼 것이다. 그것은 재일조선인이 갖는 의미의 부동성과 고정성에 대한 저항과 부정(否定)을 통해 '일원

---

7) 이는 이한정의 논고에서도 지적되듯이 '재일'은 일본에 정주해 살아간다는 의미를 포함해 '자이니치'라고 명명되었는데 그 전환점이 된 것이 『계간삼천리』였다고 논한다. 이한정, 「민주조선(民主朝鮮)과 '재일문학'의 전개」, 『재일디아스포라 문학선집5』, 소명출판, 2017년, pp.15-16. 물론 『계간삼천리』와 『청구』 등에서 '재일(자이니치)'이라는 말을 공유하기 시작했으나 패전 직후 『민주주선』에서 그 맹아를 찾아볼 수 있다고 논한다. 그리고 김환기는 『계간삼천리』가 경계인의 주류·중심사회를 향한 투쟁의 역사라고 보면서 이들을 '재일코리안'이라고 표기한다. 김환기, 「청구(青丘)와 재일코리안의 자기정체성」, 『재일디아스포라 문학선집5』, 소명출판, 2017년, pp.187-188.

8) 幼方直吉, 「継続は力である」, 『季刊三千里』第40号, 三千里社, 1984年, p.241.

적 사고들'로부터 벗어나 '인식 지평을 연다'는 의미에서 역사적 과
거이면서도 현재적 의미를 찾아보고자 한다.

이는 재일조선인 당사자의 역사적 기원을 되돌아보게 하는 동시
에 재일한국·조선인, 재일로 변용되는 프로세스를 밝히는 작업을
통해 가능하다고 할 수 있다. 그 이유는 기존의 고정적인 '관념'의
세계 내부에 있으면서 다시 그 세계의 바깥으로 나아가는 새로운 틈
을 비집고 들어가는 계기를 보여주기 위해서이다.

사실 『계간삼천리』에는 재일조선인을 둘러싸고 민족, 국가, 평화,
안보, 통일, 주체, 유신, 단결, 총화, 반공, 불순, 편향, 종파, 차별, 규
탄, 교포, 권리, 고향, 일제, 애족(愛族), 충성, 동포, 투쟁, 조국, 만세
등등으로 점철되는 이미지들9)로 재일조선인을 논하는 경향이 있다.
그것은 바로 '재일조선인'적인 것을 '얼굴'로 표상되기도 한다. 그런
데 여기서 이러한 언어 표상에 의해 표상되지 못한 부분들이 엄연히
존재한다는 역설을 포착할 수 있다. 재일조선인의 얼굴은 '언어/호칭
에 의해 표상된 얼굴들'이며 표상되지 못한 것은 얼굴이 무엇인가라
는 문제와, 누구에 의해 표상되는가라는 표상하는 자의 '문제점'도
함께 자출(炙出)해준다.

얼굴의 표상이나 호칭의 문제를 다룰 때 여기서 얼굴은 에마뉘
엘 레비나스(Emmanuel Levinas)가 말하는 '타자 철학'의 의미이다.
그런데 그것은 '자아가 그려내는 타자의 얼굴이 아니라, 낯선 존재
혹은 다름을 논하는 현시적'인 것으로서 자아나 자신이 왜 그런 인
식을 갖게 되어 타자를 그렇게 보게 되었는가라는 '자아 주체'를
마주하는 의미에서의 '얼굴'인 것이다. 그것은 새로운 주체성을 찾

---

9) 宮田浩人, 「在日朝鮮人の顔と顔」, 『季刊三千里』第8号, 三千里社, 1976年, pp.39-45.

는 길이며 주체 바깥으로 나아가기 위한 초월적 감성 또는 무한성과 관련되는 것이다.[10)

즉 이분법적 구조로 대조되는 것은 대비되는 것이 아니라 사실은 폐쇄된 이원구조 그 안에서 발생한 것이기 때문에 동일한 것이다. 그렇다고 해서 이 이분법은 양쪽을 넘나드는 것이 자유인가 하면, 또 그렇지도 않은 것이다. 이는 이분법으로서 '저항 대 순응'이라는 구조들 혹은 '자본주의 대 사회주의'라는 거대 담론의 주류적인 것으로부터 거리를 두는 것이다. 이 방법론에는 이중적 대처법이라는 시각이 존재한다.

다시 말해서 서구 근대의 논리에 의해 내면화된 이분법적 가치 판단에 의해 형성된 세계관, 그리고 그로 인해 구축된 체제와 제도를 일종의 허구라고 보면서 그것으로부터 벗어나는 자유를 찾기 위해서는 끊임없이 그 체제와 제도의 내부를 알아야만 하는 것이다. 그 것은 다시 '차연'이라는 말 속에도 적용되는데, 이 구조들을 벗어나기 위한 증상/증후들이 나타난다. 본장에서는 바로 이 증상·증후들을 찾고자 한다.[11)

이는 기존에 재일한국·조선인 문제에 대한 해결을 요구하거나 데이터 조사, 참정권 요구나 차별철폐 등 '일반론'적 분석방법이 아니다. 또한 개인의 차별에 대한 고발이나 단체적 규탄대회를 선동하는 것도 더욱 아니다. 그렇다고 해서 선행연구들이 반복한 전후 일본 사회가 전전과 마찬가지로 강요하는 동화정책, 차별과 억압을 기

---

10) 윤대선, 『레비나스의 타자철학-소통과 초월의 윤리를 찾아서』, 문예출판사, 2004년, pp.15-29.
11) H.키멜레저, 박상선역, 『데리다: 데리다철학의 개론적 이해』, 서광사, 1996년, pp.14-17. 김보현, 『데리다 입문』, 문예출판사, 2009년, pp.19-209. 자크 데리다저, 김보현편역, 『해제』, 문예출판사, 1996年, pp.118-159.

층에 두고, 재일한국・조선인이 민족이나 국가의 조직과 연결된다는 스테레오타입적 해석을 전개하려는 것도 더더욱 아니다. 물론 다케다 세이지(竹田靑嗣)는 김석범 등을 재일 2세라고 표현하는 등 곧바로 '재일(자이니치)'이라고 표기한다. 다케다 세이지는 '재일조선인 작가론'이라며 '재일조선인'이라는 표현과 함께 '재일'이라는 호칭을 함께 사용했다. 여기서 다케다 세이지는 재일을 두 가지의 의미로 해석하고 있었다.

첫째, 재일은 이국(異國)에서 차별받는 마이너리티이며 그것에 대한 부당성 주장이 민족주의적 형태로 나타났던 시기가 있었다. 그것은 공동체 사이에서 대항 이념의 하나로서 민족주의를 내세우는 보편주의적 경향의 하나라고 보았다. 그러나 김학영으로부터 '재일'은 삶의 방식으로 연결되는 문제로서 민족적 아이덴티티의 획득이라는 하나의 논리만으로 환원되지 않는 문제가 존재한다는 점을 듣게 된다. 그리하여 둘째, 재일은 국제화나 균질적인 내셔널리티의 해체라는 현재적 문제와 관련이 있다고 여기게 되었고, 재일이라는 말은 '다양성을 인정하는 사회'를 만들어내기 위한 키워드[12]라며 그 의미를 제시했다.

그리고 김시종도 '재일'이라는 호칭을 사용하며 『'재일'의 틈새에서』라는 저서를 간행했다. 물론 이 저서는 2001년 간행으로 되어 있는데, 초출일람을 보면 1971년에는 조선인, 재일조선인을 사용하고 1978년에는 재일한국・조선인을 사용하며 1979년 논고에는 재일이라는 호칭을 사용한다.[13]

특히 재일에 대해 그 역사적 의미나 변용 과정 속에 담겨 있는 각

---

12) 竹田靑嗣, 『<在日>という根拠』, ちくま学芸文庫, 1995年, pp.269-272.

13) 金時鐘, 『「在日」のはざまで』, 平凡社, 2001年, pp.10-476. 구체적 논문 내용은 「朝鮮人の人間としての復元」(1971年), 「連帯」ということについて」(1978年), 「クレメンタインの歌」(1979年) 등이 있다.

종 의미들을 가장 구체적으로 분석해준 것은 윤건차이다. 재일조선인, 재일한국인, 재일한국·조선인, 재일코리안 등이 사용되는데, 윤건차는 호칭이 단순히 다양하게 사용되는 것이 아니라 국적이나 민족이 서로 얽히면서 변용된 것이라고 파악하고, 그 '호칭과 정치성, 정치성과 호칭'에 대해 구체적으로 설명한다. 즉 윤건차는 일본 제국주의의 역사적 소산으로서 재일조선인이 형성된 것이며 재일조선인이 재일한국·조선인으로 변용되는 과정을 자세히 설명한다.

윤건차는 1945년 8월 이후 일본에서 재일조선인연맹(조련)이 생기고 1946년 재일조선거류민단(민단)이 형성된 과정을 설명하고, 공통적으로 '조선'이라는 표현이 사용되고 있음에 주목했다. 그리고 반도인이나 반도출신이라는 것을 연관시키면서 서서히 조선인, 재일조선인으로 표기되었다고 한다.

그 후 조선반도에 대한민국과 조선민주주의 인민공화국이 창건되면서 재일조선인의 호칭을 둘러싼 문제가 발생한다. 조선은 공산주의, 한국은 자유주의라는 '이미지'가 중첩되면서 재일조선인의 법적 지위문제가 나타나고 '재일한교(在日韓僑), 재일한인, 재일한국인'이라는 호칭이 사용되기 시작했다.

그러나 이것은 국적을 선택한 것이기도 하지만 어디까지나 용어일 뿐이었다. 그런데 이것이 다시 일본 사회에 침투하게 되어 정주외국인으로서 재일한국·조선인이라는 사용되게 되었다. 국적의 속박에 대한 의식의 모순성을 각성하게 되면서 새로운 회로로서 '재일' 혹은 '자이니치'를 통해 진정한 보편성의 세계를 찾으려는 의지라고 논한다.[14]

본장에서는 『계간삼천리』에 나타나는 '연대'의 논리가 조선과 일

---

14) 尹健次, 『「在日」を考える』, 平凡社, 2001年, pp.14-220.

본의 상호이해를 위한 '인식론의 세계'가 무엇인지를 파악하고, 이를 바탕에 두면서 가교의 '심연(深淵)의 세계끼리' 어떻게 만날 수 있는지를 논한다.

또한 '재일조선인'의 호칭의 문제와 그 호칭에 집약된 모순 그리고 그 근거를 되짚어보고 다시 정주, 즉 '재일·자이니치'가 되는 상황, 그와 동시에 일본인과의 관계, 식민자의 논리, 세대의 문제까지도 시야에 넣을 것이다. 그리고 조국이나 본국의 논리가 남한과 북한을 넘는 탈귀속성으로서 '통일국가'를 상정하는 논리를 통해 '탈국민국가'와 '포스트식민주의'의 문제로서 다루어보고자 한다.

일본에서 상용되는 자이니치가 한국에서도 자이니치로 부르게 되는 것은 '선택'의 하나이며 이를 통해 니혼진, 캉코쿠진은 어떻게 비춰지는지를 알아가는 계기가 될 수 있을 것이다.

『계간삼천리』에서는 '재일이란 무엇인가'라는 당사자들의 근원적인 물음으로 시작하여 한국과 북한 그리고 일본 더 나아가 미국 제국주의의 문제까지 묻고 있다. 결국 '국가나 절대 공동체'가 갖고 있는 '세계성' 그 자체를 재문(再文)하고 있는 것이다. 그 출발점이 바로 호칭이었다. 그러므로 본장에서는 『계간삼천리』에서 그 호칭이 어떻게 변용되고 있는지를 구체적으로 살펴보고자 한다.

2

국가와 민족의식의 주박:
'재일조선인'에서 '재일한국・조선인'으로

『계간삼천리』에서는 특집으로 '재일조선인'을 다루었는데 그 전체 목록을 정리한 것이 <표1>이다. <표1>을 보면 특집란에서 사용하고 있는 것은 모두 '재일조선인'이다. 표면상으로는 '재일조선인'이라는 호칭만을 사용하고 있는 것처럼 보이지만, 실제 내용을 확인해가면 '재일조선인'이라는 호칭과 함께 '재일한국・조선인', '재일'이 동시에 사용되고 있음을 알 수 있다.

〈표1〉『계간삼천리』에서 특집으로 다룬 재일조선인 제목 일람

권호	년도	특집 제목
08호	1976년 11월 01일	재일조선인 (在日朝鮮人)
12호	1977년 11월 01일	재일조선인의 현상 (在日朝鮮人の現状)
18호	1979년 05월 01일	재일조선인이란 (在日朝鮮人とは)
20호	1979년 11월 01일	재일조선인문학 (在日朝鮮人文学)
24호	1980년 11월 01일	지금 재일조선인은 (いま在日朝鮮人は)
28호	1981년 11월 01일	재일조선인을 생각한다 (在日朝鮮人を考える)
35호	1983년 08월 01일	오늘날의 재일조선인 (今日の在日朝鮮人)
39호	1984년 08월 01일	재일조선인과 외국인등록법 (在日朝鮮人と外国人登録法)
46호	1986년 05월 01일	80년대・재일조선인은 지금 (80年代・在日朝鮮人はいま)
48호	1986년 11월 01일	전후 초기의 재일조선인 (戦後初期の在日朝鮮人)
50호	1987년 05월 01일	재일조선인의 현재 (在日朝鮮人の現在)

즉 호칭의 혼종화가 이루어지고 있음을 발견할 수 있다. 일본 제국주의에 의한 조선 식민지지배와 연동하여 전후 일본 사회에서 사

용된 호칭은 '재일조선인'이었다. 전자의 일본 제국주의 식민지지배는 생활파탄과 강제연행에 의한 역사적 원인을 설명하면서 조선에 대해 '본국'이라는 의미에서 재일조선인이었다. 즉 이는 본국과 재일조선인의 의미를 연결시키고 있는 것이다.[15]

이처럼 『계간삼천리』에서는 기본적으로 재일조선인이라는 호칭을 사용하고 있었다. 그 대표적인 사례를 보여주는 것이 <표1>인데 특히 『계간삼천리』 제8호에서는 「재일조선인」을 특집으로 꾸며졌고 제12호에서는 「재일조선인의 현상(現状)」이라는 특집호를 마련하여 그 내용으로 채워졌다.

물론 그 호칭에 대한 내적 특성을 전면적으로 다룬 것은 아니지만 논고들의 내용을 읽어보면, 그 안에 호칭'들'이 다양하게 사용되고 있으며 오히려 호칭에 대해 의식적으로 자아를 투영하고 반영해가는 것들임을 알 수 있다. 호칭을 통해 '재일조선인의 역사'를 재구성하게 해주고 역설적으로 '창조된 호칭'의 의미를 마주하게 해준다.[16]

이러한 흐름을 구체적으로 보여주는 예로서 주목해야만 하는 것이 『계간삼천리』 제18호인데, 여기에는 「재일조선인이란」을 주제로 싣고 있다. 국제법학자 일본인 미야자키 시게키(宮崎繁樹)는 '재일조선인'이라는 호칭을 사용했다. 즉 한국 국적자도 재일조선인이라고 부르고 있었다. 반면 아리요시 가쓰히코(有吉克彦)는 '재일한국·조

---

15) 朴慶植, 『天皇制国家と在日朝鮮人』, 社会評論社, 1986年. 안으로부터의 천황제, 황민화정책의 협화회 역할에 대해 논하고 있다. 渡部徹, 『日本労働組合運動史』, 青木書店, 1954年. 岩村登志夫, 『在日朝鮮人と日本労働者階級』, 校倉書房, 1972年. 姜德相, 『関東大震災』, 中公新書, 1975年. 姜德相・琴秉洞編, 『現代史資料6 関東大震災と朝鮮人』, みすず書房, 1963年. むくげの会編, 『身世打鈴-在日朝鮮女性の半生』, 東都書房, 1972年. 金贊汀・方鮮熙, 『風の慟哭-在日朝鮮人女工の生活と歴史』, 田畑書店, 1977年. 姜在彦, 「在日朝鮮人問題の文献」, 『季刊三千里』第18号, 三千里社, 1979年, p.58.

16) 李進熙・小野誠之・鶴見俊輔・飯沼二郎, 「『季刊三千里』をめぐる思想と行動」, 『在日朝鮮人を語る2:在日の文化と思想』, 麦秋社, 1984年, p.125.

선인'이라는 호칭을 사용했다. 재일조선인과 재일한국·조선인이 지속적으로 사용되는 가운데 김석범은 '재일'이라는 호칭을 사용하기 시작했다.[17] 이처럼 '일본인'과 '재일조선인' 당사자들이 글을 실었고 그 호칭 사용도 각기 달랐다.

그 후 1986년 11월호『계간삼천리』(제48호)에서 다시 재일조선인을 특집으로 다루었는데, 그 내용은 '전후 초기의 재일조선인(戰後初期の在日朝鮮人)'이었다. 강재언·이철·이진희가 중심이 되어 「해방 후 10년의 재일조선인 운동」이라는 제목으로 좌담회를 열었고 그 내용을 실었다. 그리고 장정수의 「재일본조선인연맹' 시절」, 양태호의 「해방 후, 민족교육의 형성」, 야마카와 아키오(山川暁夫)의 「조선전쟁과 일본」, 히라바야시 히사에(平林久枝)의 「가나가와현(神奈川県) 하 조선인의 반전활동」, 히다 유이치(飛田雄一)의 「GHQ 점령 하 재일조선인의 강제송환」, 사토 노부유키(佐藤信行)의 「재일조선인─해방 후 1945~53년의 궤적」이라는 논고를 싣고 있었다.

위의 논고들은『계간삼천리』의 종간을 앞두고 재일조선인의 해방 후 1945년부터 53년까지의 궤적을 소개한 것이다. 그리고 종간호(50호)에서는 '재일조선인의 현재'와 재일조선인의 해방 이후 현재(1987년 당시)의 재일조선인을 다루면서 '전후 재일조선인'의 총망라했던 것이다. 즉『계간삼천리』에서는 창간부터 종간에 이르기까지 재일조선인의 문제를 '전후 속'에서 '전전과 전후'를 동시적이고 반

---

17) 金石範, 「「在日」とはなにか」,『季刊三千里』第18号, 三千里社, 1979年, pp.26-36. 崎繁樹, 「国際人権規約と在日朝鮮人」,『季刊三千里』第18号, 三千里社, 1979年, pp.37-43. 有吉克彦, 「"入管体制"の一断面─不条理な在日韓国·朝鮮人処遇に思う」,『季刊三千里』第18号, 三千里社, 1979年, pp.44-50.

복적으로 다루고 있었다. 이것은 재일조선인의 문제인 동시에 포스트 식민지 문제였던 것이다.[18]

　이 재일조선인 호칭은 곧 '국가'의 문제를 마주하게 하는 동시에 '국가'가 '주박'적인 것으로 인식 세계를 가두어가는 역사성을 폭로해준 것이다. 그 출발점은 전후 미국이 일본에서 취한 점령정책의 '일환'이었다. 일본 식민지지배에 의해 형성된 재일조선인은 전후 일본 국적을 박탈당하면서 외국인으로 규정되었다. 연합국 최고사령부(GHQ)의 지시에 따라 일본 후생성이 주관하여 외국인 등록을 신청하도록 했다. 이는 미국 제국주의의 점령정책과 연동되고 있었으며 재일조선인이 냉전 이데올로기의 자장으로 진입하게 되는 지점이라는 점에서 주목해야 할 것이다.

　일본에서는 1947년 5월 2일 칙령 제207호로서 외국인등록령을 공포 시행한다. 이 외국인등록령(현재의 외국인등록법의 전신)에 의해 재일조선인들은 국적란에 '조선'으로 표기된다.[19]

　그리고 1950년 2월부터 일본 법무당국의 방침 전환에 따라 '한국'이라는 용어를 사용하게 되면서 국적이 확정되어 간다. 1951년 11월 1일부터 출입국관리령을 제정하여 외국인으로 간주한다는 규정을 넣어 재일조선인과 대만인에게 적용하려 했다. 미국이 이에 반대하여 적용하지 못하고 있다가 1952년 4월 28일에 강화조약 발효와 함께 그것을 적용하게 된다.[20]

---

18) 田中宏, 「内なる歴史の証人たち―在日朝鮮人が照射するもの」, 『季刊三千里』第50号, 三千里社, 1987年, p.32.

19) 姜在彦, 「「在日朝鮮人」であることの意味」, 『季刊三千里』第50号, 三千里社, 1987年, p.45. 일본 정부는 제11조에는 "대만인 중 법무총재가 정한 것 및 조선인은 이 칙령의 적용에 대해서는 당분간 이것을 외국인이라고 간주한다"라는 규정을 넣었다.

20) 姜在彦, 「「在日朝鮮人」であることの意味」, 『季刊三千里』第50号, 三千里社, 1987年, p.45.

식민지시기에는 일본인과 마찬가지로 제국신민이었던 그들은 1952년 4월 샌프란시스코평화조약에 의해 일본정부가 일본국적을 일방적으로 본인들의 선택권을 묻지 않고 박탈했기 때문에 외국인으로서 일본에 재류하게 되었다. 따라서 일본인과 구별하여 외국인이라는 것을 제도적, 사회적 차별의 법적근거로 제시해왔다. 재일한국·조선인은 식민지시대에 도일해온 제1세대와 그 자손으로 형성되어 있다.

전후 45여년이 경과해온 것을 보면 조선 출생의 1세는 1할이 채 안되고 게다가 고령화되었다.[21] 1954년 민전(재일조선통일민주전선)의 영향 아래 조선인 전체의 49%에 달한다. 총련 영향 아래 28만명이 된다. 조련(재일본조선인연맹)-민전(재일조선통일민주전선)-총련으로 조직을 개편 확충해간다.[22]

이처럼 1955년 4월부터 외국인등록증에 사진 이외에 지문을 찍는 것을 의무화했고 1958년 말까지 재일조선인이라는 표현을 적용하고 있었다.

일본에 살고 있는 조선인을 총체화하여 부르는 말로 일본어로는 '자이니치 조센진(재일조선인)'이라고 표기했다. 또한 외국인등록 국적란 표기도 당초에는 조선으로 통일되어 있었다.

그것이 남조선을 점령하고 있던 미군에 의해 이승만정권이 성립된 직후, 한국적(韓国籍)으로 바꾸어 쓰기 시작했고 한일조약의 체결로 '한국'은 국적, '조선'은 북한을 의미한다는 일본정부의 통일 견해가 나오게 된 역사적 경위를 보여주는 것이다.

그러한 과정에서 한일 법적 지위협정에 의해 전전부터 계속해서

---

21) 姜在彦, 「日朝関係史(3)近代」, 『足元の国際化』, 海風社, 1993年, p.94.

22) 中薗英助, 『在日朝鮮人 七〇年代日本の原点』, 財界展望新社, 1970年, p.157.

일본에 체재하는 조선인과 그 자손으로 한국적을 가진 자에게는 '협정영주권'이 인정되었고, 협정영주 신청촉진을 꾀하는 민단과 그것을 저지하고 조선적으로 바꿔 쓰자는 조선총련이 심하게 대립한 적도 물론 있었다.[23]

나카조노 에이스케(中薗英助)의 기술에 따르면, 1963년말 민단에 대한민국등록증을 등록한 사람의 숫자는 60만명의 재일조선인 중 192,727명(한국외무성발표, 민단발표는 약 25만명)이었다. 민단의 영향 아래에 있는 사람의 숫자는 재일조선인 중 3분의 1에 해당한다. 3분의 2는 조선적을 갖고 있는 셈이 되는데, 한국에서는 이들 중 절반이 민단이나 총련의 영향을 받지 않는 중립계라고 보고 있다[24].

다시 말해서 국적의 영향을 받지 않는 '중립계'가 탄생하게 되었고 이 중립계는 국적, 즉 국가의 '틀'의 외부자로 간주하게 된 것이다.

〈표2〉 사토 가쓰미, 『재일조선인—그 차별과 처우의
실태(在日朝鮮人—その差別と処遇の実態)』, 동성사(同成社), 1974년, p.73

대상 \ 년도	1945년 8월 15일	1952년 4월 28일	1965년 1월 17일	1971년 1월 16일
부모	패전	샌프란시스코 강화조약 발효	한일법적지위협정 발효	협정영주권신청 마감
자, 손자			협정영주	
내용	일본국적을 가진 자로 간주	특정재류 특별재류 일반영주	협정영주권 특별재류 특별재류 일반영주	재류자격

한일조약 때 국적문제가 크로즈업된다. 재일조선인의 외국인등록

23) 宮田浩人, 「在日朝鮮人の顔と顔」, 『季刊三千里』 第8号, 三千里社, 1976年, pp.39-45.
24) 中薗英助, 전게서, p.156.

중에 나와 있는 국적표시에 대해 1963년 12월에 법무성은 통달을 보낸다. 시정촌장은 재일조선인이 대한민국의 국민등록증을 제시할 때에 한해 국적란을 조선에서 한국으로 바꾸어도 지장이 없다는 것이다.

즉 1952년 이래 '이전에 조선인민사회의 적용을 받아 조선에 원적(原籍)을 갖고 있었지만 샌프란시스코조약 발효와 동시에 일괄적으로 일본의 국적을 잃은 자들 중 국적증명이 없는자'의 국적란을 '조선'이라고 해왔는데, 이것을 합법 수속에 의해 한국으로 바꿀 수 있도록 한 것이다. 그렇지만 여전히 국적표시는 어디까지나 <부호>에 그친다는 법무성입국관리 당국의 견해는 변함이 없었다.[25]

이러한 경위를 보여주는 것이 <표2>인데, 이 표에서 보이는 것처럼 패전시기부터 한일조약 체결에 의해 '재류'자격이 부여되는 과정에서 중요한 것은 '국적'이라기보다는 재류자격의 명칭이었다. 그것이 국적과 무관한 것은 물론 아니었지만, 재류자격이 시대적 상황에 의해 '부착'되었던 것이다.

말 그대로 '한일법적 지위협정'에 의해 재일조선인사회에서도 '국경'을 만들어냈다. 한국적이나 조선적에 의한 법적 차이가 설정되고 있었다. 그리고 1965년 12월 21일에 국제연합(United Nations, 國際聯合) 제20회 총회에서 '인종차별철폐조약'이 채택되었지만, 당시 일본은 이에 비준하지 않았다. 따라서 이 문제를 재일조선인 차별문제와 연관시켜 글을 게재했는데 여기서 사용한 호칭은 재일조선인이었다.

---

25) 中薗英助, 상게서, p.158. 그러나 1965년 10월 26일 일본정부는 지금까지의 국적 '부호설'을 180도 바꾸어 한국은 국적으로 하고, 한국에서 조선으로 바꾸는 것은 인정하지 않는다는 정식 견해를 내놓는다. 그렇지만 그 이전에 이미 국적란에 한국이라고 표기한 사람도 조선적으로 바꿔 쓸 것을 주장한 재일조선인도 많았다고 한다.

그런데 특이할 만한 것은 이 글의 말미에 게재한 다음과 같은 내용이다. 즉 "편집부 이름으로, 본고(本稿)에서는 한국적·조선적을 가진 사람들을 총칭(總稱)하여 '재일조선인'으로 통일했다"[26]고 각주를 달고 있었다. 이 표현을 보면 편집부의 입장을 추측할 수 있을 것이다. 즉 창간사에서 주장한 것처럼 조선반도를 하나로 보고, 남과 북을 초월한 '통일 조선'을 상정하고 있어 한국적과 조선적을 총체적으로 '재일조선인'이라고 부르고자 했던 것이다. 다시 말해서 한국적을 취득하고 대한민국 국민이 되고자 하는 사람 쪽과 그렇지 않은 사람들로 나누어지게 된 것이다. 이런 상황 속에서 생긴 문제는 그 사람들을 '재일조선인'이라고 불러도 괜찮은가라는 물음이었다.

대표적으로 재일조선인이라는 호칭을 사용한 것은 강재언이었다. 강재언의 입장에서는 1955년부터 재일조선인의 운동 노선이 바뀌는 과정, 즉 앞서 언급한 것처럼 재일조선통일민주전선에서 재일조선인총련합회로 변해가는 역사적 경위를 통해 다시 한 번 '남북을 초월한 입장'을 재고한다 의미에서 '재일조선인'을 의식하게 된 것이다.

그것은 국가가 아니라 '민족'문제로서 재일조선인 문제를 다루게 되고, 전후 일본사회에서 재일조선인의 생활과 운동을 개괄하는 방식으로 재일조선인 문제의 성격을 논하는 입장을 내놓게 된 것이다.[27]

즉 강재언은 일본에 재류(在留)하게 된 재일조선인의 역사적 경위 파악이라는 입장[28]을 중시하고 있었다. 왜냐하면 '재일조선인'이라

---

26) 金東勳, 「人種差別撤廃条約と在日朝鮮人」, 『季刊三千里』第39号, 三千里社, 1984年, p.62.

27) 일본에서 재일조선인에 대한 '기초적인 연구'나 '조사'가 거의 이루어지지 않았던 단계였으며 재일조선인의 역사적 형성이 단지 일본 제국주의에 의한 36년간의 식민지지배로 인한 피해자 설 그것 이상을 더 나아가지 못하는 실정이었다. 그러한 상황을 잘 보여주는 것이 임광철(林光澈)의 「재일조선인 문제(在日朝鮮人問題)」라는 논고였다. 林光澈, 「在日朝鮮人問題」 『歷史學研究(特輯)』朝鮮史の諸問題, 岩波書店, 1953年, pp.66-72.

28) 姜在彦, 「在日朝鮮人問題の文献」, 『季刊三千里』第18号, 三千里社, 1979年, p.51. 朴慶植, 『朝鮮

는 호칭 속에는 한국 국적을 가진 사람들만을 가리키는 좁은 개념으로 축소되는 상황이 생겨버리기 때문이다. 그것은 단순하게 일본어 표기상의 문제가 아니었다. 국적과 국민을 규정하는 내용으로 변용되고 있었고, 반대로 한국 국적을 택한 '한국 국민'을 '조선인'이라고 부르는 것은 또 모순되기 때문이다.

조선반도가 남북으로 분단되면서 일본 내에서도 민단은 남쪽의 유신체제를 추종하는 조직이 되었고 반대로 총련은 북한 쪽을 지지하는 입장이 되었다. 다른 말로 표현하면 둘 다 '조국에 대한 열정'이 존재하던 시기였는데, 이 시기 한국에서는 '재일교포'라는 호칭을 사용하고 있었으며 조선민주주의 인민공화국은 '해외공민'이라는 호칭을 사용했다.

이는 본국으로부터 '직수입된 정치 슬로건'이며 직수입된 조직론과 규율로서 조국에 충성을 보여주는 행동으로 몰아가는 것이었다. 이때 사용된 호칭은 바로 '교포'나 '동포'였던 것이다.

이는 두 가지 의미를 갖는다. 첫째, 남한이나 북한에서 보는 재일조선인은 교포나 동포로 비춰지고, 마찬가지로 일본에 살면서도 남한과 북한을 고향에 둔 세대는 한국인이라던가 조선인이라는 것에 위화감이 없이 '의심'을 갖지 않는 점이다. 조선반도에서 자라고 일본에 건너온 재일조선인 1세들도 자신이 조선인이라는 것을 수용하고 남쪽도 북쪽도 재일 교포, 동포에 대해 연대의 의사를 보내는 것이었다.

그렇지만 시간이 지날수록 '본국'과 재일조선인과의 괴리가 생겨

人強制連行の記録』, 未来社, 1965年, pp.1-334. 강재언의 입장은 재일조선인이 일본에 재류(在留)하게 된 역사성을 이해하기 위한 적합한 저서로서 박경식을 소개한다. 민족의 문제를 각성하는데 필요한 시점을 갖고 있다는 의견이다.

나고 '조국'이 있는 다음에 우리들이 존재하는 것'이라는 논리에 반론이 제기된다. 국가 바운더리(boundary)에의 포섭과 배제에 대한 자각이 일어나고 있었던 것이다.[29]

이러한 논의는 구체적으로 재일조선인 사회에 대한 구체적인 논의를 필요로 하게 됨과 동시에 '일본인의 조선관'의 문제로도 확대되고 있었다. 즉 국호가 한국인가 조선인가라는 조선인 내부의 논의가 진행되고, 이러한 논의는 결국 다시 일본인의 반향을 일으키게 되었기 때문이다.[30]

일본인의 재일조선인 문제는 결국 국가의 귀속 문제로서 '출입국관리령' 속에 재일조선·한국인과 관련된 부분에 초점을 맞추어졌다. 재일조선인 내부의 문제 핵심은 조선민주주의 인민공화국은 모든 조선민족을 자국의 국민이라고 생각하고, 대한민국도 또한 모든 조선민족을 자국의 국민이라고 생각하고 있어 모두 조선에서의 통일국가를 목표로 하는 현재, 일본이나 일본 국민은 어떻게 대응해야 하는가라는 문제와 마주하게 된 것이다.[31]

---

29) 宮田浩人, 「在日朝鮮人の顔と顔」, 『季刊三千里』第8号, 三千里社, 1976年, pp.39-45.
30) 佐藤勝巳, 『在日朝鮮人・その差別と処遇の実態』, 同成社, 1974年, p.52.
31) 姜在彦, 「在日朝鮮人問題の文献」, 『季刊三千里』第18号, 三千里社, 1979年, p.55.

3

'재일한국 · 조선인'에서
'재일 · 자이니치'로

재일조선인 65만 명 중 전후 30여년이 지나면서 세대 교체가 진행되고 일본출생 세대는 80%에 달하고 있었다. 당연한 것이지만 젊은 세대 중에는 '재일(자이니치)'을 어떻게 살아야 하는가라는 문제가 논의되기 시작했다.

이러한 '재일(자이니치)'의 장기화와 관련하여 일본사회에서의 생존권 문제가 심각해졌다. 이 시기 오사카 · 재일조선인 인권을 지키는 모임에서 발간한 『재일조선인의 재류권(在留權)』(1978년)은 재일조선인과 '재일한국 · 조선인'이라는 표현을 사용하고 있었다. 이 저서에서 흥미로운 것은 '재일한국 · 조선인'이라는 호칭을 사용하고 있었다는 점이다.

1970년대 후반 재일한국 · 조선인은 2세, 3세, 4세가 주류 세대로 바뀌면서 나름대로 역사적 조건과 상황들이 변해가기 시작한다. 그리고 1980년대는 2세와 3세가 주도적 위치에 서기 시작하여 조국에 대한 의식도 달라지게 된다.

즉 분단된 조선반도의 어느 한쪽이 '선'이고 '악'이라고 본다던지 아니면 어느 한쪽만을 지지하는 논리를 지양하게 되었다. 남한이나 북한 어느 한쪽을 지지하는 운동도 한계를 갖게 되었다. 이와 같은 일련의 상황들은 재일조선인들의 '자립과 장'을 찾는 작업이 필요불가결하다는 인식을 갖게 만들었던 것이다.[32] 말 그대로 기로에 선 재일한국·조선인이었다.

특히 세대교체가 이루어지는 것을 감안하여 재일한국·조선인 2세에 초점을 맞춰 상황을 살펴보면, 인구비율 변동에 따른 질적 변화가 이루어지고 있었다. 즉 '조국을 모르는 세대'가 80%를 차지하고 있었으며, 다른 한편에서는 동화와 귀화현상이 진행되고 있었다. 동시에 전후 30년의 세월은 재일조선인을 일본에 '정착' 하게 만들었다.

이는 김석범이 제시하듯이 "세대교체는 '재일(자이니치)의 근거성'을 다시 묻지 않을 수 없는 상황이 되었고, 인간 존재의 문제로 다루지 않으면 안 되는 상황"[33]으로 인지하기에 이른다. 재일조선인 1세가 강조하고 주박을 가졌던 조국에 대해 '재일한국·조선인'은 남북으로 나뉜 각각의 조직들도 조국에 실망하게 되었다. 그렇다고 해서 완전한 일본이 될 수 없기 때문에 고민하고 있는 2세, 3세들은 조국 문제를 자신들과 상관없는 '이데올로기 전쟁'으로밖에 간주하지 않았다.

따라서 2세나 3세가 새롭게 직면하게 된 문제는 재일조선인이 '무엇으로 인해 분열'되어 있는가라는 문제였으며 그 조국 분단의 '내면화=승인'의 문제를 되돌아보게 되고, 그것과 연동하여 전체 민족이 공유하는 인식이란 무엇인가를 되묻게 된다.[34]

그것은 '조국이란 무엇인가 또는 민족이란 무엇인가'를 고민하게 만들었고 그 물음은 결국 조국 이탈을 촉진하게 된다. 이를 『계간삼천리』에서는 원초적 문제로서 전후 일본에서 진행된 연합국 최고사령부(GHQ)의 정책, 즉 재일조선인의 외국인등록 문제, 그리고 한국

---

32) 朴英鎬, 「在日二世として」, 『季刊三千里』第20号, 三千里社, 1979年, pp.211-212.

33) 金石範, 「「在日」とはなにか」, 『季刊三千里』第18号, 三千里社, 1979年, p.30.

34) 朴寿南, 『朝鮮·ヒロシマ·半日本人』, 三省堂, 1983年. p.262.

도 미국 식민지 국가로 간주하여 남한과 북한으로 나누는 시점에 대한 역사적 경위 문제를 제기한다.

'한국'은 독립국이 아니라 미국 식민지주의의 덫에 걸린 곳으로 민중들의 자유와 권리를 빼앗긴 국가였다. 일본 제국주의 이후 미국 제국주의에 의한 새로운 지배 구조에 의해 한국의 민중은 억압받고 있으며, 이는 미국 정책에 의해 일본 내에서 억압받는 재일한국·조선인이 동일한 위치이며 모두가 자유와 권리를 인정받지 못한 난민이라고 다루어지게 된다. 이를 극복하기 위한 논리가 남북 분열에 대한 통합적 시각을 세우는 입장에서 남한과 북한에 대해 거리두기를 시행하게 된 것이다.

이처럼 『계간삼천리』에서는 철저하게 '한국과 조선', '한국인과 조선인'으로 구분하고 있으면서도 동시에 그것은 '하나의 조선'을 다시 상정하게 해주는 이중성을 갖게 한다고 본 것이다. 『계간삼천리』의 창간사에서 '통일된 조국'을 강조한 것은 바로 이러한 이유에서였다.35) 이처럼 『계간삼천리』의 기본적 입장이 통일된 조국이었기 때문에 『계간삼천리』는 '중립적'인 입장을 취하고 있었음을 알 수 있다.

이에 대해 편집위원으로 참가한 이진희의 회고를 보면 잘 알 수 있다. 이진희는 "『계간삼천리』 간행을 시도했을 때, 『계간삼천리』 편집위원들이 조선총련과 관련이 있다는 유언비어가 나돌았다. 그것은 한국 측 매스컴에서 나온 이야기였다. 그런데 총련에서 『계간삼천리』가 총련과는 관련이 없다는 보도가 나왔다. 따라서 『계간삼천리』가 민단이나 총련 어느 쪽 조직과도 관련이 없다는 것이 확실해졌다"36)

---

35) 姜在彦, 「在日朝鮮人の現状-祖国歴史在日同胞」, 『季刊三千里』 第12号, 三千里社, 1975年, pp.24-27

36) 李進熙, 「『季刊三千里』の創刊」, 『海峡』, 青丘文化社, 2000年, p.162.

며 그 입장을 분명하게 보여주었다. 반복해서 언급하자면, 『계간삼천리』가 남북 어느 한쪽을 지지하는 '국가'와 일체화하는 입장에서 벗어나 일본에 '정주화'하는 경향으로 기울면서 '재일한국·조선인'에 대한 '역사성, 존립 근거성'에 대한 문제가 나타나게 된 것이다.

그 첫 번째 문제가 재일조선인에게 정주외국인의 범주로 설명하는 경우가 있다. 우부카타 나오키치(幼方直吉)에 의하면 원래 "정주외국인이란 제2차세계대전 이전 강제 혹은 자유의지든 종주국으로 이동해온 식민지 출신의 외국인노동자 중에 전후 모국의 독립과 함께 자국적(自国籍)을 회복하고 모국에 귀국하지 않고 재류국(在留国)에 정주하고 있는 사람들을 가리킨다"[37]고 정의했다.

그런데 여기서 문제는 정주외국인의 경우 모국이 식민지였기 때문에 자국적을 갖지 못하고 종주국의 국적을 부여 받았는데, 그것은 통치를 위한 픽션이며 종주국에서는 무권리상태에서 차별을 받게 된다고 논한다. 이 정주외국인 개념에는 재일조선인도 정주외국인에 해당되는 것이며 자본주의 발달과정의 맥락에서 보면 계급 시점에서도 다루어져야 하지만, 더 중요한 것은 식민지주의의 유산(遺産)이라고 지적한다.

따라서 재일조선인 문제의 본질에 다가가기 위해서는 그 역사적 형성과정을 고찰하는 것이 불가결한 이유인 것이다. 그렇지만 더 이상 일본 제국주의의 소산으로서 재일조선인이 아니고, 남북으로 분단된 '조국'을 내면화한 '재일한국·조선인'이 아니라 일본 내에 정주하게 된 '재일'로서 '재일'의 권리를 취득하는 운동들이 등장하게 되는 것이다.

---

37) 幼方直吉, 「単一民族の思想と機能--日本の場合」, 『思想』(656), 岩波書店, 1979年, p.24.

그것은 이제 '재일'의 위치를 정하게 되는 것이며 재일 자신의 책임의 문제[38]로 다루어지는 동시에 일본인의 문제로도 다루어지게 된다. 재일한국·조선인 자신의 문제이기도 하면서 일본사회의 문제로 또한 일본인 자신이 그것을 어떻게 받아들여야 하는가라는 문제로 확대되고 침투되어갔던 것이다.[39] 일본 내부로 던져졌고 일본인 자신들에게 책임과 과제가 있다는 것을 인지하게 되었다.[40]

이러한 양면성을 띤 재일의 문제는 일본에서의 생활이 길어지면서 한국이나 북한과는 다른 습관을 갖게 되어 조선반도와의 이질성이 명확해지게 된다. 특히 일본인 학교교육을 거쳐 성인이 된 2세와 3세의 경우 귀화를 지향하게 되었고 귀화신청의 평균연령이 낮아지는 현상이 나타났다.

이러한 상황은 기존에 재일한국·조선인이 가졌던 '민족적 주체'가 아니라 개인의 주체성 찾기라는 문제로 인식이 바뀌어가는 논리와 맞닿게 된 것이다.[41] 재일한국·조선인으로서 조선을 인지하고 조선민족으로서의 의식이 있기는 하지만, 어디까지나 아주 적으며

---

38) 金石範, 「「「在日」とはなにか」, 『季刊三千里』第18号, 三千里社, 1979年, pp.26-36.

39) 姜在彦, 「在日朝鮮人問題の文献」, 『季刊三千里』第18号, 三千里社, 1979年, p.52. 재일조선인이 일본에 재류하게 된 역사를 이해하기 위한 좋은 책이다. 일본인이나 일본 국가에서 보아 한국만을 국적이라고 취급한다면 조선적의 재일조선인은 국적증명을 얻을 수 없는 외국인이라고 간주하게 된다. 물론 일본에서 재류자격과 관련하여 1952년 법률 제126호나 한국적을 취득하지 않는 조선인에 대해서는 법적지위 협정에 준하는 것을 부여하고 싶다는 일본정부 측 발언이 문제가 없다고 주장해도 정치적으로나 법률적인 측면에서는 혼란이나 의문이 증가했다. 결국 그 화근은 일본 내부로 던져졌고 일본인 자신들에게 책임과 과제가 있다는 것을 인지하게 되었다.

40) 中薗英助, 『在日朝鮮人 七〇年代日本の原点』, 財界展望新社, 1970年, p.159.

41) 재일조선인이 체험한 '길'을 보여준다. 일본 제국주의 아래 개인사와 자신의 삶을 개관화하는 어려움 등을 동시에 보여준다. 張斗植, 『ある在日朝鮮人の記録』, 同成社, 1981年. 金達寿, 『わがアリランの歌』, 中公新書, 1999年. 高史明, 『生きることの意味·ある少年のおいたち』, 筑摩書房, 1986年. 金泰生, 『私の日本地図』未來社, 1978年. 김달수, 장두식, 고준석, 김태생은 조선 출생의 세대, 식민지지배기 조선에서 일본 속의 조선인 사회에 이른 것에 대해 고사명은 일본 출생 세대이면서 재일조선인 역사 속의 개인사이다. 이는 강재언의 논고에서 소개된 내용이다. 姜在彦, 「在日朝鮮人問題の文献」, 『季刊三千里』第18号, 三千里社, 1979年, p.57.

일본에서 차별받기 때문에 스스로가 조선인인 것을 의식하는 '주체'에서 고전을 겪지만, '재일'의 의미를 새롭게 창조적인 적극적 주체로 나아가고자 하는 움직임이 나타난다. 결국 사람의 역사나 개인사로서 기록과 그러한 기록문학이 주목을 받기 시작한다.[42]

예를 들면 고준석의 경우가 있는데, 이는 국가나 민족의 문제를 새롭게 조명하게 해준다. 즉 고준석은 자신이 식민지지배 상황 속에서 태어나 36년간 일본 제국주의 아래에서 살았고, 1945년 8월에 조국이 해방되었을 당시 35세였는데, 그 특징은 타민족으로부터 지배를 받지 않은 조국을 모르는 최초의 세대였던 것이다.

전후 일본에서 살면서 30여년이 지나 회고하는 글을 적었는데, 고준석의 눈에 비친 일본사회는 전전, 전후를 통해 재일조선인에 대해 변함없이 민족차별이 지속되고 있었기 때문에 이 일본사회의 민족차별구조를 문제 삼는 동시에 재일조선인의 삶의 방식의 문제도 묻지 않으면 안 된다고 보았다. 그것은 바로 역사 창조의 주체가 되고 싶다는 의식이었다.[43]

이는 박수남이 그려내는 내면 의식, 즉 "존재의 뿌리를 빼앗기고 '자신'이라는 것도 갖지 못하고 우리들 반일본인(반쪽바리)이란 누구인가. 나는 어떤 존재로 살아가고 내일을 개척할까. 나는 자신을 되

---

42) 姜在彦, 「在日朝鮮人問題の文献」, 『季刊三千里』第18号, 三千里社, 1979年, p.57. 朴寿南, 『朝鮮・ヒロシマ・半日本人』, 三省堂, 1983年. 深川宗俊, 『鎮魂の海峡-海に消えた被爆朝鮮人徴用工』, 現代史出版会, 1974年. 金石範, 『ことばの呪縛-「在日朝鮮人文学」と日本語』, 筑摩書房, 1972年. 金時鐘, 『さらされるものと、さらすものと』, 明治図書出版, 1975年. 金達寿, 『金達寿評論集』, 『わが民族』, 筑摩書房, 1976年. 小沢有作, 『近代民衆の記録 10 在日朝鮮人』, 新人物往来社, 1978年 등이다.

43) 高峻石, 『越境—朝鮮人・私の記録』, 社会評論社, 1977年, pp.320-321. '월경'이라고 한 것은 일본 제국주의 아래 전 과정을 통해 조선인의 마음 속에는 견고하게 국경이 있었다는 것을 표현하고 싶었기 때문이다. 나 자신도 이 국경을 몇 번이나 넘어서 일본・일본인과의 관계를 갖고 지금도 또한 원하지 않지만 조선과 일본의 '협곡'을 떠돌고 있다. 高峻石, 『越境—朝鮮人・私の記録』, 社会評論社, 1977年, p.4.

찾기 위해 내 존재의 근원을 거슬러 올라간다. 빼앗긴 내 영혼의 탈환, 내가 획득해야 할 미래, 귀환할 장소를 찾아서"[44]라며 빼앗겨버린 '영혼'과 장소를 찾아야 하는 새로운 '자아' 찾기로 이어진다.

또한 박수남이 그리는 '또 하나의 히로시마'는 조선인 피폭자의 증언을 바탕으로 국가의 공적 기억이 갖는 모순을 파헤치고, 대항적 기억을 전달하게 된다.[45]

이러한 과정에서 재일이라는 호칭이 등장하고 젊은 세대 중에는 '재일'을 사는 법에 대한 논의를 고조시켜간다. 종래 '재일'이란 단지 일본에 잔류하고 있다는 정도의 의미로밖에 사용되지 않았는데, 이를 확장하여 '재일'의 논의는 일본사회와 맞서고 통일 조국을 어떻게 상정할지에 대한 주체적 입장을 다시 묻는 의미를 갖게 되었다.[46]

일본사회에서 주체적으로 산다는 것의 의미를 찾아내고자 하는 것이다.[47] 재일이 일본에 거주하는 사람들이라는 뜻이었다면 이제 이 말 속에 새로운 주체를 고민하는 방향, 즉 루트가 존재하지만 그곳과 거리를 두면서 기존의 국민국가 이론에 대한 이의제기를 통해 국민국가의 양상을 묻는 존재로서 '자이니치'라는 호칭으로 변용되고 있었다. 새로운 국가 개념을 강조하는 적극성을 '자이니치'가 만들어가고 있는 것이다.

---

44) 朴寿南, 『朝鮮・ヒロシマ・半日本人』, 三省堂, 1983年, p.3.

45) 朴東鎬, 「朴寿南が記録した朝鮮人被爆者の対抗的記憶-映画「もうひとつのヒロシマ」, 『일어일문학』 84, 대한일어일문학회, 2019년, pp.233-248. 박수남의 역할은 원폭피해에 대한 피해자들을 전경화하여 피해자의식을 강조하는 일본의 원폭영화가 피폭내셔널리즘에 근거한 공적 기억의 창출에 대한 대항적 기억의 제시라는 점이다.

46) 深川宗俊, 『鎮魂の海峡-海に消えた被爆朝鮮人徴用工』, 現代史出版会, 1974年. 金石範, 『ことばの呪縛-「在日朝鮮人文学」と日本語』, 筑摩書房, 1972年. 金時鐘, 『さらされるものと、さらすものと』, 明治図書出版, 1975年. 金達寿, 『金達寿評論集』, 『わが民族』, 筑摩書房, 1976年.

47) 姜在彦, 「戦後三十六年目の在日朝鮮人」, 『季刊三千里』第24号, 三千里社, 1980年, pp.26-37.

4

'재일'에서 '자이니치'로:
특수/보편의 '차연성'

그렇다면 재일이 주체적으로 조국과의 관계를 재설정하고, 일본 출생이기 때문에 조국을 모르는 세대로서 이것이 어떻게 가능한가라는 점을 재고하는 것이란 어떻게 가능한 것일까. 이는 '관념'과 '생활' 사이의 문제이기도 하면서 재일 2세나 3세는 다시 1세들에게도 이해받지 못하는 많은 새로운 고민을 짊어지게 된 것이다.

바로 이 고뇌와 모순으로부터의 탈출은 새로운 주체를 찾는 '낯선 길'이었는데, 이는 기존 재일조선인의 모습과 초월적 재일조선인의 모습에 대한 재구성이기도 했다.

이에 대한 시도는 『계간삼천리』 제18호에 실린 김석범의 '재일(자이니치)'란 무엇인가(「在日」とはなにか)」라는 글에서 찾을 수 있다. 제목도 '재일(자이니치)'라는 호칭을 사용하고 있으며 그 내적 특징에 대해 묻고 있는 것이다.

김석범은 이 글의 첫머리에 식민지시기 조선에서 태어난 일본인을 '식민지 출신 일본인 2세'라고 칭하는 고바야시 마사루(小林勝)와 고토 메이세이(後藤明生)의 '인식 세계'를 제시하는 것으로 출발한다. 즉 식민지 조선에서 출생한 고바야시 마사루와 고토 메이세이의 조선체험이 전후 일본인들이 갖는 식민자의식과의 다름, 그리고 그 '내면성' 통해 일방적으로 갖게 된 집단적 아이덴티티의 내파 문제를 다룬다.[48]

식민자 의식에 대한 세대 간의 역사적 경험의 차이성 공유와 계승적 측면에 주목하는 것도 의의가 있지만, 김석범은 고바야시 마사루와 고토 메이세이가 갖는 '각성'에 대해 주목한다. 즉 1945년 8월 15일은 일본의 패전일인데 이를 둘러싼 '인식의 전도'를 경험하게 된 점이다.[49]

고바야시 마사루는 경남 진주에서 태어나 만16년간을 '식민지 조선'에서 지낸 인물이다. 특히 식민지 조선에서의 경험을 바탕으로 '조선이란 무엇인가'를 테마로 일본을 비추는 대상으로서 작품 활동을 지속한 작가이다.[50] 그런 점에서 재조일본인 2세의 새로운 주체 찾기의 한 '유형'이기도 하다.[51]

『계간삼천리』에서 사이토 다카시(齋藤孝)는 고바야시 마사루가 그의 작품 『단층지대』에서 말한 '나에게는 나만이 갖고 있는 조선이 있다. 그 조선을 위해 나는 싸우려고 결심했다'는 부분에 주목한다. 이 말은 고바야시 마사루의 작품을 이해하는데 중요한 단서인데 그

48) 신승모, 「식민자 2세의 문학과 '조선'―고바야시 마사루와 고토 메이세이의 문학을 중심으로」, 『日本學』37, 일본학연구소, 2013년, pp.127-159.

49) 金石範, 「「在日」とはなにか」, 『季刊三千里』第18号, 三千里社, 1976年, pp.26-36. 다시 말해서 일본인 1세는 식민지 조선에 대해 의식적으로 자신의 생활감각을 넘는 곳에서 '조선이 일본'이라는 소유의 논리를 만들어내지 않으면 안 된다는 것이다. 일본인 2세는 아무런 위화감 없이 생활감각으로까지 침투하고 조선에서 태어났으면서 조선이 일본이라는 생각을 의심하지 않았다고 본 점을 논했다. 고토 메이세이는 「나의 고향, 나의 문학(わたしのふるさ, とわたしの文学)」에서 자신이 태어나고 자란 북조선의 영흥에 대한 기억을 기술하면서 '8.15'에 대한 충격을 소개한다. 즉 중학생 때 8.15를 맞이했는데, 이때 고토 메이세이는 '국가라는 것이 망할 수 있다는 것을 흐릿하게나마 생각하지 않을 수 없었다'는 부분으로, '자신이 태어나고 자란 곳'이 8.15일을 기해 '외국'이 되어버린 것에 대한 기억이다. 그때까지는 그곳이 일본이라고 생각하고 있었기 때문에 국가도 멸망하는구나라고 생각하지 않을 수 없었다고 한다. 국가는 절대적인 것이 아니라 일종의 '만들어진 것'이라는 감각이 든 것이다. 즉 고토 메이세이가 논하듯이 '국가는 절대적인 것이 아닌 일종의 모조품(인조품, 作りもの)'이라는 감각이다.

50) 李元熙, 「고바야시 마사루 문학에 나타난 식민지 조선」, 『日語日文學研究』第38輯, 한국일어일문학회, 2001년, pp.215-232. 최준호 「고바야시 마사루의 식민지 조선 인식-초기 작품들 속의 인물표상을 중심으로」, 『日本語文學』48, 한국일본어문학회, 2011년, pp.139-156.

51) 朴裕河, 「小林勝と朝鮮「交通」の可能性について」, 『日本文学』57(11), 日本文学協会, 2008年, pp.44-55.

것은 "고바야시 마사루의 조선은 고바야시 마사루만 알고 있는 매우 주관적인 것이라는 점이다. 그가 알고 있는 조선이 전형적인 것인가 아니면 예외적인 것인가를 물으려 하지 않는다. 그는 자신의 감각으로 확인된 것에 한해서 조선을 소중히 하려고 한다"[52]고 표현한 부분과 연결된다.

고바야시 마사루는 자신이 겪은 조선에서의 체험을 바탕에 두면서도 자신이 논하는 조선이 전형적인 것도 그렇다고 예외적인 것도 아닌 '세계'라는 의미에서 특이하다는 점이다. 그것을 고바야시 마사루의 '주관적인 것'이라고도 표현하는데, 그 주관적인 것이 바로 전형성과 예외성으로 논할 수 없는 또 다른 것이라는 의미를 갖는다.

이에 대해 고사명은 '그 시대에 고바야시 마사루처럼 조선을 생각해준 사람들이 몇 명이나 있을까. 고바야시 마사루의 모습은 만신창이이다. 그러나 거기서 열린 일본인의 모습을 보고 싶은 마음이 든다'[53]고 논한다. 동시에 고바야시 마사루가 '일본인이면서도 새로운 일본인되려고 했던 점'에서 조선과 일본의 가교 역할을 하고자 했음을 논한다. 고바야시 마사루의 내면은 철저하게 자학적이며 죄악감으로 자아를 해체해가고 있는 동시에 일본의 식민지주의와 계급주의에 새로운 각성을 갖고 해방의 세계를 열어가고 있었다. 그것은 식민지 경험자의 일반적인 분류나 특이성으로 배치되는 것이 아니라, 개인적 체험의 세계에 바탕을 두면서도 보편성과 특수성 사이의 경계를 뚫고 나가게 된다.

결과적으로 김석범은 고바야시 마사루와 고토 메이세이의 논리를

---

52) 齋藤孝, 「小林勝と朝鮮」, 『季刊三千里』第39号, 三千里社, 1984年, p.15.
53) 高史明, 「小林勝を思う」, 『季刊三千里』第5号, 三千里社, 1976年, pp.72-75.

빌려 '일본인 2세가 생활감각 속에 조선이 일본이라는 논리에 용해되어 있어 자연스럽게 받아들이는 것은 그들이 무의식적으로 조선이 일본'이라고 생각하도록 만들어진 것이며 국가가 절대적인 것이아니라 일종의 '만들어진 것'이라고 보는 감각을 제시했다. 조선인도 일본인도 '일본인'이라는 의미에서 식민지 조선에서 '동일한 일본인', 즉 조선인이 '일본인과 동일한 일본인'일 리가 없었다.[54]

가령 식민자가 조선에 대한 '안에 담긴 그리움'을 통해 조선과 공존을 모색한다 할지라도, 제국주의의 추진자로서의 일면을 불식시킬수 없는 것이었다.[55] 물론 조선인식과 조선인 표상이 식민지주의 내파[56]를 논할 수 있는 가능성과 전후 일본에서 전전의 기억이 정형화된 것에 대한 균열을 논하려는 시도로서 조명하기도 한다.[57]

김석범은 이러한 입장을 재일조선인의 존재와 중첩시켜 본다. 즉식민지 조선에서 '일본인 2세'들의 경우와 재일조선인 2세들의 경우를 예로 들면서 이야기의 초점을 재일조선인 2세에게 맞춰 보려고시도한다.

다시 말해서 일본 제국주의 지배에 의해 형성된 재일조선인과 일본에서 태어나 일본에서 정주하게 된 재일은 그 내적 특성, 즉 질적

---

54) 오미정, 「고바야시 마사루의 「포드·1927년」론 ─중개는 가능한가?」, 『일어일문학연구』78(2), 한국일어일문학회, 2011년, pp.315-332. p.329. 식민지 조선의 일본인에 대한 작품을 분석하면서 회한의 감정으로 표현하기도 했다. 朴裕河, 「小林勝と朝鮮」, 『日本文学』57卷11号, 日本文学協会, 2008年, pp.44-55. 지배와 피지배에 대한 극복으로 '교통'을 위해 과거의 미래화 논리로연결하기도 한다. 조현미, 「재일한인 디아스포라 2세 배중도의 민족정체성의 변화와 식민자 2세 고바야시 마사루」, 『日本語文學』第64輯, 일본어문학회, 2014년, pp.537-541.

55) 하라 유스케, 「그리움을 금하는 것-조선식민자 2세 작가 고바야시 마사루와 조선에 대한 향수」, 『일본연구』第15輯, 글로벌일본연구원, 2011년, pp.311-332.

56) 朴裕河, 「後藤明生 『夢かたり』論─内破する植民主義」, 『日本學報』86, 한국일본학회, 2011년, pp.183-195.

57) 최범순, 「전후 일본의 기억과 망각-'고바야시 마사루 문학'이라는 단층지대」, 『日本語文學』第78輯, 한국일본어문학회, 2018년, pp.77-103. 최범순, 「일본의 전후기억과 송환의 망각-고바야시마사루 「어느 조선인 이야기」 시론」, 『日本語文學』第82輯, 일본어문학회, 2018년, pp.601-626.

으로 다르다고 보면서 출발한다. 그렇기 때문에 당연히 재일조선인과 재일(자이니치)의 '근거성'은 다르며 다르게 보아야 한다는 '수정' 논리를 주장한다. 이것은 유제이면서 다르다는 '토대' 자체에 대한 문제제기라고 할 수 있다.

이미 앞서 강재언이 『계간삼천리』 제8호에서 「재일조선인의 65년」이라는 글에서 소개했듯이 조국 조선을 알지 못하는 세대가 증가하고 있는[58] 현실은 김석범이 말하고자 하는 '재일(자이니치)'의 근거성이 변하고 있다는 논리 형성에 기초가 된다.

재일조선인 형성의 역사적인 과정, 즉 일본 제국주의의 조선에 대한 식민지지배의 소산이라는 것만으로는 해결되지 못하는 부분이 생겨나는 것이다. '소산'이기도 하면서 동시에 그것을 넘어 지점에 도달했다는 것이다. 즉 김석범이 논하고자 하는 것은 "그것은 인간의 존재 문제가 된 것이라고 말하지 않으면 안 된다. 선택의 여지가 없는 채로 일본에서 태어난 2, 3세들에게 '재일(자이니치)'의 근거는 일본인이 일본에서 살고 있는 것, 즉 인간으로 존재하는 것은 무엇인가라는 것과 동일하게 무거운 것이다. 그러나 그것과 동시에 일본인과는 다른 것에 '재일(자이니치)'의 의미를 묻지 않으면 안 되는 것"[59]을 강조한다.

김석범이 직접적으로 주장하는 것으로 2세, 3세의 일본 정착화는 '재일(자이니치)'의 근거를 다시 설정하고, 동시에 그 성격 자체가 변화되었다는 점에 주목하여 이제는 시민적 권리에 방점을 두는 '새로

---

58) 姜在彦, 「日朝関係史(3)近代」, 『足元の国際化』, 海風社, 1993年, p.94.

59) 金石範, 「「在日」とはなにか」, 『季刊三千里』第18号, 三千里社, 1976年, pp.28-29. 재일조선인의 대부분은 1945년 이전에 도일한 1세와 그 자손 2세, 3세들 그리고 전후 남한에서 입국한 사람들, 해방 후 일본으로 역류(逆流), 밀항한 사람들까지를 포괄해서 가리킨다.

운 경로의 인식'을 가질 필요성을 제언한 것이다.

그 내적 특성은 단순하게 인간의 기본적 권리나 시민적 권리의 욕구가 아니라, '조국과의 관계에서 통일을 위한 역할'이라는 점에서 '근대국가'가 만들어놓은 개인의 권리의 문제 이외에 재일조선인의 위치를 생각해야 한다는 점에 예외성이 존재한다.

그런데 그것을 위해서는 다시 주체적이고 보편적인 시점을 필요로 하게 된다. 일본에 정주하게 된 현실 속에서 인권과 권리의 욕망을 어떻게 실현해갈 것인가의 문제와, 그렇다고 해서 조국 조선반도가 존재하는 한 그와의 관계를 어떻게 만들어가야 하는가의 문제가 설정되는 것이다. 그것이 나아갈 방향은 '창조적 세계성'이라는 표현으로 나타난다. '재일(자이니치)'의 근거 변화를 강조하는 한편, 그것에 토대를 둔 재일의 위치를 재고하게 하는 방식을 논하면서 그 속에 창조적 세계를 담지해야 한다는 논리로 수렴된다. 그렇다면 여기서 '창조성'의 의미란 무엇일까.

이에 대한 답변으로 김석범이 제시한 것은 '재일조선인'으로서 사법시험에 합격한 김경득과, 일본에서 범죄를 일으켜 형무소 생활을 마친 신경환의 사례를 가져온다. 이 두 사람이 가진 신분적 차이에도 불구하고 동일한 점은 재일조선인 청년으로서 내면사(內面史)가 갖는 '창조성'이었다. 김경득의 경우는 귀화를 거부하고 외국적인 채로 사법수습생 채용을 요구하며 자신의 길을 간 것을 제시했는데, 그것은 조선인으로서 창조적인 인간회복을 성취한 것이라고 보았다.

또한 신경환에게 국외퇴거 명령이 내려지게 되는데 아이러니컬하게도 신경환은 한국적으로, 국외강제 퇴거가 되면 그 국외란 일본뿐이다. 일본이야말로 한국이라고 말해야 할 것이다. '신경환에게 일본은 곧 한국이'라는 점이다. 선택의 여지없이 일본에서 태어났고 게다가 출생 그 자체에 '무거운 일본과 조선과의 과거 역사에 짓눌리고 있는 2세인 그에게 '재일(자이니치)'의 근거를 묻게 만들고, 그것은 결국 보편적 문제로서 일본인이 일본에 살고 있는 것, 인간으로서 존재하는 것은 무엇인가라는 문제와 '동일한 뿌리'를 갖는 것[60]이었다.

이를 통해 김석범이 주장하는 것은 '재일'이 놓인 위치이며 그것은 '재일(자이니치)'이 소수 민족적인 경향을 띠고 있지만, 국적으로 보아도 그 놓인 위치, 그리고 의식으로 보아도 일반적인 경우와 같은(가령 중국의 조선족이나 소련의 고려인처럼) 소수민족도 아니라는 점이다.

물론 그렇다고 해서 '재일(자이니치)'이 국외에 정주하는 상황과 그곳에서 생겨나는 새로운 성격은 동일함이 존재한다. 그렇기 때문에 재일의 위치는 국외 소수 민족이 갖는 특성이 존재하는 동시에 그것만으로는 이해가 되지 않는 입장이라는 '양가성'을 포착해야만 한다는 점이다.

김석범은 바로 그러한 위치에서 재일을 새로운 주체로서 스스로 주체적으로 파악하기 위해 사용해야 하는 호칭이 '재일(자이니치)'이며 이 호칭 속에 창조성이 존재한다고 논한다.

재일조선인의 문제는 '재일(자이니치)'의 문제를 배제하고는 그 세계성을 인지할 수 없다는 논리이며 그것은 역설적으로 '재일(자이니치)'을 통해서만 남북의 문제, 즉 국가의 문제에 다가갈 수 있는, 동시에 조국의 문제에 객관화할 수 있는 자아를 갖게 된다는 것이다. 그것을 창조적 세계로 연결시켜가면서 남북과 거리를 두는 동시에

---

60) 金石範, 「「在日」とはなにか」, 전게 잡지, pp.33-34.

의식하면서 통일을 위한 프로세스에 관여하는 입장이 '재일(자이니치)'의 '창조적 성격'을 보다 구체적으로 보여주는 것이며 그것이 주체적으로 창조해갈 수 있는 '넘어섬'인 것이다.[61]

5

'자이니치'라는 '차연의 세계':
'탈'전체성과 가교

재일조선인의 정주화로 인해 기존 재일조선인의 모습을 이어가면서도 다시 '익숙치 않은' 다른 세계로의 전회가 구상되는 상황에서 문제가 되는 것은 재일조선인이라는 역사적 특수성 속에 내재되어 온 '조국'에 대한 낯설음의 해결 문제였다.

『계간삼천리』의 편집위원인 위량복(魏良福)이 지적하는 것처럼 재일조선인은 1945년 8월 15일 이후 40여년이라는 시간 속에서 재일의 정주화 현상이 '당연한' 상황으로 받아들여지게 되었다. 그리고 현실에서 3세나 4세가 갖는 조국이란 1세가 가진 '조국에 대한 노스텔지어'의 영향 속에서 만들어내는 이미지로 찾아내지 않으면 안 되는 조국이 되어버린다. 동시에 '민족성이란 마음의 영역에서 이미지를 북돋아내는 것으로 만들어가지 않으면 안 된다는 것'[62]이 되어버렸다.

---

61) 金石範, 「「在日」とはなにか」, 『季刊三千里』第18号, 三千里社, 1976年, p.35.

62) 魏良福, 「在日世代にとって指紋押捺は」, 『季刊三千里』第39号, 三千里社, 1984年, p.62.

1세가 가진 조국 이미지를 근거로 낯선 조국에서 무언가 '조국적인 것' 혹은 '민족적인 것'을 발견해내고 창출해내야 하는 것으로 '전환'된 것이다. 그것은 다시 말하면 '재일'의 현실 속에 '재일을 사는 새로운 형태'의 가능성을 암시한 것이다.

현실 속에서의 의미란 재일이 정주해서 살고 있는 장소는 바로 일본이기 때문에 여하튼 일본 내에서 진행하고 있는 투쟁들이 어떻게 하면 '재일의 주체적 운동이 될 수 있을까'의 문제였다. 그것은 동시에 재일조선인의 존재는 '재일'을 산다는 관점에서도 '본국의 남북 대립을 그대로 재일에게 가져오는 것'에 대한 비판적 견해를 넘는 길이었다

앞서 언급한 것처럼 재일이 정주해서 살고 있는 장소는 '일본 내'였기 때문에 재일의 투쟁들은 일본 내의 문제이기도 했다. 그렇지만 일본인에게 재일조선인은 '보이지 않는 사람'이었다.[63] 그렇지만 사토 가쓰미가 주목했듯이 1970년대 초에 일본인 사이에서는 재일조선인 문제에 대한 관심이 고조되었다. 물론 실제 일본인 전체에서 보면 미미한 숫자이긴 하지만 그래도 관심이 높아지고 있었는데, 관심이 높아진 이유는 바로 출입국관리법이 문제가 된 것이 계기라고 보았다.

1969년 출입국관리법 개정에 의해 정치적인 의미가 부각되었고, 출입국관리법 반대투쟁이 진행되는 과정에서 그 숫자가 가장 많은 재일조선인이 그 중심에 있었기 때문이다. 재일조선인 인구 중에서 일본 출생 조선인이 70%에 달했기 때문이다.

바로 이 지점에서 재일조선인을 둘러싼 문제는 '일본의 출입국관

---

63) 飯沼二郎, 『見えない人々 在日朝鮮人』, 日本基督教団出版局, 1973年, p.9.

리법'이 갖는 정치적 문제와, 일본에 정주하는 3세, 4세라는 젊은 세대가 자신들의 삶의 방식을 둘러싸고 자신 스스로의 문제로서 자신의 존재를 문제 삼지 않으면 안 되는 상황이 현재화하게 된다.[64]

이처럼 재일조선인을 둘러싼 처우의 문제가 일본사회에 던지는 문제로 작용하게 되는 동시에 젊은 세대의 삶의 방식 문제로서 스스로의 문제라는 점에 초점이 이동하게 된다.

이러한 문제의식은 야마모토 마유미(山本真弓)가 "재일한국인의 존재가 대체 무엇인가라고 묻는 것은 그러한 존재들을 떠안고 있는 일본인 사회와 동시에 그 사회의 일원인 스스로의 모습을 묻는 것이기도 하다"[65]고 논한다. 이처럼 재일조선인으로서 '식민지지배의 유재'로 밖에 인식하지 못했던 피식민자의 인식 세계를 벗어나 정주 장소인 일본에 대해 법률적 처우의 문제로서 일본의 문제, 일본인의 문제 그리고 재일 스스로의 문제로 떠안게 되는 상황에 처하게 된다.

이를 동시에 돌파하기 위해 야마모토 마유미가 제시한 일본에서 재일조선인 문제를 어렵게 만드는 것은 이미 일본인들의 생활감정 속에 내재되어 버린 '역사적 존재로서 재일조선인'이 무의식으로 부착되어 있는데, 이것을 면밀하게 벗겨가는 것이 중요하다고 보았다.[66]

즉 일본, 일본인이라는 공동체 의식에서 만들어진 재일조선인에 대한 시선이 작용하는 것을 인지했고 그것을 통해 일본, 일본인을

---

64) 佐藤勝巳, 「当面する在日朝鮮人問題と日本人」, 『在日朝鮮人の問題』, 同成社, 1971年, p.7-8.

65) 山本真弓, 「ドイツ人移民と在日朝鮮人」, 『季刊三千里』第39号, 三千里社, 1984年, p.72.

66) 山本真弓, 「ドイツ人移民と在日朝鮮人」, 상게 잡지, p.72. p.79. 1910년 이후 제국신민이라는 형태를 취하지 않기 위해서는 재일조선인의 존재를 내부에 떠 안아온 일본인 사회가 신국적법제정을 둘러싸고 스스로의 모습 자체를 생각해보지 않으면 안 된다. 금후 일본국적을 가진 자가 조선민족으로서의 아이덴티티를 주장하기 시작했을 때 단일민족국가이고 싶은 일본정부와 그것을 지탱해온 일본인 사회는 국가란 무엇을 의미하는가라는 것에 대해 의식의 변혁을 압박해올 것이다. 그때 일본인 사회의 일원인 스스로의 모습을 되묻는 것은 그것을 오랫동안 내팽개쳐온 개개의 일본인의 문제이다.

역으로 강화시켰다는 점이다.

이처럼 일본인의 생활 감각을 집어 삼켜버린 '국민'의식은 일본인 연구자들에 의해 재일조선인의 문제를 다루는데 적극적으로 가담하게 된다. 물론 그 시발점은 재일의 문제가 종래의 양상으로는 해결되지 않으며 근본적으로 새롭게 다루어야 하는 패러다임의 분절과 전기(轉機)를 의식한 것이었다. 김석범과 다케다 세이지가 논한 '재일의 근거'는 야마모토 마유미처럼 '일본인의 생활 감정에 부착된 재일에 대한 의식을 벗겨가야 할 때'라고 의식한 방향과는 또 다른 정위(定位)에 대한 논쟁이 전개된다.

그 대표적인 예로써 사토 가쓰미와 가지무라 히데키(梶村秀樹)의 논쟁이 있다. 전자인 사토 가쓰미는 재일조선인의 정주화 진행의 현상을 근거로 재일조선인은 북한이나 한국보다 일본에서 존재성을 보다 진지하게 모색해야 한다는 입장이었고, 후자인 가지무라 히데키는 통일 중시(본국지향)를 강조했는데, 이는 재일조선인에 대해 논할 때 나타나는 '본국 지향=전형적인 입장'과는 거리를 두는 것이라며 재일에 대해 양자택일적 시점을 적용해서는 안 된다고 주장했다.[67]

이처럼 재일조선인에 대해 일본인이 제시하는 재일조선인 문제가 본격적으로 전개되고 있었다. 즉 사토 가쓰미가 재일조선인의 정주화는 결국 재일조선인이 일본인으로 동화해야 한다는 논리와, 가지무라 히데키처럼 재일조선인이 조국지향의 한계를 극복해야 한다는 주장이었다. 이는 당시 재일의 방향성을 진단한 중요한 논점들이었다. 즉 정주화 문제, 본국과의 관계성을 포함한 '재일의 새로운 길'에 대한 모색이었다.

---

67) 文京洙, 「在日」についての意見」, 『季刊三千里』第39号, 三千里社, 1984年, p.81.

여기서 특히 주목할 만한 것은 사토 가쓰미의 국민국가론이다.[68] 사토 가쓰미는 재일한국·조선인들이 일본에서 주장하는 지위에 대해 문제를 삼았다. 즉 일본에서 일본인보다도, 한국에서 한국인보다도 더 특별한 '특권적 지위'를 손에 넣고 있음에도 불구하고, 그것을 주장한다고 비판한다. 그렇기 때문에 재일한국·조선인과 일본사회 그리고 한국 사이에 균열이 생겨난 것이라고 보았다.[69]

사토 가쓰미가 보기에는 재일한국·조선인이 '특권'을 누리고 있고 그것 이상으로 더 많은 권리를 주장하기 때문에 재일한국·조선인과 일본, 일본과 한국에 문제가 발생한다며 그 문제의 초점을 재일한국·조선인의 특권 요구라며 그 원인을 돌렸다. 따라서 재일한국·조선인이 일본에 동화해야만 문제를 줄일 수 있다고 보는 입장을 취했던 것이다.

그것은 사토 가쓰미 나름대로의 논리가 있었다. 즉 사토 가쓰미는 '국민화' 현상이 당시 세계적인 흐름이었다고 전제하는 입장이다. 사토 가쓰미에 의하면 재일한국·조선인에 대한 문제는 일본사회가 비국제적이기 때문이며 재일한국·조선인의 요구에 일본정부나 일본인이 대응하는 방식에 의해 국제화가 가능된다는 것은 일본의 국제화와 아무 상관없는 일이라고 주장한다.[70]

사토 가쓰미는 '국민국가 형성이란 민족대립을 포함한 여러 종류의 사회대립을 극복해야 비로소 이룰 수 있는 것이며 세계의 많은 국가들을 보아도 국민국가 형성에 성공한 국가가 발전한 것'[71]을 보

---

68) 柏崎正憲, 「反差別から差別への同軸反転: 現代コリア研究所の捩れと日本の歴史修正主義」, 『紀要論文』, 東京外国語大学海外事情研究所, 2008年, pp.417-445.

69) 佐藤勝巳, 『在日韓国朝鮮人に問う』, 亜紀書房, 1992年, p.v.

70) 佐藤勝巳, 상게서, p.191.

면 알 수 있다고 논한다. 즉 국민국가를 형성하는 것이 국제적인 상황이며 그래야 발전이 이루어진다고 주장한 것이다.

이러한 국민국가 논리에 근거해본다면 재일한국·조선인은 사실 일본에서 자랐기 때문에 일본적 가치관이 몸에 배어 있어 한국사회와는 이미 거리를 갖게 된 것이 현실이라고 보았다. 또한 한국인들은 재일한국·조선인에 대해 한국적인 것을 기준으로 보고 있으며 '전통적인 시각'에서 벗어나지 못하고 있는데, 이는 한국사회를 지배하고 있는 인간 측정 잣대가 '전근대적임'을 보여주는 것이라고 보았다.[72]

그리하여 사토 가쓰미는 재일한국·조선인이 한국의 전근대적인 사고방식에 의해 재단되는 '동포, 교포'가 아니라, 일본의 국민으로 동화하여 세계적 흐름인 '국민국가'의 국민이 되는 것은 '자연스러운 것'이라고 보았다.

이에 대해 김시종과 김석범은 사토 가쓰미의 논리를 부정하는 것으로만 볼 때 '동일한 입장'이었다.[73] 그러나 김석범이 『'재일'의 사상』에서 주장하는 것은 '통일지향'형이다. 그런 의미에서 본다면 재일론 중 하나의 '전형(典型)'의 부류에 들어가는 것처럼 보일 수 있지만, 김석범 씨의 논리는 그런 것이 아니었다.[74] '실질적인 국가/본국/모국'중 어느 한쪽에 속해야 한다고 주장하는 것이 아니라, 창조

---

71) 佐藤勝巳, 상게서, p.195.

72) 佐藤勝巳, 상게서, p.204.

73) 文京洙, 「在日」についての意見」, 『季刊三千里』第39号, 三千里社, 1984年, p.84. 김시종의 『조선인(朝鮮人)』(18호)에서 이누마 지로 씨와의 좌담회에서 '제3의 길을 둘러싸고'에서 발언한 것과, 김석범의 『'재일'의 사상(「在日」の思想)』(1981년)에는 기본적으로 공통된 부분이 있어 보인다. 내용적으로도 현재 본국 지향적인 생각을 알기 위해서는 적절한 자료라고 생각한다.

74) 文京洙, 「在日」についての意見」, 상게 잡지, p.85.

적 주체로 살기 위한 방법으로서 '통일지향'이 사용되고 있었던 것이다.[75]

김석범은 통일에 대한 자신의 사상을 "『자이니치(재일)』의 위치에서 갖는 입지적 조건은 조국의 남도 북도 아니라는 것이다. 그『자이니치(재일)』의 위치가 조국과 대응한다. 그 대응 방식이 주동적(主動的)일 때 그것은 특별하고 창조적인 것이 될 것이다. (중략)『자이니치(재일)』가 남과 북을 넘어 통일을 향해 전체적인 시점을 가질 수 있는 곳에 창조적인 성격이 있다. 즉『자이니치(재일)』의 위치는 조국 통일과의 관계를 빼놓고는 있을 수 없다고 주장"[76]하는 것이다. 원문에서는 이중꺾쇠(『』)를 사용하며 강조하고 있었는데, 이러한 의도는 바로 재일이 재일을 넘어 '자이니치'로 나아가기 위해 호칭을 강조하고 있는 것이라고 생각된다. 문경수가 보기에 이 주장은 매우 설득적이고 당파적인 정책 레벨에 밀착한 형태로 주장되는 것들의 '전형'과는 매우 취지를 달리하는 것이었다. 여기서는 '재일(자이니치)'가 '자이니치(재일)'로 순서가 바뀌는 순간이기도 하다.

이것은 다시 이누마 지로가 주장했던 논리, 즉 분단된 한반도를 응시하면서도 일본에서 정주하는 재일조선인이 아니면 할 수 없는 재일조선인만의 독자적 문화를 낳는 것[77]과 초점이 만나고 있었다.

그리하여 만들어낸 창조적 세계를 문경수는 일본사회에서 재일의 모습을 통해 '시민'의 시점을 연결한다. 즉 '시민권의 강조가 결과적으로 민족에 등을 돌리는 것이 될 수도 있다는 것'과, 그 반면에 '민

---

75) 飯沼二郎, 『見えない人々 在日朝鮮人』, 日本基督教団出版局, 1973年, p.211.

76) 文京洙, 「在日」についての意見」, 상게 잡지, p.85.

77) 飯沼二郎, 전게서, p.284.

족 시점만으로 한정되는 재일의 일상적인 시민권 요구가 제2의 과제로 간주되는 것'이 충돌하게 되는 상황을 응시했다.[78] 그리하여 '제3의 길'이라는 형식으로 표현되는 것이 출현하게 된다. 그렇지만 그것은 '어디까지나 하나의 양상으로서'라는 것으로, '재일' 전체가 그렇게 되어야 한다는 것은 아니다[79]라고 보는 시점이 나타나게 된다.

다시 말해서 '재일'을 하나의 방향으로 묶으려고 한다면 반드시 어딘가에 무리가 생긴다는 것을 인지하게 된 것이다. 그렇기 때문에 '어떤 하나의 운동이나 현상을 가지고' 그것을 '재일' 전체의 유일한 양상으로서 주장하는 것은 이제 불가능하게 되었다는 것이 전경화되어 '자이니치'화된 것이다.

그래서 나타난 새로운 조류가 '자이니치' 사이에서 전개되거나 나타나는 일들에 대해 각각의 위치에서 어떻게 그것을 상대화 할 것인가의 문제가 문제라고 인지하게 된다. 그러기 위해서는 "상대방을 통해 자신들의 입장을 어느 정도 상대화할 수 있는 요령을 찾아야만 한다. 그것은 이념이나 사상의 문제가 아니라 재일이 직면하고 있는 현실의 요청"[80]이라고 문경수는 논한다.

실제 문경수가 발견한 것은 기존 재일조선인의 현상(現狀)들에 의해 나타난 김석범, 김시종, 가지무라 히데키, 사토 가쓰미의 논리들이 갖는 분열과 차이성에 틈새를 파고들면서 결국 재일이 전개해 갈 창조적인 '세계'란 '어떻게 존재하고, 어떻게 살 것인가'라는 근원적 존재성에 관한 질문이었다. 바로 이 지점에 도달하기 위한 경로로서 키워드로 설정된 것은 '재일론의 텍스트'였다. 그것은 '재일, 자이니

---

78) 文京洙, 「在日」についての意見」, 상게 잡지, p.87.
79) 文京洙, 「在日」についての意見」, 상게 잡지, p.88.
80) 文京洙, 「在日」についての意見」, 상게 잡지, p.89.

치', '정주화', '재일조선인의 자립성', '주체성', '귀화' 혹은 '동화', '조국' 혹은 '민족' 등이다.81) 이 '얼굴'들은 아이덴티티나 조국과의 관계방식에 나타나는 차이에서 근거를 설명해주고 있으며 역설적으로 이러한 얼굴들에 의해 재일의 '자립' 혹은 '주체성'의 탈환이 논의되어왔던 것이다.

다시 말해서 재일조선인을 보는 '조건들'이 구성되고 그 규정들 속에서 다시 '재일'을 논하는 텍스트가 생산된 것이다. 그렇기 때문에 이러한 상징이나 규정된 가치로부터 탈피하고 동화와 이화(異化), 주체와 비주체, 조국 지향과 조국 탈피라는 이분법적 접착제에 틈새를 내고 이원론적 분리론에 의문을 가져오는 '균열'이 필요한 것이다.

그것은 새로운 내면의 상대화 논리를 만들어내는 논리와 만나게 되는데, 이를 위해 이소가이 지로가 제시한 것은 다름 아닌 '조선인의 피와 일본인의 피'를 동시에 갖고 있는 다치하라 마사아키(立原正秋)와 이오 겐시(飯尾憲士)였다. 다치하라 마사아키의 작품에는 혼혈자이기 때문에 겪는 체험을 통해 새로운 경지를 발견하는 내용을 적고 있었다.

다치하라 마사아키가 일본인에게는 조선인으로 비춰지고, 조선인에게는 쪽바리라고 놀림 받은 체험을 통해 어느 경지에 도달하게 된다. 그것은 자신의 신체에 이미 들어와 있는 '조선인과 일본인의 피의 사이'와, '주변 환경에 의해 만들어진 정신 모습'을 갖게 되었다는 것과 동시에 그 자체를 '살해=해체'하면서 도달하게 된 경지가 바로 그 경지라고 표현하는 세계였다.

---

81) 磯貝治良, 「「在日」の思想・生き方を読む」, 『季刊三千里』第46号, 三千里社, 1986年, p.34.

다치하라 마사아키의 직접적인 말을 빌리자면 "아버지를 만나면 아버지를 죽이고, 어머니를 만나면 어머니를 죽이고 부처를 만나면 부처를 죽여 '자재(自在)'의 경지에 민족의 항쇄(枷)를 공무화(空無化)하는 길을 찾고 있었는지 모른다"[82]고 말하는 '경우(境遇)'인 것이다.

그리고 또 한 예로써 이오 겐시가 있는데, 이오 겐시 역시 일본사회에서 민족차별을 조우할 때마다 '바다 저편의 피를 가진 입장 측에 선 자신을 발견하게 되는데, 그것은 일본에서 살게 되면서 잃어가는 '아버지의 것'을 보다 오히려 강하게 각성시키는 것을 통해 평형감각을 유지한다고 논한다.[83] 이는 달리 표현하면 억압된 자들의 공명 혹은 공생감, 민족적 열정을 통한 권력에 대한 증오 사상과 화합의 세계였다.

또한 이소가이 지로는 고사명의 「잃어버린 나의 조선을 찾아서(失われた私の朝鮮を求めて)」나 『저편에 빛을 찾아서(彼方に光を求めて)』에 나타난 혹독한 자기부정과 분열되고 찢어진 실존을 새로운 근거로 삼아 '자립', '주체성' 탈환의 길을 탐색하고 있다고 보고 '개(個)'의 의미를 재현하고자 했다. 즉 나를 보편개념에 환원시키는 것이 아니라 '재일조선인' 속에서 재일조선인 그것과의 관계에서 '나'를 발견하는 것이었다. 그리하여 '나'는 그 자신이 몇 겹으로 커다란 상황에 내포되어 있는 곳의 상황인 '재일조선인'의 하나였다는 결론에 다다르게 된다. 그런데 나의 주체는 바로 '그것에서 빠져 나오지 않으면' 나의 주체적인 자유는 쟁취

---

82) 磯貝治良, 「ふたつの民族の血-立原正秋・飯尾憲士・『余白の春』」, 『季刊三千里』第39号, 三千里社, 1984年, p.194.

83) 磯貝治良, 「ふたつの民族の血-立原正秋・飯尾憲士・『余白の春』」, 상게 잡지, p.198.

되지 않는다[84]고 보았다.

바로 이 지점은 재일조선인의 연속선상에 놓여 있으면서 '재일조선인' 그것으로부터 빠져나오는 '재일'이 '자이니치'의 자립 세계로 나아가는 시작인 것이다.

그리고 또 하나 극복해야 하는 논리가 있었다. 그것은 다케다 세이지가 논하듯이 '재일'세대의 불우 감각을 극복하기 위해 '민주주의', '민족', '조국' 등 '사회이념'의 극복이다. 즉 이러한 텀들은 전후 일본사회에 살면서 인지하게 된 '조건'들인 것이다.

따라서 "'근대적 생(生)의 범형(範形)' 혹은 '전후적' 이데올로기에 의해서는 '재일'의 회피 불가능한 위기를 극복할 수 없다. 오히려 '재일'이 서 있는 근원적인 난문을 유화(宥和)시켜 버린다. '재일'의 불우성이나 회피 불가능한 위기는 근대 혹은 전후적 이념이나 이데올로기에 의해 구제될 것이 아니라, 그것 자체로서 계속 응시해가야 할 것"[85]이라고 주장하는 '내파'에 대한 재고이다.

결국 재일을 창조하기 위해서는 재일조선인의 역사성과 존재성에 의거하면서 그러한 재일이 탄생하게 된 '근대' 개념들과, '전후' 일본 사회의 모습을 상대화하며 그러한 사상적 모델을 넘어서는 '포스트 근대'와 '전후의 전후'를 만들어가야만 하는 것이었다.

이러한 문제들은 '재일일본인'의 문제로 나타난 것이며 『계간삼천리』는 재일조선인이 일본에 대해 이야기하고, 재일일본인이 조선인

---

84) 磯貝治良, 「「在日」の思想·生き方を読む」, 『季刊三千里』第46号, 三千里社, 1986年, p.35. 즉 재일이 서 있는 삼중의 경계, 즉 일본과의 관계, 조국 남북과의 관계, 비조선적인 인격을 형성한 것으로 간주되는 2세·3세의 입장에서 인간회복이 이루어지지 않고 재일조선인으로서 일본에 정주하는 일본인이 된다면 그것은 주체적 존재로서의 자신을 찾지 못하는 것이었다.

85) 磯貝治良, 「「在日」の思想·生き方を読む」, 상게 잡지, p.36, 竹田青嗣, 『「在日」という根拠』, 筑摩書房, 1995年, p.35. p.79, p.126.

에 대해 이야기하는 담론의 장이었던 것이다. 그럼으로써 "국민이란 국가의 틀에 휘말려 들어간 민중을 가리킨다. 시민이란 국가의 틀 속에서 아직 휘말려 들어가 있지 않은 측면을 강하게 갖고 있는 것으로 국가에 대해 비판한다. 그러면서 때로는 국가에 따른다. 그러나 비판의 권리를 갖고 있는"[86] 사람들이 되는 것이었다.

앞서 언급한 사토 가쓰미처럼 '국민국가' 논리 속에서 빠뜨린 것은 바로 '비국민의 범주를 새롭게 재편하는 과정'을 내포하고 있었다. 사토 가쓰미의 '동화' 논리는 결국 범주를 새로 구성하고 그것을 도가니 속에 넣어 새롭게 주조하려는 시도였던 것이다. 다시 말해서 "전통이라던가 문화라던가 지역성이라던가 혈족이라는 것들 모두 묶어서 일본인이라고 본다. 민족과 국가를 합체해서 감정적이고 감각적인 것"[87]으로 만들어내려는 것이었다.

이처럼 "개인을 억압하는 공공성이 전전에는 터부시되어 천황제가 국민/비국민의 나누는 '실감적'인 것이 존재했지만, 전후에는 그것이 모호해졌다. 그러나 서서히 전후적인 의미에서 비국민이라는 범주가 도가니 속에서 창조되고 있다. 그것을 읽어내는 것이 필요하다. 지금은 비국민의 창조과정"[88]이라고 논했다.

전전에는 천황제라는 눈에 보이는 '상징'을 통해 국민·비국민의 경계가 설정 가능했지만, 전후에도 '상징'이 보이지 않을 뿐 국민·비국민 창조는 여전히 진행되고 있다는 점을 지적하고 이를 꿰뚫어 보아야 한다는 것이다.

---

86) 李進熙, 小野誠之, 鶴見俊輔, 飯沼二郎, 「『季刊三千里』をめぐる思想と行動」, 『在日朝鮮人を語る 2 在日の文化と思想』, 麦秋社, 1984年, pp.122-123.

87) 深作光貞, 鶴見俊輔, 飯沼二郎, 「非国民のすすめ」, 『在日朝鮮人を語るⅢ<非国民>のすすめ』, 麦秋社, 1985年, p.18.

88) 深作光貞, 鶴見俊輔, 飯沼二郎, 「非国民のすすめ」, 상게서, p.20.

바로 이것은 '재일론이 갖는 의미'와도 연결된다. 그것은 재일을 만들어놓은 역사 그 자체가 담지하는 근대적 인식들에 대한 이질성을 느끼게 만드는 것이다. 즉 국가의 논리 속에 가두어 하나의 균질적인 삶의 방식이나 사상을 닫거나 억압하는 구조 그것이 바로 일본사회의 구조였으며, 동시에 일본인의 의식이었다는 것을 인지하게 만드는 계기인 것이다. 즉 무엇을 인지하는가 하면, 일본인이나 일본이라는 국가의 내부에서 완전하게 익숙해져버린 자신에게 재일조선인의 삶의 방식을 대치시켜 '국민'이라는 의미에 틈새를 가져오는 것이야말로 '재일일본인'으로서 '재일론은 의미'를 갖게 되는 것이다.[89]

그것은 바로 일본과 조선이 다르지만 동일한(homogenous) '일본 국민'이라는 내부 논리로서 외부자 경계를 깨닫는 것이다.[90] 내부의 외부성을 규정하는 논리들을 '재일'에서 발견하고, 재일이 찾아가려는 주체의 획득과 소거의 왕복운동과 접촉함으로써 드디어 재일에 꺽쇠가 없어지게 되고, 재일이 재일로서 자립한 자세로 스스로의 입장, 삶의 방식을 모색하게 되는 것이다.[91]

이처럼 일본사회의 재일의 역할을 강조한 강상중은 '재일조선인'이 '역사의 쓰레기'로서 잊혀져갈 것인가, 그렇지 않으면 역사의 톱니바퀴를 조금이라도 움직이는 주체가 될 수 있는가를 고민해야 하

---

89) 磯貝治良, 「「在日」の思想・生き方を読む」, 전게 잡지, p.45. 재일조선인 측에서 보는 이질적인 존재가 일본사회의 구조를 변혁적인 임펙트를 주는가 그렇지 않은가가 그것이 '재일'의 삶의 방식에 유효한가 그렇지 않은가의 문제 이전에 일본인의 일이다. 문제는 재일조선인이 이질적인 자를 유지하고 살 수 있는 환경을 어떻게 만들어가는가의 차원이 아니라, 우리들이 재일조선인에게는 일본인도 이질적인 자라는 자각을 가져야 한다. 지극히 당연한 이 대등성을 전제로 하기에는 일본사회의 다수자와 소수자라는 비대등성이 난관으로 존재하는데, 재일조선인에게 조국과 일본인의 자기변혁을 변증법적으로 지양시킨다면 비대등성의 난관은 돌파가능할 수 있다고 본다.

90) 南仁淑・曺瑛煥著, 洪大杓編訳, 「在日同胞と在米朝鮮人―その環境, 地位, 展望の比較」, 『季刊三千里』第50号, 三千里社, 1987年, p.53.

91) 徐正禹, 「問われる在日の自立と主体」, 『季刊三千里』第50号, 三千里社, 1987年, p.85.

는데, 그것은 '재일' 논리의 계승에 있다고 보았다.[92]

재일은 일본사회와의 관련 속에서 '자신을 잃어버리지 않는'다는 자세이며 이를 통해 일본 내부와 외부를 잇는 '매개(架け橋)'의 세계, 즉 내면의 틈새와 그것의 외연성을 말하고 있는 것이었다.[93]

6

새로운 '자이니치'의 길과
낡은 국민국가론

이상으로 본장에서는 재일조선인을 둘러싼 호칭의 형성과 그 변용 과정을 살펴보았다. 재일조선인이라는 호칭의 변용과 그 내적 특성이 재구성되는 것은 『계간삼천리』에서 나타났다는 점에 착안하여

---

92) 姜尚中, 「「在日」に未来はあるか」, 『季刊三千里』第50号, 三千里社, 1987年, p.107.

93) 『季刊三千里』의 종간을 애석해하는 의견도 있었고 젊은 세대가 참가하는 새로운 잡지를 준비해야 한다는 목소리도 있었다. 「청구(青丘)」는 예로부터 조선을 가리키는 아호(雅號) 중 하나였다. 남북대화와 상호간의 이야기를 통한 통일을 기대한다는 우리들의 절실함을 담아 이를 잡지명으로 결정하고 창간준비를 했다고 밝히고 있다. 『계간청구(季刊青丘)』의 창간은 1989년 8월이며 편집위원은 김달수, 강재언, 안우식 그리고 이진희였다. 여기에 젊은 세대인 강상중, 문경수, 위량복이 참가했다. 여기서는 '재일조선·한국인' 문제를 다루고 국제화시대의 일본사회의 모습을 묻는 기획이 화제로 올랐다. 외국인의 '정주문제'를 다루고 논쟁을 불러일으켜 내외에 파문을 일으키기도 했다. 李進熙, 「備忘錄」, 『海峡』, 青丘文化社, 2000年, pp.224-225. 90년대 중반은 버블경제의 붕괴와 활자를 싫어하는 독자 분위기로 인해 『계간청구』의 경영도 어려워졌다. 1996년 2월 제25회로 종간할 것을 결의하지 않을 수 없었다. 1975년 『계간삼천리』 창간이래 22년간 20세기를 산 '재일조선인'을 계속 기록했다. 강재언은 잡지 창간 당시를 회고하며 '재일동포'의 내부 조직 압력이 강했다고 표현하듯이 '재일동포'라는 호칭을 사용하고 있었다. 재일조선인은 전후 일본사회의 혼란과 분단된 조국에 번롱(飜弄)되면서 차별 빈곤과 싸우지 않으면 안되었다. 모국은 냉전체제에 휘말려 조선전쟁이 발발했고 분단이 고정되면서 재일은 남북 어느 쪽인가의 조직에 속해서 살지 않으면 안 되었다. 특히 재일 1세들은 망향의 생각을 가지면서 민족의 존엄을 지키기 위해 험난한 길을 걷지 않을 수 없었다. 재일 반세기를 적는다. 李進熙, 「備忘錄」, 『海峡』, 青丘文化社, 2000年, pp.228-229. p.256.

『계간삼천리』의 '특집' 내용을 검토했다. 재일조선인은 국가의 '틀'을 그대로 수용하면서 형성된 역사였는데, 그 역사성을 계승하면서도 그 국가의 틀을 넘어서려고 노력했다.

『계간삼천리』에서는 '재일조선인'이라는 호칭이 갖는 역사를 일본 제국주의의 유산으로 그 기원을 설명하면서도 전후 일본에 재류하게 되는 과정에서 미국의 일본 정책과 연동하고 있었음을 설명한다. 일본이 외국인등록령을 시행하게 되고 조선이 국적으로 표기되지만, 냉전 구조 속에서 남북의 분단되고 한국적과 조선적으로 변경되는 상황이 전개되었다.

그것은 재일조선인에서 재일한국·조선인이라는 호칭으로 분화되는데, 여기서는 재일조선인과 재일한국조선인 모두 '국가' 규율의 논리에 의해 만들어진 '위치'로서 범주의 제한성을 갖게 되는 동시에 국민의 일부분이라는 '틀'을 갖게 되었다.

그러나 재일한국·조선인이 일본에 정주하게 되고 2세와 3세, 4세가 주류가 되면서 재일의 근거성이 변하게 되었다. 이에 따라 재일한국·조선인은 재일조선인과 재일로 호칭을 병행하게 되었고, 주체의 문제가 부상하게 되었다. 재일의 근거를 새롭게 구성한 김석범은 재일의 위치가 조국지향적인 것과는 다른 의미에서 한반도 통일에 대한 재일의 역할을 강조하는 논리로서 창조성을 발견하게 되었고, 동시에 재일이 일본사회를 바꾸는 주동적 역할을 기대하게 되었다.

일본의 출입국관리제도에서 출발하지만, 국민국가를 옹호하는 사토 가쓰미의 '국민국가화하는 세계화'의 논리와는 또 다른 차원의 '입장'이었다. 세계적 흐름 속에서 국민으로 동화하는 것이 자연스러운 길이라며 재일의 동화를 주장했지만 재일 당사자들 사이에서는 제3의 길을 만들어내고자 했다. 그것은 내면의 창조성을 찾는 것으로 일본 제국주의 시기 조선에서 태어난 고바야시 마사루와 고토 메이세이가 시도한 '국민국가'의 내파 논리와, 다치하라 마사아키나 이토 겐지의 '내면적' 차이성을 교차시키는 방법을 통해서였다.

 이러한 논리들은 다케다 세이지가 논하듯이 근대의 산물로서 형성된 개념들을 상대화할 수 있게 해주었고, 이처럼 재일이 시도하는 '탈'국가적, '탈'규율성의 내적 특성을 통해 일본과 일본인이 형식을 상대화하고 '타자화'라는 계기를 보여주면서 함께 국민국가의 틀을 넘어서려고 했던 것임이 드러났다.

제2장

'서구적 시선'과
이데올로기 그리고 주체

1

주체, 공간
그리고 구속성의 의미

『계간삼천리』를 살펴보는 작업은 1970년대 후반부터 1980년 후반까지라는 시대적 컨텍스트도 감안하면서 '재일'의 '세계'를 이해할 수 있는 하나의 텍스트로서 컨텍스트와 텍스트 '사이'의 문제로도 고찰이 가능하다고 여겨진다.

그리고 그러한 컨텍스트 속에는 국가와 개인이 밀접하게 연결되고 있고, '재일'이라는 '담론 공간'은 국가의 배제적 존재로서 바깥에 존재하는 동시에 국가의 내부에 동화를 강요당하는 포섭에 노출되는 위치에 있음을 잘 보여주고 있는 것이기도 하다.

그러면서도 '조국'이라는 루트를 갖고 있어 조국과 재일의 매개자 역할을 하면서 '재일' 자신이 국가와 민족이란 무엇인가라는 문제를 풀어가는 주도자의 역할을 할 수도 있다. 그러한 의미로 폭을 넓혀본다면, 압축된 형태로 '국민의 지위는 어떻게 획득되었는가'와 어떻게 '국가와 민족으로부터 자유로울 수 있는가'라는 양가적 물음에 대한 성찰의 세계를 보여줄 수 있을 것이다.

다시 말해서 한국 그리고 일본이라는 국가적 시각에서 보면 재일은 '이질적'인 존재로 보이게 되는 것이다. 한편 재일 내부에서 '조국과 일본 내의 차별로부터 탈피한 '주체' 찾기에 나타난 욕망'을 보면, 그것 또한 '중심화 되기'의 논리를 지향한다는 '주체의 재일화＝일체화'를 지향한다는 한계를 가질 수 있다.

이러한 입장의 저류에 흐르는 것은 그러한 '시선이나 입장'의 '외부성'을 어떻게 하면 상대화할 수 있는가라는 이중적 물음이 가능해진다.[1] 이를 위해 필자가 사용하는 레토릭 이론은 공간 개념이다. 야마무로 신이치(山室信一)는 공간 개념을 다음과 같이 제시했다.

> 공간은 인간에 선결되는 자연성을 가지면서도 동시에 인간이 물리적 대상으로서 '다시 만들어가는 것'을 통해 표상적·감각적 대상으로서 표출되는 이중성을 갖는데, 그것에 의해 개인이나 인간 집단에서의 의미구조를 포함한 것이 되고 자기와 그것을 둘러싼 공간의 확대 속에서 자타인식이 세계상이나 세계관을 구성해가게 된다.[2]

이처럼 공간은 국가나 공동체를 포함해 주체를 만들어낸 '기원'이며 반대로 이 '공간'을 새롭게 만들어가는 과정에서 새로운 자율적 주체가 산출될 수 있다는 점이다. 그러므로 본장에서는 국가를 하나의 공간으로 보고 그 속에서 개인 자아의 절대화가 어떻게 역사적으로 형성되고, 그러한 공간의 구속성에 의해 '타자 인식'을 갖게 되었는가라는 문제로 연결시키고자 한다.

---

1) 野口道彦他,『批判的ディアスポラ論とマイノリティ』, 明石書店, 2009年, p.5.
2) 山室信一,「空間認識の視角と空間の生産」,『「帝国」日本の学知』, 岩波書店, 2006年, pp.4-5. 공간은 국가를 비롯한 여러 형태의 공동체를 형성하는 기반이 되는데, 그 자체가 지형이나 자연환경 등의 물질적 성질을 가짐과 동시에 이미지의 표상으로서 그 속에 존재하는 사물의 모습이나 인간의 행동에 영향을 준다. 다시 말해서 공간은 단순하게 인간이나 사물을 담는 것뿐만 아니라 인간의 실천에 의해 '다시 만들어가는' 대상으로 존재하기도 한다. 그리하여 공간은 살아가는 공간, 인식되는 공간, 생산되는 공간의 삼원성을 갖고 학지(學知)의 대상이 되는데, 분석대상으로서 공간은 각각의 학지 목적이나 방법에 따라 경계가 만들어지고 그곳에서 구별짓기의 단위공간은 학문분야에 의해 생활세계, 농촌·도시, 문화권, 생태권, 경관, 장소 등으로 호칭되게 된다.

2

『계간삼천리』 연구의
패러다임과 유제

　먼저 『계간삼천리』를 분석대상으로 삼은 한국 측 연구 논문으로
는 박정의의 논고가 있다. 박정의가 『계간삼천리』에 지속적으로 관
심을 가지고 논고를 발표한 것은 매우 특이할 만한 점으로 선견성
에 대해서는 인정할 만하다. 특히 『계간삼천리』 속에 나타나는 특
성으로서 '한국민주화'의 기사를 분석한 것은 매우 시사적이다.

　특히 김지하의 문제를 하나의 상징으로 다루면서 쓰루미 슌스케
(鶴見俊輔)나 오다 미노루(小田實)의 활동과 구명(求命)운동에 대한
논점, 그리고 '민중'의 민주화 투쟁을 일본인이 소개하는 점, 또한 한
반도의 분단 고정화와 일본의 역할을 반성하는 점에 대해 분석한 시
점은 매우 고무적이다.3)

　그럼에도 불구하고 김지하를 통해 쓰루미 슌스케가 어떤 의미에
서 김지하를 '표상'했으며, 구명운동을 하는 구체적 의의에 대한 분
석까지는 이루어지지 않고 있다. 그것과 마찬가지로 민주화 운동에
대한 의의를 정치범 구속이나 KCIA의 부당한 활동으로 지적하는
방식으로 전개한다.

　예를 들어 민주주의라는 개념이 존재하고, 그것을 기준으로 하여
독재정권에 투쟁하는 방식을 '민주화투쟁'이라고 보고 그것을 소개

---

3) 朴正義, 「『季刊三千里』と韓国民主化:日本人に知らさせる」, 『日本文化學報』第54輯, 한국일본문
　화학회, 2012年, pp.217-237.

하는 방식이었다. 다시 말해서 민주화가 갖는 의미가 한국사회와 일본사회에 어떠한 '국가' 이미지를 갖고 있는지에 대한 '국가=민주화' 자장에서 벗어나지 못하고 있다는 인상을 준다.

이러한 언급은 매우 시사적이고 한국사회가 갖는 문제점으로 재일의 문제를 환기시키고 있다. 그럼에도 불구하고 논의의 초점이 다시 젊은 세대의 재일 아이덴티티는 총체적인 위기를 맞이하고 있다. 이러한 아이덴티티가 단순하고 추상적이라는 측면이 아니라 현실적인 접근이 필요하다는 논점은 집필시기가 2013년이라는 점을 감안한다 하더라도 '한국=호스트사회' 기준을 벗어나지 못한 시점이 아닌가하는 의구심을 갖게 한다.

그리고 가네코 루리코(金子るり子)의 논고에서는 공적 기억의 배제, 즉 국가기억의 흔들림을 보기 위한 진보적 지식인이나 저널리즘에 관심을 갖고, 『계간삼천리』를 재일조선지식인과 일본지식인의 만남의 장(場)이라는 관점을 설정하여 새로운 재일조선인관을 제시하고 있다.

특히 한국에 사는 일본인은 '경계에 있는 인간'이라는 입장을 중첩시키면서 재일조선인이나 일본지식인의 고뇌와 갈등을(물론 한계가 있다는 점을 감안하면서도) 그 당대를 산 사람들의 귀중한 자료로서 가치를 재발견하려고 시도한다. 특히 담론의 유형을 분석하고 일본의 진보적 지식인이나 양심적 일본인이 갖는 떳떳하지 못한 마음이나 열등감, 가해자의식에서 벗어나지 못하는 점을 지적한다.

그것이 당시의 '진보적 지식인'이라는 것을 제시한다는 점에서는 의의가 있다고 볼 수 있을 것이다. 그렇지만 그러한 진보적 지식인의 모습이 '국가를 어떻게 재구축하고자 했는가'라는 점까지 제시

하지 못하고 있어 아쉬움이 남는다.4)

　이러한 선행연구를 답습하면서도 본장에서는 공간이라는 레토릭을 통해 『계간삼천리』에 나타나는 국가나 공동체로서 조선, 한국, 일본 그리고 재일의 세계를 들여다보고, 네 개의 공간적 개념 속에서 국가 절대적 자아와 자율적 주체의 인식 사이의 공간으로 나아가는 접점을 살펴보고자 한다.

　다시 말해서 원초적 공간, 즉 "원초적 공간이란 우리가 항상 별생각없이 행동하고 움직이는 본능적이고 무의식적인 행동의 공간이다. (중략) 원초적 공간은 유아기부터 신체의 운동과 감각을 통해 원초적 경험을 쌓아가는 과정에서 무의식적으로 구조화된다. (중략) 따라서 이러한 경험들은 거의 모든 사람들에게 공통된 것이므로 상호 주관적이라고 할 수 있으며 개별적인 경험으로만 볼 것이 아니라, 모든 문화집단들에 해당하는 기본적인 공간적 맥락의 일부로 이해해야 한다"5)는 것처럼 공간 안에서 형성된 무의식이라고 표현되는 세계를 바라보고자 한다.

　그렇기 때문에 공간은 어쩌면 자아중심적인 장소들의 연속일지도 모른다고 볼 수 있다. 그렇지만 이러한 공간은 다시 만들어지는 과정으로서의 공간이기도 하다.

　즉 "공간은 상호관계의 산물로 인식된다. 공간을 다수의 감정에 기초한 다중성이 존재하는 영역으로 이해 할 수 있다. 독특한 궤적이 동시적으로 존재하는 영역이며 이질성이 동시적으로 존재하는 영역이다. 끊임없이 구성되는 것으로 인식된다. 항상 만들어지는 과

---

4) 金子るり子, 「『季刊三千里』における日本進歩的知識人の「在日朝鮮人観」1975~1977年を中心に」, 『日本語文學』第79輯, 일본어문학회, 2017年, pp.391-418.

5) 에드워드 렐프저, 김덕현외 역, 『장소와 장소상실』, 논형, 2005년, pp.40-41.

정"[6]이라는 논점에 주목한다.

더 나아가 '역(域)공간(liminal space)'이라는 지점을 상정해보는 시도이고 그러한 것을 가능하게 하는 상호작용의 공간으로의 활용이다. 즉 공간이라는 개념에 의해 형성된 "경계를 말소하는 지역으로 모든 사람에게 열려있는, 어느 누구의 것도 아닌 영역을 의미"[7]한다. 물론 이러한 실존 공간이 존재할 수 있는가에 대한 대답으로 딱 어울리거나 맞는 것은 아닐 수 있다.

그럼에도 불구하고 『계간삼천리』의 창간사에서도 밝히고 있듯이 조선과 일본을 상호 '이해'와 '연대'를 위한 '가교' 역할을 중시하겠다[8]고 한 것처럼 일본 내부에서는 일본인과 연대하고 다시 조선과 일본으로 확대해간다는 것이다.

그 방법으로서 『계간삼천리』는 일본 내부의 '재일' 입장에서 일본 사회(공간)에서 재일의 역사를 재검토하고, 역사과정에서 만들어진 재일의 불우성에 대해 개선을 위한 '투쟁' 모습과 동시에 새로운 인식의 구축(본문에서는 제3의 길이라고 표현)을 시도한다.

이것은 일본사회 공간에 대한 이의신청임과 동시에 새로운 자아의 구축을 위한 '외적/내적' 해체작업인 것이다. 이를 통해 조선(남한, 북한)의 '통일'세계라는 심적 공간과 일본 내의 생활/실존 공간을 재구성하려는 '인공공간'의 논리, 즉 사회적 과정에 의해 구성된 공간을 수용하면서도 다시 그 공간을 사회적으로 재구성하는 과정을 보게 된다는 '패러다임의 구축' 역할을 시도하는 것이기도 하다.

---

6) 도시 매린저, 박경환외 역, 『공간을 위하여』, 심산, 2016년, pp.35-36.

7) 최병두, 『근대적 공간의 한계』, 삼인, 2002년, p.26.

8) 季刊三千里編集委員会, 「創刊のことば」, 『季刊三千里』創刊号, 三千里社, 1975年, p.11.

3

서구적 시각과 일본 제국주의
시선의 착종

1) 서양모델의 아시아연구라는 프레임과 사상/비사상

먼저 일본이라는 국가가 아시아에 대해 갖는 시선은 어떻게 형성되었는지에 대해 검토해보기로 한다. 이것은 일본이 아시아에 대해서도 일본이라는 국가 내부에서 형성한 아시아공간에 대한 차별화 과정의 궤적을 보여줄 수 있기 때문이다.

특히 일본이 심은 아시아의 해방이라는 슬로건이 가진 문제인데, 이에 대해 『계간삼천리』에서 나카무라 히사시(中村尚司)는 일본이 패전 이후 '전후 민주주의'로 나아간 것은 "현대사의 수수께끼로 여겨질 정도로 부드럽고 마치 자연적인 과정인 것처럼 느껴진다"[9]고 표현한다.

다시 말해서 전전과 전후의 자연스러운 연속성은 내적 인식과 '자연스러움'이 갖는 문제를 지적하는 것이다.

구체적인 특징을 보면, 대동아전쟁에 동원된 일본 국민들은 아시아의 해방이라는 슬로건을 믿었고 그것에 대해 의심하는 인식을 갖지 못했다고 한다. 편재적인 시선이기는 하지만 조선이나 대만의 해방은 일본의 진의가 아니었고 일본을 중심으로 하는 차별과 동화의 경계선 확장이었던 것이다.

---

9) 中村尚司, 「アジア研究と戦後責任」, 『季刊三千里』第41号, 三千里社, 1985年, p.132.

그런데 여기서 중요한 것은 이러한 시선들이 갖는 문제점이다. 일본은 자신들의 입장에서 실시한 '아시아 해석'을 전후 '일본 사회과학 연구'에서 지속적으로 계승한다는 점이다. 이것이 바로 전전과 전후의 연속성 그 내적 특성이라는 것으로 그것은 '서양모델'의 아시아연구라는 '시각'이었다.

> 아시아연구에 발을 들여놓고 놀랐다. 여기서는 유럽인이 유럽을 연구하는 방법이 아니라 유럽인이 아시아를 연구하는 방법이 채용되고 있었기 때문이다. 연구자는 일본을 아시아연구에 포함하지 않고 자신이 아시아의 일원이라는 것을 잊으려고 노력한 것으로 생각된다.[10]

서양모델로 아시아를 연구하는 일본의 시각을 시사하고 있다. 즉 일본은 서구를 경유하는 시각으로 아시아를 분석하려고 했고, 그만큼 '아시아 국가'로서 당사자성을 잃어버리게 되는 '주체 상실'이 동반되었던 것이다.

물론 이것은 박정의가 지적하듯이 식민지시기에 나타난 정체론과도 연결될 수 있는 부분이다. 박정의의 지적처럼 전전의 정체성론을 중심에 두고 전후에도 계승된 것이라는 설명이 가능하다.[11] 그렇지만 구조적으로 본다면 서구적 시선에 입각한 '시각'은 주체성을 갖지 못한 '편재적' 시각을 내면화한 것이며 그것은 당사자의 문제를 드러내주는 혐의를 갖게 된다. 동시에 내부 상대적 시선의 결여를 갖는 '일방주의적' 사상을 표현하게 되어버린다.

---

10) 中村尚司, 「アジア研究と戦後責任」, 상게 잡지, p.133.

11) 朴正義, 「『季刊三千里』が語る日本人の朝鮮蔑視観-日帝強占期に創造された「停滞論」を基に」, 『일본근대학연구』제53집, 한국일본근대학회, 2016년, pp.207-234.

전전의 이러한 시각은, 즉 일본의 아시아연구자가 서구의 안경으로 아시아를 보고 있다는 문제는 전후의 '포스트 식민지 문제'에 대해 무자각적 인식을 유지하게 된다는 것을 의미하기도 한다. 그렇기 때문에 이러한 전전적 사고에서 탈피한 아시아연구가 필요하고, 그것이 전후책임의 맥락을 제공해주는 계기가 된다고 보기 때문에 이에 답해야 한다는 것이다.

즉 "아시아연구가 서구의 렌즈에 의존하는 것을 그만두고 아시아의 현실을 직시하고 그곳에서 직접적인 연구과제를 발견하기 위해 우리들은 아시아 인식에 당사자성을 회복할 필요가 있다. 당사자인 아시아는 우리들에게 전후책임의 소재를 제공해줄 것이다. 이전의 식민지지배가 현대일본에 남긴 갖가지 포스트식민지 문제를 아시아연구자 자신의 중요한 과제로 대응"12)해야 한다고 「아시아연구와 전후책임」이라는 논고에서 지적했다.

이것은 일본의 역사 인식 공간에서 갖는 하나의 '전후' 책임인 것이다. 그것은 바로 현재에도 그 시각이 없어지지 않고 그대로 유지되고 있는 것에 대한 비판적 시각이었다.

> 현재의 일본인의 대부분이 전전과 상당히 유사한 이데올로기를 갖고 있는 것도 이상한 것은 아니다. 더 나아가 전전, 전중의 일본은 아시아에 대해서 제국주의, 식민지주의, 군국주의, 초국가주의 등을 특징으로 하는 관여방식을 해 온 것으로, 전후는 요컨대 신식민지주의라고 불리는 관여방식을 하고 있다.13)

일본이 전후 공간 속에서 전전에 가졌던 서구적 안경을 전후 공간

---

12) 中村尚司, 「アジア研究と戦後責任」, 『季刊三千里』第41号, 三千里社, 1985年, p.137.
13) 栗野鳳, 「戦後責任を考える」, 『季刊三千里』第41号, 三千里社, 1985年, p.140.

에 그대로 작동시키고 있는 것에 대한 비판이다. 그러나 이러한 논리적 기능을 뒤집어본다면, 일본이 일본 국민들을 전쟁으로 동원한 논리를 만들어냈다는 의미에서 '일본 내부 식민주의'를 동반하고 있었다는 점을 각성시키고 있는 것이다.

　이러한 근대 일본의 역사에 대한 뒤틀린 인식을 인지하고 무책임함을 '자각'시키기 위해 제안하는 것은 '일본인의 '전쟁관'을 통해서였다. 구체적으로 일본이 전후 전전의 전쟁을 바라보는 시각 속에는 전후 평화운동의 표상이 있고, 그 평화운동 속에는 일본인들의 피해체험의 비참함이 독자화되는 논리가 연결되고 결합되었다는 점을 인지해야 한다고 제시한다.

> 일본인의 역사인식의 뒤틀림은 전쟁관에 단적으로 나타나 있다. 전후 전해져온 전쟁은 태평양전쟁에 대한 것이고, 1941년부터 3년 8개월간 집중해 있는 피해체험(히로시마, 나가사키 그리고 공습, 학동 소개(疏開)체험)이 그 전부였다. 전후 평화운동도 또한 이들의 피해체험의 비참함 그것에 기대어 전개되어왔다. 그러나 피해체험이 그것에 이르는 일본의 아시아 전역에의 침략전쟁의 최종적 국면, 즉 아시아 침략의 결과로서 생기했다는 당연한 역사인식(운동)에는 이르지 못했다. 피해체험이 가해의 침략체험과 절단되고 그 자체가 가진 비참함만이 강조되어온 것이다.[14]

　그런데 다른 의미에서 전후 일본사회에서 침략주의적 인식에 물들어버리는 것은 일본민중의 역사인식, 즉 아시아와 밀착된 관계성 속에서 만들어진 근대 일본인의 정신/감성의 구조의 문제이기도 했다.

　이를 근본적으로 다시 묻는 작업이 '본질적 핵심'이라는 점이다. 모리 마사타카(森正孝)는 새롭게 이 구조를 이해하기 위해 자국 역

---

14) 森正孝, 「日本近代史の '闇'を見据える視座」, 『季刊三千里』第41号, 三千里社, 1985年, p.113.

사의 '어두운 부분'을 직시하는 것이 필요불가결한 것이라 보고, 다시 검증할 것을 『계간삼천리』에서 제언한다.

'역사의 어두운 부분'이라는 표현이 좀 애매할 수도 있지만 어둠을 응시하지 않으면 밝은 부분도 존재하지 않는다는 의미에서 그 양면성과 객관성을 살펴볼 필요가 있다는 의미로 해석될 수 있다.

일본이 서구에서 빌려온 안경으로 아시아를 본 것이 갖는 일면성과 그러한 인식론은 전후에 다시 일본인의 내적 시각에서 만들어낸 역사인식의 비초월성을 나란히 보고 있는 것이다. 이것은 전전의 서구적 인식의 수용이 갖는 문제점, 즉 서구 식민지의 한계적 논리에 대한 비판, 그리고 전후 자국 역사학의 특성에 존재하는 국가주의적 틀에 의한 '편향적 사상' 두 개를 동시에 초월하여 '진정한 주체'를 갖는 경지에 도달하기를 시사하고 있는 것이다.

2) 식민지 경험과 민중 그리고 지식인의 주체/비주체

앞서 언급한 것처럼 서구주의적 인식론과 일본 국가주의적 역사인식의 '어둠'을 들여다보기 위해서는 일본에서 외지로 나갔다가 전후에 돌아온 '어둠의 사람들', 즉 '복원자(復員者)만 600만 명을 넘는 사람들의 아시아 체험, 전후 일본사회에 무엇을 초래한 것일까'[15]라는 물음을 상기할 필요가 있다.

이를 살펴보기 위해 먼저 식민지 경험 속에서 나온 자아(의식) 재생산의 방향들에 대해 살펴보기로 한다. 『계간삼천리』에는 주로 가교(架橋) 코너를 통해 이러한 경험들을 소개하며 자아의 해방과 연

---

15) 中村尚司, 「アジア研究と戦後責任」, 『季刊三千里』第41号, 三千里社, 1985年, p.132.

결시키고자 하는 원고들이 많이 게재되어 있다. 그중에서 대표적인 몇 편의 사례를 언급해보기로 한다.

예를 들어 식민지 조선이나 대만에서 생활한 '일본인'의 경우들이 많은데, 당시 식민지에서 직면했던 경험들을 바탕으로 서술하는 방식으로 기술된다. 먼저 마쓰오카 요코(松岡洋子)의 경험을 소개한 것인데, 마쓰오카 요코는 조선을 외국이라고 표현하고 일본과의 다름을 생생하게 표현한다.

> 조선은 내가 처음으로 알게 된 외국이었다. 모든 것이 일본과는 달랐다. 강렬한 김치 냄새나 온돌방. 그것은 이민족이었고 이국이었다. 그렇지만 초등학교 5학년이었던 나는 그곳에 일본 조선총독부가 있고 일본인이 있는 것은 당연한 일상이었다. 그것이 일본의 '상식'이었던 것이다. 다이쇼기 일본에서 전승(戰勝)을 찬양하며 부르는 노래도 있었는데 조선은 후진국이었기 때문에 일본이 통치하지 않으면 안 된다고 믿도록 세뇌당했다. 실제 식민지 조선에서 본 조선은 후진국이었다. 산들은 민둥산이고 조선인은 자연을 소중하게 생각하지 않아서 이렇게 된 것이라는 설명을 들었다. 경성의 조선인 거리는 일본인 거주지역과 달랐다. 불결하고 유행병은 항상 그곳에서 시작되었다.[16]

개인적 체험이기는 하지만 식민지 조선에서의 경험에 대해 '이국=외국'에 대한 차이성에 대한 인식을 잘 보여주는 사례라고 여겨진다. 즉 마쓰오카 요코가 세상을 인지하게 되었을 때는 식민지 조선이라는 외국이었는데, 그 속에 조선총독부가 있으며 일본인이 생활하는 것을 보는 것은 '일상'이며 '상식'이라고 소개하고 있다. 여기서 특히 주목할 만한 것은 조선을 바라보는 시선이 '후진국'이라거나 '유행

---

16) 松岡洋子, 「朝鮮と私」, 『季刊三千里』第2号, 三千里社, 1975年, p.16.

병'의 발원지 등으로 묘사되고 있다는 점이다.

이 '내지'의 생활체험과는 현저하게 다름을 느끼게 되지만, 마쓰오카 요코는 그럼에도 불구하고 다른 일본인과의 차이성을 기술한다. 마쓰오카 요코 자신이 다니던 초등학교에는 일본인들 사이에도 신분적 차이가 존재했는데, 학교 최하층은 차부(車夫)의 딸이었다고 한다. 이 차부의 딸은 일본인이면서 조선인을 가장 하대한 사람이라고 기술한다. 그렇지만 본인은 그 일본인과 다르며 일반 일본인과는 다른 '일본인'을 의식했다는 것은 괄목할만하다.

마찬가지로 『계간삼천리』 제49호 가교라는 코너에서 다카자키 류지(高崎隆治)의 「조선사탕」이라는 글에서도 유사한 내용이 소개된다. 다카자키 류지는 자신의 어릴 적 경험을 적었다. 그것은 전후 일본의 요코하마(横浜) 역 근처에서 살면서 하천 바라크에 사는 조선인들과 어울렸던 기억이었다.

당시 일본인 친구들은 조선인과 어울려 놀지 말라고 했지만 어머니는 조선인과 어울리는 것을 막지 않았다고 적고 있다. 조선 사탕을 사먹기도 했다는 것을 소개하면서 어머니가 조선인에 대한 편견을 넘는 가풍을 가졌다고 적었다.[17]

전전의 식민지 조선의 경험 속에서도 일본인으로서의 위치, 즉 국가를 등에 업은 국민으로서의 일본인이지만, 조선인들에게 차별적 대우를 하지 않은 경험이 그 하나이고, 다른 하나는 전후 일본 내부에 존재하는 조선인에 대한 편견을 넘었다는 기술이다.

그러면서 조선에서 조선인이 일본인으로 자신을 간주하는 시각에

---

17) 高崎隆治, 「朝鮮飴」, 『季刊三千里』 第49号, 三千里社, 1987年, pp.14-15. 飯沼二郎, 「『季刊三千里』の十三年」, 『季刊三千里』 第50号, 三千里社, 1987年, p.252.

대해 위화감을 가졌던 기억을 소개하고, 그 후 이러한 조선에 대한 인식이 되살아난 사건을 적는다. 그것은 전후 일본을 미군이 점령했을 때의 상황을 기술하는 것이었다.

즉 "불결하고 도덕관념이 없다는 것이 조선인의 민족성이라고 생각하고 있었던 나의 확신은 와해되었다. 도덕이란 무엇인가, 교양이란 무엇인가, 그때까지 기대고 살았던 기반을 전면적으로 되묻지 않으면 안 되었던 것이다. 맥아더를 우두머리로 하는 미국사회는 조선의 일본인사회를 상기시키는 것"[18]으로, 선의를 갖고 리버럴한 미국인이 군정(軍政)을 행하는 것에 대해 비판하고 분개하면 할수록 자신은 각성되는 기분을 느꼈다고 한다. 조선에서 선의를 갖고 리버럴하려고 했던 어머니의 모습과 중첩되었기 때문이다.

마쓰오카 요코는 전전 일본인을 바라보던 조선인의 시각이 전후 일본인을 보는 미국인 시각의 '원리'를 통해 자신의 내면을 자각하게 되었다고 적고 있다. 그것은 두 번째 사례처럼 일본 내에 거주하는 조선인을 대하면서 자신의 조상이 '귀화인'이었을지도 모른다고 생각하며 조상 중에 대장장이(鍛冶)였다는 것으로 연결시켜간다.

그런데 이러한 내용은 '내부 조선인'이 인식의 자각을 가져오는 계기로 작동했다기보다는 오히려 귀화인으로 연결시키는 것은 일본 내부에서 전후 전전의 구조를 번복하고 있는 것에 지나지 않는 것이었다. 나카노 요시오(中野好夫)는 김달수의 말을 인용하며 귀화인이라는 말에도 일종의 멸시적 의미가 내포되어 있다고 표현한다.[19]

이처럼 전전의 식민지 기억에 대한 내면적 자아의 재생산 방식에

---

18) 松岡洋子, 「朝鮮と私」, 『季刊三千里』第2号, 三千里社, 1975年, pp.17-18.
19) 中野好夫, 「ナショナリズムについて」, 『季刊三千里』第2号, 三千里社, 1975年, pp.34-35.

는 국가가 만들어낸 구조적 모순을 자각하는 방향과, 국가 내부에서 재구성된 '외부자 인식'에 그치고 마는 시선을 갖는 쌍방향이 존재할 수 있는 것이다.

4
'민중' 개념에 대한 새로운 '가능성'

그렇다면 『계간삼천리』에서 사용한 '민중'이 갖는 상징성과 '민중'을 대상으로 풀어내고자 하는 의식의 자각성에 대한 해석, 그리고 그것을 실행하게 할 가능성에 대해 살펴보고자 한다. 잘 알려진 것처럼 쓰루미 슌스케는 김지하에게 사형 선고가 내려졌을 때 '김지하를 돕는 모임'을 결성한 인물이다. 쓰루미 슌스케는 이 문제를 통해 한국과 일본의 관계 현상에 대한 '새로운 질문'이라고 표현한다.

후술하겠지만 이 '새로운 질문'이 갖는 의미를 이해하는 것은 전술한 것처럼 '우미다스'라는 의미를 '낳는 것'이라고 번역하는 것과 연동되며 그것은 연대나 가교 역할을 의미하는데, 그 내적 특징이 무엇인지 알 수 있게 해준다.

쓰루미 슌스케는 김지하 문제가 연대나 가교를 생각하게 해주는 계기가 되었다고 적고 있다. 이를 위해 중심 키워드로 제시한 것은 '손때가 묻지 않은 개념'이었다. 그런데 그 손때가 묻지 않은 것은 손때가 많이 묻어 있는 개념에서 찾아낼 수 있고 재정의할 수 있는 힘을 갖고 있다고 표현했다.

쓰루미 순스케가 이러한 논리를 전개하는 것은 하나의 레토릭일 수도 있는데 '손때를 씻어낸다는 것'과, '손때를 재정의할 힘'을 한국사회에서 보았고 이는 다시 일본사회의 '씻어내지 못하는 사회'를 투영해준다고 보았다.

한국정부의 박정희 정권과 시이나 에쓰사부로나 기시 노부스케(岸信介)는 국가적 권력 유지라는 의미에서 동형적인 것이며 전전에 탄압을 한 것은 물론 제국주의 일본이지만 그들은 해방과 함께 일단 철수했지만, 그 후 표면에 드러난 것은 박정희 독재정권으로 그 '민중 탄압'은 변하지 않고 있다는 것으로 연결시켰다.

> 한국과 일본의 밀월시대가 시작된 것으로 '사죄' 특사를 송영하는 두 국가는 국가의 국민이 참가하지 않는 장소에서의 '결탁'이 아무리 삼엄한 상태에서 거행되어도 사상누각이라는 것을 말해주는 것이다. (중략) 일제 36년간의 사죄가 고개를 드는 한편, 그것에 의지하려는 다른 한쪽이 존재한다. 단순하게 정권과 정권의 유착을 지적하는 것이 아니라 '의존의 구조'를 한발도 빠져나가지 못한 것에 있음을 알 수 있다.[20]

이러한 기본적 대립이 없어진 것이 아니라 오히려 그것이 점점 더 강화된 것을 지적하는 내용이었다. 한일 권력 기구끼리의 합작으로 이를 극복해야 한다고 본 것이다. 즉 한국정부와 일본정부가 권력자로서 결탁하는 논리를 넘어 한국 내의 저항 운동가들과 일본 내에서 안주하려는 '인식의 때'를 씻어내고자 하는 사람들과의 관계를 만드는 것이 연대라는 점을 확신한다.

---

20) 前田康博, 「焦燥のソウル」, 『季刊三千里』第1号, 三千里社, 1975年, pp.83-84.

그렇기 때문에 "남한의 사태는 기독교인들의 투쟁이지만 그것이 일본에 영향을 주고 있다. 그것이 우리들의 연대"[21]라고 표현한다. 일본 제국주의의 유산으로서 지배자의 탄압을 논하고 그것에 투쟁하는 민중, 특히 김지하를 대표적 상징으로 내세워 설명하고 있다. 즉 남한에서 벌어지는 투쟁은 결국 일본 내부에서 안주하고 사는 자신들의 '고정성'에 대한 반성을 촉진시켜 준다고 본 것이다. 이를 통해 남한뿐만 아니라 일본에서 '새로운 삶의 방식'을 구축하는 의미에서 그것은 '연대'의 구체적 내용이었던 것이다.

그것을 용인하는 양국 국민들이 나쁘다고 보는 냉철한 눈을 가져야 한다는 것이다. 이 의식구조를 바꾸지 않는 한, 한일 회전 교환은 계속될 것이며 서울의 자유는 찾기 어려울 것이라고 보았다.

자유의 공기란 자유의 몸이란 어떤 상태를 말하는 것인가를 다시 묻게 되고, 야스오카 쇼타로가 논했듯이 "그때까지는 조선인에 대한 편견이 그다지 나쁜 것이라고 생각하지 않았다. 편견은 바보스러운 것이라고는 해도 좋아함과 싫어함은 개인의 자유라는 생각이었다. 그러나 타민족에 대한 편견이라는 것은 개인의 좋아함과 싫어함과는 관계가 없는 다른 차원이었다. 그것은 개인의 자유가 아니라 오히려 자유를 좀먹게 하는 것이다. (중략) 그가 조선인이든 아니든 왜 그걸 문제 삼을 필요가 있는가"[22]라는 '편견' 극복을 통한 '자유' 논리와도 연결될 수 있다.

좀먹게 하는 자유와 새로 느끼게 하는 자유는, 즉 '민중'이 없는 국가주의에 대한 비판이기도 하면서 국가권력이 강하게 존재하고 있는

---

21) 鶴見俊輔, 金達壽,, 「激動が生みだすもの」, 『季刊三千里』第1号, 三千里社, 1975年, p.23.
22) 安岡章太郎, 「弱者の偏見-S上等兵の記憶」, 『季刊三千里』第2号, 三千里社, 1975年, p.15.

점은 남한과 일본이 국가를 달리한다는 의미에서 '비연속성'이지만, 정치권력의 강제성과 억압의 구조가 전전과 전후 공간에서 '연속성'을 띠고 있다는 비판이었다.

민중의 투쟁은 현재 진행형에 있으며 국가권력 공간의 해방은 이루어지지 않고 있음을 논했던 것이다. 따라서 『계간삼천리』에서 내세우고 있는 가교의 논리는 내부의 혁신과 외부로 연결되는 자아의 구축이었다.

이를 구체적으로 다룬 내용 중에 시사성을 갖는 논고로서 오카베 이쓰코(岡部伊都子)의 '인식론'은 매우 흥미롭다. 오카베 이쓰코는 '의식'이라는 것이 '인식하는 것'과 다르며 자기정체성과 어떻게 마주할 수 있는가를 문제 제기한다. 의식을 재정의하는 그녀가 주목한 것은 '혁신'이라는 말이었다.

조직이라는 것이 개인을 '충실한 개인'으로 만들어가고 있으며 이때 만들어지는 조직은 역으로 개인을 짓밟고 살해한다. 그렇다고 해서 지배권력에 들어가는 것도 아니다. 의식이라는 것이 없어진 이유는 침략국가 일본의 인민으로서 차별과 수탈에 익숙해져버렸기 때문에 일본인은 민중의 자산으로서 저항시, 저항가(抵抗歌)를 거의 갖고 있지 않는 것이다.[23]

조직이라는 표현으로 설명했지만 이것은 국가조직으로 확대될 수 있으며 내부 공동체를 의미하는 것으로도 풀이된다. 그래서 내부 속에서 의식혁신을 갖지 못하면 의식하든 의식하지 않든 일본 국가의 국민인 일본인도 권력자로 수렴될 수 있음을 지적한다.[24]

---

23) 岡部伊都子, 「わが意識」, 『季刊三千里』第1号, 三千里社, 1975年, p.37.
24) 真継伸彦, 「天国と地獄」, 『季刊三千里』第1号, 三千里社, 1975年, p.41.

물론 이는 한국의 국민으로 수렴되는 국가권력자도 마찬가지로 나란히 다룰 수 있는 것으로 그러한 충실성에 비판적 견해인 것이다. 그래서 가능한 것은 "한국 지배층의 부패와 탄압 속에서도 투쟁을 계속하는 숭고한 사람들의 모습이 있기 때문이다. 국가 지배층의 감시와 협박은 동일한 인간, 동일한 국민에게 잔혹함을 저지르는 자들로서 이러한 행위를 만드는 이 '장치'에 공포와 슬픔을 느낀다며 비판한다. 그렇지만 민중들끼리는 서로 믿을 수 있으며 이는 가혹한 정치 아래에서 살아온 민중의 무언(無言)적 연대"[25]를 가능케 할 깨어난 인식을 갖기를 제언한다.

그것이 바로 내부의 자각과 외부로의 연대를 설명하는 병렬적 귀착인 것이다. 그렇지만 이것은 양면성을 동반하는 것으로 단순하게 한국 내의 국가권력과 저항하는 민중이나 일본 내에서 일본의 모순을 자각하는 것을 통한 연대가 아니라, 일본인과 재일조선인의 '인식론적 회로'의 탈각이 병행되어야 하는 수순과 가능성의 철학을 다나카 아키라(田中明)는 지적하고 있는 것이다.

다나카 아키라는 주체/비주체를 재구성하기 위한 방법론으로서 재일 중국인 작가 진순신(陳舜臣)을 인용하면서 '새로움의 발견' 가능성을 논한다. 즉 "진순신은 일본과의 관계에서 자신이 살아가는 것이 아니라 자신이 사는 것을 통해 일본과 관계한다는 모습을 보여준다"[26]는 것으로, 주체란 일본=중심을 기준으로 하는 것이 아니라 자아 속에 일본과의 관계를 재정립하면서 사는 것이라고 본 것이다.

그것은 세계적 시각이 갖는 근원을 찾는 것으로만 가능하게 되므

---

25) 岡部伊都子, 「わが意識」, 전게 잡지, p.38.
26) 田中明, 「「敬」と「偏見」と」, 『季刊三千里』第1号, 三千里社, 1975年, p.149.

로 '인간'에 내재된 세계성을 날카롭게 인식해야 함을 『계간삼천리』
에서는 보여주고 있는 것이다.

> 평화적 생존권의 확보는 '전세계의 국민'에 대해서인데, 국민은
> 영문으로 '피플'이다. 대서양헌장 제6장의 영문에는 'all the men
> in all lands'라고 되어 있다. 요컨대 '국'·'민'이라고 말하기보다
> 도 인류의 구성원으로서 인간 혹은 사람들이다. 그리고 전문 제2
> 항의 머리말에 '숭고한 이상'도 '인간관계'에 관한 것이며 '국'이
> 나 '국제'관계에 대해서가 아니었다. 인류공동체라는 것이 상정되
> 어 있는 것이라고 나는 생각한다.27)

'국'에 대한 입장을 설명하는 방식으로서 그 경계에 의해 인간관
계가 형성되는 것이 아니라 그 '국'이라는 개념이 만들어놓은 '경계
공간'을 타파하고자 하는 것이었다.

그것은 바로 인류세계라는 거창한 외부세계에 있는 것이 아니라
일본 내부에 존재하는 '재일'을 인식하는 의식을 갖는 것이다.

5

역(閾) 주체와 역(逆) 시선의 발견

이상으로 본장에서는 『계간삼천리』의 내용을 시대의 인식론
적 텍스트로 삼아 국가와 국가의 경계 그리고 개인과 국가, 개

---

27) 栗野鳳, 「戰後責任を考える」, 『季刊三千里』第41号, 三千里社, 1985年, p.142.

인과 개인의 차이를 만들어내는 경계가 설정되는 논리들을 살펴보았다. 그와 동시에 그 경계를 해체하면서 새로운 주체적 가능성을 모색하고자 하는 '역(閾) 공간'의 담론 모습을 그려보고자 했다.

이를 위해 일본 국민국가의 내부에서 형성된 서구주의의 모방, 그리고 그것을 수용하는 자세를 통해 서구주의를 추종하는 시선이 갖는 '무사상성'을 제시했다. 즉 서구적 시선을 그대로 아시아에 대입시키면서 생산해낸 차이적 인식이 바로 그것이었다. 그리고 실제로 식민지 조선에 살면서 느낀 일본인의 지배적인 '차별적 인식'을 제시했다.

그 동시에 이러한 국가 이데올로기를 자연스럽게 받아들였던 사실과 전후에도 이어지는 일국적/국민국가적 인식이 갖는 문제에 대해 자기반성을 발견하게 되는 계기를 논했다. 즉 그것은 일본에 의해 식민지에 나가 있었던 일본인의 경험들 속에서 느끼는 '일본인'과 '나'의 차이성이었다.

그리고 그것은 냉전기 '미국인'과 '일본인들 사이의 차이'를 통해 '일본인'의 모습을 자각해내고 차별의 문제를 자각하는 중요한 논리를 제시했다. 전후 일본의 민주주의는 남한과 일본이 국민국가를 완성하면서 밀월관계를 형성하는 과정에서 새롭게 '민중'의 시점을 통해 국가와 억압된 개인의 모습을 체현하는 것이 기술되었다.

이는 일본 내부에서 벌어지는 '재일조선인'에 대한 억압의 논리가 한국사회의 민중에 대한 태도와 동렬적으로 제시되고 있었다. 결국 그것은 일본이 식민지 경험을 통해 찾으려는 개인적 자아의 주체 모습과, 국가 내부에 존재하는 '민중'의 모습이 오버랩되면서 개인 주체에 내장된 '사상/비사상'의 모습이 어떤 것인지를 보여주는 일면이었다.

< 『계간삼천리』에 나타나는 해방의 실천논리와 구조 >							
			· 제국의 유산	· 일본	· 한국	· 조선	· 재일
무사상·무자각성	▶ 서구수입 이론에 의한 아시아 해방논리	⇒	· 식민주의, 군국주의, 초국가주의	· 외국인 등록령, 출입국 관리령	· 남북공동 성명의 정체. · 독재정권, 한일회담 · 민단	· 남북 공동 성명의 정체 · 조총련	· 1세의 민족 지향론
	▶ 다문화·다민족 공생론	⇒	· 포스트식민주의	· 단일 민족과 다민족론의 활용	-	-	· 정주화 정황과 제3의 길 논쟁
					'재일'·'자이니치'		
사상·각성	▶ 탈서구적 시선, 아시아에 대한 반성적 시선 (역사의 어둠을 응시)			· 식민지 경험자들, 내부 차이에 대한 재인식	· 민족 단체와 거리두기 (개인 상대화) · 다문화 주장으로서 일본 내 외국인 (동화주의와 공생의 딜레마) · 조국지향 (국수주의의 변형, 극복) · '재일' 논쟁 (새로운 주체 찾기)		

* 본문 내용을 정리·요약(필자 작성)

제3장

'아시아 제국주의'와
'전후 민주주의'의 함정

1

아시아 연대와 민주주의라는
식민지주의

본장에서는『계간삼천리』에서 강조된 아시아의 연대가 어떤 형태로 제국주의를 은폐했으며 어떻게 전후 일본의 민주주의 속에 계승되는지를 밝혀내고자 한다.『계간삼천리』에는 전전과 전후를 함께 다루고 있어 포스트식민주의 문제뿐만 아니라 동아시아와 일본의 '전후'를 보여주는 중요한 잡지라 할 수 있다.

동아시아의 전후란 일본 제국주의 지배에 대한 '역사인식'의 문제, 남북의 문제, 한일관계의 문제, 미국에 의한 민주주의 국가의 실현 문제 등이 복수적으로 얽히면서 전개되고 있었다. 이러한 복잡한 구도를 본장에서는 식민지/탈식민지를 체험하고, 여전히 일본의 내부 외국인으로 삶을 사는 재일한국·조선인의 시각에서 새롭게 바라보고자 한다.

이것은 전전과 전후를 '국가의 외부자' 입장에서 '동아시아의 전후'를 묻는 것이기도 하다. 1981년은 전후 36년을 맞이한 해인데, 조선이 일본의 식민지지배를 받은 36년의 기억이 중첩되면서 전후의 결별을 선언하고 새로운 전형기(轉形期)를 맞이했다. '전형기'란 전전 36년과 전후 36년을 총체적으로 청산하고 새로운 시대로의 전환이 필요하기 때문이다.

1956년에 성행한 '이미 전후는 아니다'라는 슬로건은 30년을 넘기면서 전쟁 이후라는 의미로 변용되었고 다시 '평화·자립의 시대'라는 의미를 갖게 되었다. 그렇지만 전쟁의 경험을 그대로 간직하고 사는 사람이 존재하는 한, 일본의 '전후'는 끝난 것이 아닌 것이다.

다시 말해서 일본의 '전후'는 '전쟁기 식민지 기억'과의 결별을 선언하고 미국 민주주의의 '평화와 자유'를 만끽하는 국가로 이행할 것인가, 아니면 전전의 '제국주의와 전후 미국 민주주의의 식민지'를 어떻게 주체적으로 개척해 나갈 것인가의 기로에 서 있는 것이다.

그것은 조선반도에서도 마찬가지였다. 즉 전전 36년을 전후 탈식민주의적 입장에서 어떻게 재인식할 것인가에 대한 물음이었다. 그것은 다시 냉전의 영향으로 남북이 갈라지는 상황이 벌어졌다. 일본 제국주의를 마감하고 남한은 미국의 패권 아래 '민주주의'를 이식받게 된다. 냉전 식민지로 전락하면서 남한은 과거 지배자였던 일본과 전후 민주주의를 공유하며 국민국가 건립의 시대를 걷게 된 것이다.

일본 제국주의 지배에서 탈피한 탈식민주의 문제가 다시 미국의 등장으로 인해 민주주의와 사회주의 문제를 해결하는 탈냉전의 문제로 중첩되고, 국민국가 창출과정에서 '지배층=권력자와 피지배층=민중'의 분단 구조인 내부 식민주의라는 삼중의 구조에 놓이게 되었다.

'전전과 전후', '일본 제국주의에서 미국 민주주의'로의 이행과정에서 '재일한국·조선인'이라는 제국주의 문제를 그대로 끌어안게 되었다. 전후 조선반도로 귀국하지 못하고 일본에 정착하게 된 이방인으로서 재일한국·조선인으로 존재하게 되었던 것이다.

재일한국·조선인은 전후 외국인등록령에 의해[1] 일본신민에서

---

1) 金英達, 『在日朝鮮人の帰化』, 明石書店, 1990年, p.9.

외국인으로 취급되었다. 그 재일한국·조선인도 전후 일본에서 36년 이상의 세월을 보내면서 세대교체가 이루어지고 재일한국·조선인은 '국가와 민족'이란 무엇인가라는 물음을 던지고 있었다. 이를 되돌아보기 위해서는 일본이 어떻게 아시아의 연대를 주장했고, 그 연대논리 속에 '아시아 제국주의'가 어떻게 '전후 민주주의'와 결탁하게 되었는지를 '식민주의 유재'인 『계간삼천리』에서 확인하지 않으면 안 될 것이다.

2

『계간삼천리』가 묻는
제국주의와 '세계사'

선행연구 중 『계간삼천리』를 분석하여 일본의 제국주의 지배논리로서 교육자인 니토베 이나조(新渡戸稲造)의 식민지 경영에 대한 정당성, 후쿠자와 유키치(福沢諭吉)의 탈아론이나 맹주론(盟主論)이 정체론(停滯論)을 토대로 하여 창조된 것임을 비판적으로 다루고 있는 매우 선구적인 연구[2]가 있다.

필자가 이해하기에는 서구적 시점, 즉 선진 대 열등의 논리를 그대로 아시아에 대입시켜 창출한 아시아 정체론이었다는 지적이다. 그런 점에서 이 논고는 매우 시사적이다.

---

2) 朴正義, 「『季刊三千里』が語る日本人の朝鮮蔑視観-日帝強占期に創造された「停滯論」を基に」, 『일본근대학연구』53, 한국일본근대학회, 2016年, pp.207-234.

그럼에도 불구하고 앞의 논고는 『계간삼천리』에는 탈아론이나 맹주론뿐만 아니라 연대론까지도 존재했음을 발견하지 못했다. 그리고 『계간삼천리』에서 게재된 인물들이 폭넓게 다루어지지 않았다는 한계성을 갖고 있다. 그러므로 필자는 정체론이나 타율성뿐만 아니라 천황론이나 민중의 구제론이 어떻게 전개되었고, 무엇이 문제였냐라는 점을 고려할 필요가 있다고 생각된다.

또한 『계간삼천리』에 나타난 '아시아의 연대'가 갖는 한계성과 가능성은 무엇이며 왜 재일한국·조선인이 간행한 『계간삼천리』가 중요한가를 논할 필요가 있다고 여겨진다. 우선 필자가 주목하는 것은 1987년 5월 1일 『계간삼천리』가 종간되면서 창간 이래 주장하던 '창간호'의 내용이다. 창간호에 제시한 '창간사'를 종간에 이르기까지 한결같이 실현하려고 노력했던 점을 강조하고 있었다.[3]

이 창간사에는 '통일된 조선'을 위해 노력하고 일본과 조선의 관계를 풀어내고 상호이해와 연대[4]가 이루어지기를 노력한다고 적혀 있다. 그런데 이 가교는 단순하게 둘 사이를 연결시키는 것이 아니라 연대를 목표로 하고 있었다.

그것은 바로 『계간삼천리』가 지향하는 '새로운 세계'였다. 즉 일본 제국주의에 의한 식민지지배의 극복을 시도하는 것뿐만 아니라, 한 발 더 나아가 '지구화시대'에 주체를 찾아 주체와 주체들이 만나는 가교의 내용을 제시하는 것이었다.[5]

---

3) 창간호부터 종간호에 이르기까지 총9번을 재수록했다. 제1号(1975年 2月 1日), 제10号(1977年 5月 1日), 제17号(1979年 2月 1日), 제20号(1979年 11月 1日), 제33号(1983年 2月 1日), 제37号 (1984年 2月 1日), 제40号(1984年 11月 1日), 제45号(1986年 2月 1日), 제50号(1987年 5月 1日)

4) 季刊三千里編集委員会,「創刊のことば」,『季刊三千里』, 創刊号, 三千里社, 1975年, p.11

5) 가교와 연대의 뜻을 두 가지로 해석한다. 가교는 한자로는 '가교(架橋)'라 적고 다리를 놓는다(Bridging) 의 의미로 사용된다. 그러나 화학반응(cross linkage) 의미로서 새로운 형태를 만들어내는 반응(reaction) 이라고도 볼 수 있을 것이다. 그렇게 하여 만들어낸 것이 연대(solidarity)라는 뜻일 것이다.

조선반도는 일본 식민지지배로부터 해방되었지만 남북 분단이 이루어지고, 그와 동시에 일본도 미국의 민주주의 체제라는 이름의 미국 패권 하에 들어가게 된 것이다. 전후 '국민국가' 재건이 일어나고 일본도 '국민국가'의 구축이라는 서로 다른 길을 가게 되는 것처럼 보이지만, 공통적으로 미국이라는 민주주의 이념의 식민지로 편입되었던 것이다.

이러한 역사를 고스란히 이어간 것이 재일한국·조선인이다. 식민지지배의 경험, 전후 한국과 북한, 그리고 일본사회에서 전전과 전후의 연속적인 역사적인 속에서 존재하고 있는 것이다.

문제는 전전과 전후로 나누는 역사에 대한 재고를 시도해야 하는 점이다. 전전이란 일본 제국주의에 의한 식민지지배의 유산으로서 재일한국·조선인의 문제가 존재한다는 점이다. 그 근원적인 문제는 바로 근대 일본의 내셔널리즘을 견인했던 메이지시기로 거슬러 올라가 '영광의 근대'라는 역사인식을 만든 점이다.

일본은 서구를 모방한 근대국가로서 청일전쟁과 러일전쟁의 승리를 통해 동아시아 지배를 합리화했던 것이다. 그것은 다시 전후 미국(=서구) 민주주의를 수용한다는 점에서 서구식 근대국가의 연속선상에서 경제대국을 견인하고 동아시아의 경제 공헌이라는 이미지를 갖게 되었다.

패전 이후 36년, 그 사이 일본은 고도경제성장을 추구하며 경제대국의 지위를 확립했다. 그 경제성장의 획득은 전전 식민지 기억에 대한 부정(否定)의 시대였음을 의미한다. 사토 노부유키(佐藤信行)는 이러한 전후인식에 대해 "일본의 식민지지배에 의해 부정된 것을 부정하는 것이 불가능했던 해방 후의 행보를 논한다. 자기 절개 속에서 일본인은 37년을 부정(否定)해야 할 것을 부정하는 것이 과연 가능했는가라고 자문하지 않을 수 없다. 일본은 타민족보다 우월한 민족이라는 가공된 관념을 소거시킬 수 없었던 이유를 일본 스스로가 정립하지 못하고 지나간 시간"[6]이었다고 논한다.

'전전 36년'에 대한 기억을 '전후 36년' 동안 '부인(否認)'한 것은 오로지 지배와 피지배의 논리로만 볼 수 있는 시간의 경험이 아니며 지나간 과거로만 치부할 수 있는 것이 아니었다. 다시 말해서 피식민자들을 이야기하는 '과거의 역사'가 아니라 '현재 자신'[7]의 역사였던 것이다.

일본은 1976년이 지나면서 전후 출생 세대가 과반수를 차지하게 되어 식민지 경험은 과거의 이야기로 치부되었고 일본의 '전후 민주주의' 내부에 있으면서 '민주주의를 내면화해가고' 있었다. 이 말은 전전에 제국주의를 인식한 프레임에 갇히는 논리와 동형적인 세계적 프레임업(frame up)을 뜻한다. 전자는 제국주의 지배를 위한 서구 제국주의의 추종적 모방이며 그 프레임을 통한 동아시아 연대라는 문제를 함의한다.

그 속성은 서구의 선진성과 아시아의 열등성 대비를 통한 해석의 프레임에 갇히면서 아시아 연대를 주장하는 제국주의 논리 속에서 만들어낸 '아시아 프레임'이었다. 이는 시대사조라던가 사상, 정신이라는 이름으로 제국주의 지배를 정당화했고 차별의 논리로 활용되었다. 그렇지만 이 프레임이 전후에 소거된 것은 아니다. 미국 민주주의의 이식 속에 '평화와 자유'를 바탕으로 하는 경제대국이라는

---

6) 佐藤信行, 「八・一五に思う」, 『季刊三千里』第32号, 三千里社, 1982年, p.256.
7) 松村武司, 「朝鮮に生きた日本人—わたしの「京城中学」」, 『季刊三千里』第21号, 三千里社, 1980年, pp.67-73.

'세계사적 프레임'에 들어가버린 것이다.

전전과 전후라는 시대적 상황도 다르고 직접적 식민지지배가 아니라는 점에서는 다를 수 있지만, 오히려 이데올로기적 수용이라는 측면에서 주체성의 결여를 묻는 의미에서는 동일한 것이었다.

독립된 국가 속에서 국민국가의 완수라는 틀 속에서 보면 자주적이고 독립적 주체를 갖게 된 것처럼 보일 수 있지만, 여전히 국가 내부의 지배자와 피지배자로 나누어져 있고 민주주의라는 '세계적 인식' 공유논리 속에서 '주체'를 만들고 있는 것은 전전과 동형적인 프레임업에 걸린 것이라고 여겨진다.

3

동아시아 연대론의 세 영야(領野):
차이의 보편화

1) 정신적 쇄국 속 아시아 연대론: 근대와 서구

일본은 세계적 역사의 흐름 속에서 일본 제국주의가 필연적으로 등장할 수밖에 없었다는 점을 강조한다. 그것은 시대의 파도로서 '제국주의의 확산'을 '시대정신'으로 인지하고 발 빠르게 이에 대응하여 근대국가를 완성하는 길과 서구열강에 동참하기 위해 노력했다.

일반론적으로도 그렇게 말해지듯이 일본의 경우는 서양형 근대국가로의 길로 들어서게 된다. 아니 오히려 이 서양형 근대국가를 시대적 과업으로 삼고 있었다고 보아야만 할 것이다.

여기서 짚고 넘어가야 할 텀(term) 중 하나가 '시대정신'이라는 '개념'이다. 쓰루미 슌스케는 이 시대정신의 이중성을 논했다. 즉 모든 인간은 주관적인 시대정신으로 살아가는데, 그런 의미에서 시대정신에는 부정해서는 안 되는 것이 있다. 그렇지만 그 반대편을 보면 시대정신이란 개인의 인식세계를 지배하여 '파퓰러 메모리'를 심어버리기 때문에 그 시대정신으로부터 탈피하는 것에는 어려움이 동반된다.[8]

후자 쪽 시대정신의 논리처럼 일본은 19세기를 제국주의화 경쟁의 시대라고 인지하며 그것이 국제질서라고 판단했던 것이다. 말하자면 '제국주의 경쟁시대의 국제질서'를 '세계적 인식'으로 간주하고 이와 일체화해나갔던 것이다.

그러나 서구 제국주의 열강으로부터 침략을 받은 아시아 나라들 내부에서는 '제국주의에 대한 저항'이 일어나고 있었다. 대표적인 예로 중국에서 반제국주의와 항일운동이 일어났는데, 손문이 '대아시아주의'를 제안했다. 손문은 특히 유럽 제국에 대항하는 의미로서 '아시아 연대'를 주장했고, 유럽의 제국주의 쪽으로 갈 것인가 아니면 저항으로서 아시아 측에 설 것인가를 일본에게 힐문했다.[9] 즉 탈아론과 아시아 연대론이 갈라서고 있었다.

그렇지만 이에 대한 답변으로서 일본이 제시한 것은 '근대(화)'에 초점을 두고 설명하는 방식이었다. 제국주의시대로 접어든 '근대 시기'에 유럽 열강의 침략에 대해 아시아는 공통적인 문제에 직면하게

---

8) 鶴見俊輔・姜在彦, 「15年戦争下の日本と朝鮮」, 『季刊三千里』第32号, 三千里社, 1982年, pp.28-41.
9) 松本健一, 『日本の失敗』, 岩波書店, 2007年, pp.64-69.

되었지만, 일본은 서양형 근대국가로의 길로 나아간 반면 조선은 일본 제국주의 식민지의 길을 가게 되었다는 논리이다.

'근대'가 여기서 갈라지는 것이지 탈아시아인가 혹은 아시아 연대인가의 문제는 아니라는 것이다. 이러한 논조에 대해 『계간삼천리』에서 지적한 것은 당시 서구 열강이 아시아 국가들의 식민지화에 광분하고 있던 세계적 상황 속에서 서구 식민지화를 모면한 일본이 이번에는 서구를 모방하여 필사적으로 아시아 침략의 식민지정책을 취하는 것이야말로 일본이 살아남는 길이었던가라는 의문을 제시한다.

그것이 '근대'라는 역사적 조건이었기 때문에 어쩔 수 없다고 하기에는 문제점이 남는다는 것이다.[10] 그 의문점의 하나로서 일본 제국주의 논리가 '서구 대 아시아'라는 관계 속에서만 도출되는 논리이고 이 시대인식, 즉 역사적 조건이었다고 간주하는 프레임에 대한 재검토가 바로 그것이다.

다시 말해서 서구의 문명 패러다임을 그대로 조선에 대입하면서 연대를 주장한 점이다. 즉 일본은 1875년 강화도사건을 일으켜 조선에 개국을 강요했다. 또한 일본 메이지정부와 후쿠자와 유키치는 서양 열강에 대항하기 위해 조선에 문명을 전도하거나 일본에 협력하게 하든지 아니면 조선에 대해 서양 열강과 같은 태도로 조선을 식민지화하는 갈림길[11]에 놓여 있었다고 한다.

그러나 그것은 서구적 시선을 그대로 도입한 제국주의논리 쪽으로 기울었고 아시아 식민지화로 나아가면서 '아시아 정체론'을 만들어냈다.

---

10) 水沢耶奈, 「三十六年の「腐蝕」」, 『季刊三千里』 第23号, 三千里社, 1980年, pp.116-118.
11) 和田春樹, 「一九七〇年代を歩きはじめて」, 『季刊三千里』 第3号, 三千里社, 1975年, p.129.

일본은 '선진국=서구, 열등=아시아'의 논리 속에서 발견된 아시아였고 일본이 그런 아시아로 분류되는 것에 대한 초조함이 있었던 것이다. 이는 일본이 국제관계를 만들어갈 때 적용되는 '무의식'으로 작동하는 '의식'이 되었다.

선진문화라고 간주되는 국가가 대국(大國)이며 그것을 추종하는 것은 선진성을 확보하게 되는 길이며 열등하다고 보는 작은 나라(小國)는 '차별과 멸시'의 대상으로 삼아도 괜찮다는 인식이 형성되었던 것이다.

그리고 또 하나는 황국사관과 탈아론의 양면성이다. 황국사관은『일본서기(日本書紀)』와『고사기(古事記)』의 신화를 근거로 메이지정부의 '왕정복고'와 연결하면서 널리 국민들에게 강요했다. 이 황국사관은 메이지시기의 사상이나 역사 속에서 아주 강한 영향력을 발휘하는 시대정신이 되었다.

이것이 근거가 되어 후쿠자와 유키치의 탈아론에서도 보이는 바와 같이 아시아를 경시하고 서양을 숭배하는 자세가 일본 지식인들 사이에서는 '지배적인 자세'로 작동했다.

후쿠자와 유키치의 탈아론은 잘 알려져 있기 때문에 본장에서는 언급하지 않지만, 여기서 주의를 기울여 보아야 하는 것은 황국사관과 아시아 또는 동양이라는 용어가 어떻게 결합하면서 시대정신으로 주창되었는가라는 부분이다. 후쿠자와 유키치는 탈아, 즉 아시아를 탈피한다는 의미에서 '아시아'라는 용어를 사용했다. 그런데『계간삼천리』에서 소개하는 쓰다 소키치(津田左右吉)는 '동양'이라는 용어를 사용했다. 원래 동양이란 나카 미치요(那珂通世)가 사용한 용어였다.

원래 동양이란 유럽인이 비유럽 지역을 가리키는 용어로 출발했고 비유럽 지역세계를 가리키는 말이었다. 그런 의미에서 동양은 광의의 아시아를 가리켰으며 협의로는 중국, 일본 등 한자문화권으로 한정시켰다.[12] 그런데 문제는 늘렸다 줄였다 하는 지역의 명칭이 아니라 동양이라고 부르는 '동양의 내적 의미' 해석에 있었다. 동양 개념을 개념화하는데 중요한 것이 바로 이 쓰다 소키치의 논리였다.

쓰다 소키치의 동양 개념 규정에는 두 가지 방법론이 존재한다. 그 두 가지는 ①탈동양론, ②대동아공영권론이다. ①은 일본이 동양이 아니라는 점에서 탈동양이었고 중국과 조선은 일본과 '같지 않다'고 보는 논리였다. 즉 일본차별론이었고 그와 반대로 조선과 중국을 차별화 하면서 만들어낸 우월론이었다.

그렇기 때문에 ②의 대동아공영권의 대동아로 연결되고 있었다. 이 ①과 ②의 배경에는 일본천황=민중 천황론 위에 성립된 '동양의 맹주론'이 자리잡고 있었다. 『고사기』나 『일본서기』를 '역사'로 받아들일 것인가 아니면 과학적 시각에 의해 '신화'로 치부하여 역사가 아니라고 부정할 것인가의 논리로만 보는 것은 그 뒷 배경을 인지하지 못하는 시각이라 할 수 있다.

쓰다 소키치는 『고사기』나 『일본서기』를 신화라고 하며 주장 역사로 간주하지 않았다. 그런데 쓰다 소키치의 황실론은 현대 국민론으로 연결되고 그 핵심은 황실이 국민의 내부에 있고 외부에서 다가가는 것이 아니었다는 논리를 전개한다. 황실을 국민의 외부에 둔 발상이 아니라 그것을 반전시키는 형태로 내부론을 주장했다.

신화를 부정하는데 황실은 국민, 즉 민중의 내부에서 발생한 것이

---

12) 窪寺紘一, 『東洋学事始: 那珂通世とその時代』, 平凡社, 2009年, pp.5-6.

라고 보는 새로운 국민론이었다. 즉 황실=국민의 내부론으로서 주조되거나 창출된 것이 아니라는 시점이었다. 그리하여 쓰다 소키치는 국체사상을 새롭게 구상했다. 즉 쓰다 소키치는 일본 내부의 내재적 발전론적 입장에서 민중에 의한 실생활 속에서 천황에 대한 존황심이 생겨났다는 논리를 만들어냈다. 일본의 마르크스주의 역사학에서 말하는 내재적 발전론이라는 것은 역사 발전의 동력을 내부의 자생성에서만 찾는 것이기에 일본과 동아시아의 관계, 일본과 조선반도와의 관계를 말할 수 없게 만드는 결과를 초래했다.[13]

후쿠자와 유키치적인 아시아론과 쓰다소키치의 민중적 시각은 반대였다. 다시 말해서 절대적 열등론과, 서구와 다른 상대적 민중의 우월론이 충돌하는 형태였다. 그러나 후쿠자와 유키치나 쓰다 소키치가 제시한 것은 아시아 혹은 동양이라는 용어만 달랐을 뿐 내용적으로 일본을 세계적 국가의 위상으로 기술하는 '일본 우월주의'라는 의미에서 동일한 것이었다. 그 논리 속에는 '천황'이 보편적 가치로서 버티고 있었고, 일본천황이 존재하는 '의미'는 민중의 생활 속에 밀착한 것이고, 이를 근거로 하여 '동양'의 우월성이 증명되었으며 서구적 근대를 넘을 수 있는 '일본적 근대'를 만들어낼 수 있다고 믿었던 것이다.

동양은 아시아를 포괄하면서 다시 또 두 가지 의미를 갖고 있었다. 일본은 동양이 아닌 서구적 근대국가로서의 동양이었고 그 동양은 천황을 중심으로 하는 선진적=서구적 동양이었던 것이다. 탈아론과 탈동양론이 혼종되면서 '일본 우월주의와 천황중심주의'는 자명한 논리로서 시대를 인식화한 것이다. 서구 제국주의의 형태

---

13) 金達壽・久野収, 「相互理解のための提案」, 『季刊三千里』第4号, 三千里社, 1975年, pp.22-35.

를 '세계적 시대정신'으로 인식하면서 천황주의 동양론으로 전유했던 것이다.

그렇지만 그것은 '제국주의'의 변형으로서 일본의 '아시아 제국주의'였던 것이다. 그런데 사실 쓰다 소키치는 마르크스주의 학자로 일컬어지기도 한다. 지배에 대한 피지배의 논리를 인지하는 '저항' 민중의 시각을 갖고 있다고 여겨지는 쓰다 소키치 같은 학자도 조선의 역사와 문화에 관해서는 통상적 일본인 학자가 가진 역사 감각을 넘을 수가 없었던 것이다.

바로 이런 점에서 본다면 일본의 마르크스주의자는 정치적으로 식민지 조선의 해방과 일본과 조선 인민의 연대를 강조했지만, 문화적으로는 역시 탈아적 서구 지향형 논리의 틀에서 벗어나지는 못했다. 아시아의 뒤처진 문화를 도외시하고, 오로지 선진 유럽 문화를 따르려는 일본의 '근대'는 쓰다 소키치나 마르크스주의자들의 사고를 가두어놓을 정도로 강력한 시대정신이었던 것이다. 이는 일본 고대국가의 성립 이래 계속되어온 '전통'이라는 점에서 매우 심각한 것이었다.[14]

2) 아시아 민중 구제와 민중 연대론

특히 여기서 주목해야만 하는 것은 이러한 지식인들이 내건 슬로건이나 사상이 갖는 탄력성(이쪽 저쪽 모두라는 양면성)뿐만 아니라 '절대적 가치관'을 강요한다는 문제점이다.

단적인 예를 들어보면 『계간삼천리』에 소개된 모리자키 가즈에

---

14) 霜多正次, 「日本文化の伝統と朝鮮」, 『季刊三千里』第3号: 三千里社, 1975年, pp.12-15.

(林崎和江)가 말하는 '개안의식'이다. 모리자키 가즈에는 일본 민중의 '아시아의 개안(開眼)'에 대해 오사카 긴타로(大阪金太郎)의 교육을 소개했다. 모리자키 가즈에는 그것이 일본 민중의 아시아 개안사의 계보와 그 원천을 알 수 있는 실마리가 된다고 보았다.

중요 인물로서 우치다 료헤이(內田良平)의 업적을 예로 들 수 있는데, 우치다 료헤이는 미야자키 도덴(宮崎滔天)의 친구이자 대륙낭인이었다. 또한 우치다 료헤이는 도야마 미쓰루(頭山滿)와 함께 현양사에서 일했으며 흑룡회를 창립한 인물이었다. 또한 다루이 도키치(樽井藤吉)의 『대동합방론』의 내용을 주시하고 있었다.

바로 여기에 등장하는 우치다 료헤이, 미야자키 도덴, 도야마 미쓰루, 다루이 도키치가 '아시아의 개안'을 열어주는 인물들이었던 것이다. 그런데 이들의 공통점은 '아시아 연대주의'였다.

이미 앞서 언급한 것처럼 제국주의 할거(割據)기에 조선은 일본의 식민지로 전락하게 되었는데, 이 상황에서 나가노 텐몬(中野天門)과 우치다 료헤이, 도야마 미쓰루는 조선과 평등한 합병을 바란다는 것이었다.15) 이 아시아 연대론이 일본 민중의 '아시아관'을 갖게 하는데 중요한 역할을 했다는 점이다.

아시아 연대론에서 중요한 인물로 특히 도야마 미쓰루를 살펴볼 필요가 있다. 도야마 미쓰루는 존황론이나 충군애국이 일본의 진수(眞髓)라고 주장하는 인물이며 이를 근거로 '국민적 정신의 각성'을 주장한 인물이기도 하다. 이것을 근간으로 동아의 쇠운(衰運)을 만회해야 한다고 주장했다.16) 도야마 미쓰루의 '시대각성' 논리가 충군

---

15) 森崎和江, 「歷史の中の朝鮮と日本」, 『季刊三千里』第14号, 三千里社, 1978年, 83.

16) 大川周明, 『頭山滿と近代日本』, 春風社, 2007年, p.122.

애국을 바탕으로 하는 동아의 흥론(興論)이었던 것이다.

일본 민중의 '각성'은 이 시대적 인식을 각성하는 것으로서 동아의 운명을 쥐고 있다는 논리였다. 결국 도야마 미쓰루의 동아 흥론은 일본 존황론을 중심에 두고 한국과 일본이 연대해야 한다는 '일본 중심주의적 동아론'이었던 것이다. 그리고 현양사에서 함께 활동한 다루이 도키치의 아시아 연대론도 민중의 입장을 존중하는 연대론이었다. 아시아주의는 여러 형태를 갖고 있었는데 이 다루이 도키치의 아시아 연대론 또한 특이성이 존재했다.

다케우치 요시미(竹内好)가 초기의 현양사를 평가했는데, 그것은 국내 봉건제나 국제적 제국주의에 의해 고통 받는 아시아 민중을 구하지 않으면 안 된다는 아시아주의였다. 즉 아시아의 봉건세력과 제국주의에 의해 고통 받는 민중을 구하고 이에 저항하는 시각에서의 아시아 연대론이라는 점이다.

다루이 도키치가 『대동합방론』에서 논한 것은 바로 이러한 시각에 의한 것이며 조선과 일본의 대등한 합방이었다는 것이다. 대동이라는 논리 속에 '평등'이 존재했고, 내부의 봉건적 권력세력과 외부의 서구세력을 막아내는 민중의 저항을 전면에 내세우는 '아시아 연대론'이었다.

일견 설득력을 갖지만 한 발 더 들어가서 그 내용을 들여다보면 그 속에는 봉건주의적 신분제의 타파 논리가 애국주의로 연결되었고, 애국주의를 바탕에 둔 일본 국민주의를 만들어내는 것으로 일군만민(一君萬民)을 담보하는 경신(敬神)적인 천황론이었다. 현양사에서 내건 황실의 경재(敬載)나 본국 중시론은 일본 중심주의 논리에서 벗어난 것이 아니었다.[17] 다루이 도키치의 대동론도 그 중심에는 천황이 존재하고 있었다.

『계간삼천리』에서는 '그럼 아시아주의란 무엇인가'라는 물음에 대해 다시 다케우치 요시미의 이론을 가져온다. 즉 "그 다양성을 음미하고 범주로서 고정할 수 없다는 것을 인정하고서 (중략) 일본인이 아시아에 관여하는 태도로 '침략을 수단으로 하는 대의 지향'은 기괴한 논리이다. 우리가 지향하는 것은 적어도 이러한 기괴한 논리와는 선을 긋고자 하는 것"[18])이라고 적었다.

그것을 알려주는 것이 바로 일본 제국주의가 조선에서 행한 '행위'들이다. 미야다 세쓰코(宮田節子)는 『계간삼천리』에서 『미나미 지로(南次郎)』의 전기(傳記)를 거론하면서 1936년 8월 5일 조선총독부에 취임한 미나미 지로가 가장 먼저 결의한 조선통치의 목표는 첫째, 조선에 천황폐하의 행행(行幸)을 바라는 것이고 둘째, 조선에 징병제를 실시하는 것에 있었다고 한다. 미나미 지로가 총독으로 근무하던 시기의 모든 정책은 이 두 목표를 실현하는 것에 있었다고 논한다.

이 부분은 매우 흥미를 유발하는 기술이다. 이를 통해 알 수 있는 것은 조선인에게 무엇을 심어주면서 일본인화하려고 했었는지를 말해주기 때문이다. 즉 '황민화된 조선'이란 조선인이 '천황의 행행을 바라게 되고 징병제를 받아들이는 민심'을 만드는 것이었다.

그것은 중일전쟁이 '동아신질서 확립'의 '성전'이라며 동아의 신질서 편성에 조선이 가담해야 한다는 논리의 연대인 것이다. 그렇지만 그 의의를 총독부가 절규해도 조선 민중은 그 전쟁의 본질을 꿰뚫고 비연대라는 것을 알고 있었다. 천황의 행행을 통한 민중의 내면 지

17) 中島岳志, 『アジア主義』, 潮出版, 2010年, pp.31-32. p.81. pp.124-131.
18) 春名徹, 「'主観的国際秩序'の中の朝鮮・日本」, 『季刊三千里』第20号, 三千里社, 1979年, pp.114-121.

배와 전쟁동원을 주장하는 '총독부 슬로건'에 대해 조선 민중은 비판적이었음을 보여주었다.[19]

바로 이 점에서 '동아신질서'라는 이름의 '대동아의 성전' 속에는 지배자와 민중의 차별을 내포하고 있었다. 다시 말해서 동아는 일본 제국주의 아래 새롭게 재편되는 조선이 '천황제 국가'를 향한 동화 정책의 반증이었고, 동시에 민족차별의 논리를 병행하고 있었다. 조선의 일선융화(日鮮融和)나 천황의 적자(赤子)로서 일시동인(一視同仁) 정책이 '동아'를 지배하고 있었던 것이다.[20]

대동아전쟁의 이름으로 겪게 된 이러한 국민의 체험은 일본인과 조선인이 함께 했지만 민족차별을 재구성하는 동아론이었던 것이다. 이는 다른 말로 표현하면 연성(練成)이었는데[21] 반대의 의미에서 조선인은 일본인이 아니라는 것을 강조하게 되었다. 즉 "일본인이라는 일본인은 조선인이라는 일본인을 언제나 차별하고 압박하며 지배"[22]를 위한 아시아, 동아, 대동아론이었던 것이다.

이러한 일본 제국주의의 체험은 다시 전후에도 재현되었다. 오자와 유사쿠(小沢有作)가 「일본인의 조선관」을 통해 밝히고 있듯이 전후 일본 청소년들은 '자기도 모르는 사이에' 조형된 조선 멸시관을 갖고 있으며 조선에 대해 구체적인 지식도 없는데도 차별의식만은 몸에 베어있다는 점을 비판했다.

이는 조도 다쿠야(浄土卓也)가 「고교생의 조선관(高校生の朝鮮観)」이라는 논고에서도 적고 있듯이 전과 전중에 주창되었던 '아시

---

19) 宮田節子, 「「内鮮一体」・同化と差別の構造」, 『季刊三千里』第31号, 三千里社, 1982年, pp.54-63.
20) 李仁夏, 「民族差別と闘いながら」, 『季刊三千里』第24号, 三千里社, 1980年, pp.22-25.
21) 山中恒, 「半島の小国民体験について」, 『季刊三千里』第31号, 三千里社, 1982年, pp.21-24.
22) 日高六郎, 「私の<朝鮮経験>」, 『季刊三千里』第13号, 三千里社, 1978年, pp.84-91.

아 연대' 속 차별은 전후 민주주의 논리 속에서도 연속되고 있음을 보여주는 사례였다.[23] 전전에 주창한 탈아론이나 아시아 민중연대론을 담으려는 '동양'과 '동아' 그리고 대동아는 전후 '동아시아'의 논리 속에서 지속되고 있었는데, 그것은 바로 '천황국가와 조선인 차별'이었던 것이다.

3) 아시아 연대와 소일본주의: 근대와 자유의 충돌

후쿠자와 유키치의 탈아론만이 아니라 아시아 연대론, 즉 연아론(連亜論)도 있었다. 대표적으로 다오카 레이운(田岡嶺雲)은 연아론을 주장한 사람이었다.

그는 1897년 11월의 한 기사에서 후쿠자와 유키치와는 반대로 영일동맹, 러일동맹은 불가하며 청일동맹 이후 한국, 일본, 청나라가 연합하는 삼자동맹을 결성하여 서구 제국주의의 침략으로부터 아시아를 해방시켜야 한다고 주장했다.

그는 기본적으로 일본정부가 아시아 연대로 나아가주기를 희망했다. 그러나 이러한 희망은 역설적으로 러일전쟁이 백인 제국주의 침략에 대한 아시아지역의 의로운 전쟁이라고 인식하게 된다. 일본정부가 아시아 연대에 나설 것이라는 희망을 완전히 포기하게 된다. 그럼에도 불구하고 다오카 레이운은 일본정부의 조선정책을 지지하지 않았다.

한국 보호국화 정책에 항의의 뜻을 표명한 부분이 있었다. 이를 두고 니시다 마사루(西田勝)는 다오카 레이운의 주장에는 물론 일부

---

23) 浄土卓也, 「高校生の朝鮮観」, 『季刊三千里』第14号, 三千里社, 1978年, pp.190-192.

오류가 있을 수도 있지만, 분명한 것은 메이지정부의 한국병합에 반대했으며 조선민족을 향해서는 연대의 손을 내밀었다[24]는 점을 제시했다. 그러나 여기서 문제는 다오카 레이운이 '정부와 국가'를 분리하고 있었고 정부를 비판하는 것이지 국가를 비판한 것은 아니었다는 점이다.

그리고 아시아 연대론 중 민중의 연대를 주장한 사람은 이시바시 탄잔(石橋湛山)이었다. 이시바시 탄잔은 일본의 제국주의적 정책을 대일본주의(일본 본토 이외의 영토 혹은 세력범위를 확장시킨 정책)라고 비판하고, 그것을 대신하는 일본의 비제국주의적인 길로서 소일본주의(식민지 포기론)를 주장했던 인물이다. 당시 조선독립론을 주장한 일본인이 거의 없었던 시기였던 만큼 이시바시의 주장은 매우 획기적인 것이었다. 이시바시 탄잔은 일본의 식민지주의나 민족배외주의에 반대했던 것이다.

오누마 히사오(大沼久夫)는 『계간삼천리』지면을 통해 당시 대표적 민본주의자인 요시노 사쿠조(吉野作造)의 조선론과 비교하여 이시바시 탄잔의 조선독립론을 더 높이 평가했다. 요시노 사쿠초는 조선식민지통치 정책의 개혁, 즉 조선인에 대한 차별적 대우 철폐, 불철저한 동화정책의 포기, 언론의 자유 등을 요구했지만 조선의 독립 자체를 제시한 것은 아니었다.[25]

요시노 사쿠조는 사실, 후쿠자와 유키치가 『문명론의 개략(文明論之概略)』(1875年)에서 미국에 의한 통상 개혁이후 일본이 제국주의의 길로 가야 된다고 판단하고 국가 개조와 독립자존을 주창한 논리

---

24) 西田勝, 「田岡嶺雲の朝鮮観」, 『季刊三千里』第4号, 三千里社, 1975年, pp.54-59.
25) 大沼久夫, 「石橋湛山の朝鮮独立論」, 『季刊三千里』第32号, 三千里社, 1982年, pp.116-125.

의 또 다른 변형이었다. 즉 요시노 사쿠조가 제국주의 자체를 비판한 것은 아니었다. 일본이 제국주의화의 길로 가는 것은 시대적 흐름으로 인지·인정하고 있었다. 다만 '국제법'에 따른 공도(公道)의 방법을 택하자는 논리였다.

선진 제국주의 국가들이 만든 국제법을 지키고 그 선상 위에서 국가적 행동을 할 것을 주장했던 것이다. 요시노 사쿠조 역시 세계사의 대세에 일체화하고 국제법에 따른 동양의 패권을 주창하는 논리였던 것이다.[26]

오누마 히사오의 논리에서 보면 이 시기는 일본의 조선과 중국에 대한 군사 및 정치적인 지배를 바탕으로 전개한 종속적 관계의 강화가 진행되고 있었다. 그와 더불어 일본인의 대외의식 아시아관의 변화, 즉 차별적 민족의식, 우월의식의 형성이 강화되는 상황과 견주어 보았을 때 이시바시 탄잔의 조선독립론은 매우 혁신적인 논조로 보였던 것이다.

이시바시 탄잔의 아시아론은 아시아 여러 민족과의 연대 의지가 내재해 있었다고 보았다. 특히 다케우치 요시미가 이시바시 탄잔을 '자유주의자이자 아시아주의자'[27]라고 평가했다.

그렇지만 여기서 확인할 것은 이시바시 탄잔이 취한 '조선독립론'이 갖는 이중성이다. ①조선을 위한 독립론이 아니라 '동양의 평화'라는 논리 속에서 만들어낸 위험성의 제거를 위한 슬로건이었다.

즉 일본이 중국을 침략하는 것은 중국뿐만 아니라 중국과 이해관계를 가진 유럽제국들과의 충돌을 가져오기 때문에 이를 피해야 한다는 입장이었다. ②경제발전을 중시하는 자본주의 정신의 입장에서

---

26) 松本健一, 『日本の失敗』, 岩波書店, 2007年, pp.45-47.

27) 大沼久夫, 「石橋湛山の朝鮮独立論」, 『季刊三千里』第32号, 三千里社, pp.116-125.

제국주의를 비판했다는 점이다. 즉 산업을 확립하고 무역을 통한 자국발전이 선행되는 국내 논리로 한정해야 한다는 관점에서 이루어졌다는 점이다.[28]

결국 세계적 제국주의시대에 편승하여 국제적 환경을 조절하는 국외적 시선과 독립자존을 지켜내기 위해 국가 개조의 재생으로서 국내의 문제인가로 갈라지는 형국의 '아시아 연대론'이었던 것이다. 저항의 중국이나 조선을 보면서 아시아 속의 일본을 상대화하는 저항의 아시아 연대논리를 소거해간 것이다.

결국 일본의 조선 식민지지배는 조선의 자주와 독립을 주장하는 논리도 존재했지만 내선일체의 틀을 넘지 못했다. 이진희는 이러한 한계점을 '다이쇼 데모크라시의 미숙이라는 역사적 조건'이라고 해석했다. 당시에는 세계적 상황과 일체화되어 있었기 때문에 보이지 않았던 것이라고 말한다. 모두가 일본의 '근대화' 과정 속에서 나타난 일본 제국주의인데, 이는 일본국민과 식민지지배를 받은 국민 모두의 '부식(腐蝕)'인 것이다.

즉 그 제국주의 논리를 세계적 정세의 흐름이라고 받아들인 일본제국주의 논리의 동조자도 그 논리에 의해 식민지지배를 받은 조선도 함께 이데올로기의 부식을 경험한 것이라는 점이다. 그런데 이것이 전후가 되면 조선과는 상관없다는 형태로 나타나는 것을 지적한다.[29] 전후 일본 내에서 생겨난 방관의 모습을 지적하는 것이다.[30] 역사를 회피하는 것으로는 역사를 객관화할 수 없다는 점을 제시한다.

그런데 문제는 일본 제국주의가 아시아 제국의 깊은 상흔을 남기

---

28) 松本健一, 『日本の失敗』, 岩波書店, 2007年, pp.62-63.

29) 水沢耶奈, 「三十六年の「腐蝕」」, 『季刊三千里』第23号, 三千里社, 1980年, p.116.

30) 橋本登志子, 「相模ダムの歴史を記録する」, 『季刊三千里』第28号, 1981年, pp.189-190.

고 일본국민에게도 상처를 주었다[31]는 표현에 내재하는 위험성이다. 그것은 요시노 사쿠조와 이시바시 탄잔이 비판했던 '정부'에 대한 견해이다. 이 논리대로 따른다면 정부가 제국주의의 실패인 것이라는 주장이다.

일본의 과거 침략행위는 제국주의 정책을 추진했던 당시 지배층이 자행한 일이어서 일본인 혹은 일본민족과 상관없다는 주장이 나타난다. 침략정책도 일본인도 또한 제국주의의 희생자였다는 것이다. 그런데 제대로 짚고 넘어가지 않으면 진짜 억압자의 죄를 애매하게 할 위험성이 존대한다. 현재 일본의 독점자본주의가 아시아 여러 나라에 제국주의적 침략을 시작하고 있다는 사실이다. 침략정책은 과거의 문제가 아니다. 그렇다면 우리들의 투쟁 대상이 일본의 독점자본인 것은 자명하다.[32]

하지만 '제국주의의 희생자'로 규정되는 그 일본인이 차별과 만행의 직접적인 당사자였다고 한다면 그 책임은 어디로 가는 것인가. 민족억압·민족적 차별은 당연하게도 차별 주체인 일본인 한 사람 한 사람이 민족적으로 서로 의지하는 것과는 반대로 독립한 인격화·개체의 존엄을 자각하는 것에서 깨어나지 않으면 문제에 다가가는 것도 불가능하지 않을까.

이러한 문제의식을 반영하듯이 '일본의 근대'를 동아시아 세계 전체 속에서 상대화하자는 논점을 제안한다. 하니 고로(羽仁五郎)는 동양에서의 자본주의 형성이라는 시각을 제시하고 일본의 시점을 상대화하고자 했다.

---

31) 李進熙, 「編集を終えて」, 『季刊三千里』第23号, 三千里社, 1980年, p.256.
32) 尾崎彦朔, 「悔いのみ, 多し」, 『季刊三千里』第25号, 三千里社, 1981年, pp.16-21.

서구 추종의 근대화를 달성한 문제를 재고하지 않고서는 '동아시아 근대'는 말할 수 없다[33]고 제시했다. 서구 제국주의의 세계화라는 인식 속에서 만들어낸 근대는 '서구 대 아시아'라는 프레임을 벗어나지 못한 채 만들어진 근대였다는 점을 인지하게 되었음을 말해주는 것이다. 그것은 아시아 전체의 근대 문제이면서 다시 세계 전체의 근대 문제로 치환되는 것이다.

바로 그런 의미에서 '일본 제국주의'의 문제는 '근대의 원점'의 문제이며 동아시아 근대사의 문제이기도 하다. 이것이 바로 전전의 36년과 전후의 36년을 포함해서 함께 보아야 하는 이유인 것이다. 그리고 그것은 아직도 지속되는 식민지지배의 논리, 즉 식민지시기의 조선 '이미지'를 그대로 전후 재일조선인에게 대입시킨 '인식'의 문제이기도 한 것이다.[34]

차별이란 일상생활 구석구석까지 스며들어와 있는 것이다.[35] 여기서 힘주어 말하고 싶은 것은 전후에도 이어지는 일본의 동화정책 그리고 일본사회의 차별과 억압 체질을 재고해야 한다는 점이다. 제국주의시대의 '시대정신'을 추종하고 식민지지배 추진하던 논리들은 '동아시아의 연대'라는 스테레오타입적 슬로건을 높이 치켜들고 그것이 통용되었던 사회[36]를 역설적으로 전후의 재일한국·조선인 문제를 통해 제시하고 있는 것이다. 전전의 제국주의가 전후에도 계속해서 이어지고 있음을 보여주는 것이 재일한국·조선인이며 『계간삼천리』의 세계인 것이다.

---

33) 春名徹, 「連載を終えて」, 『季刊三千里』第26号, 三千里社, 1981年, p.256.
34) 小沢有作, 「日本人の朝鮮観」, 『季刊三千里』第4号, 三千里社, 1975年, pp.36-45.
35) 松原新一, 「中国と日本, 朝鮮と日本」, 『季刊三千里』第8号, 三千里社, 1976年, pp.12-15.
36) 宮田浩人, 「在日朝鮮人の顔と顔」, 『季刊三千里』第8号, 三千里社, 1976年, pp.39-45.

4

전후 민주주의와 신연대론의 모색:
국가·민중

전후 일본에서는 정주외국인에 대한 인권을 개선하자는 운동이 일어났다. '아시아와의 가교'를 슬로건으로 내걸고 각 대학이나 연구기관에서 아시아를 새롭게 생각하는 학문체계를 조직하려는 움직임이 나타났다.

이는 전전의 탈아입구에서 탈구입아(脫欧入亜)인 것처럼 보였다. 전전과의 단절로서 '전후'의 새로운 출발이었다. 그것은 전전에 '후진적'으로 보이는 아시아 국가들의 문화를 버리는 것이 아니라, 그동안 '선진적'이라고 보았던 서구문화의 허구성을 파악하고 새로운 철학을 추구하고자 하는 시도였던 것이다.

전전 일본의 가치관, 즉 선진적인 것에 눈을 돌려 지방적인 것과 후진적인 것을 무시했던 논리를 뒤집는 전전의 결별과 전후의 출발이었던 것이다. 그 논리 중 하나가 국가나 국적을 초월한 사상이란 무엇인가에 대한 답변 찾기였다.

그것은 전후 일본 내부에서 식민지지배 조선과 어떻게 상관관계를 맺을까라는 태도로 나타나고 조선과의 연대를 강조하기 시작했다. 일본에서는 먼저 남한에 관심을 갖고 남한에서 일어나는 민중저항운동에 초점을 맞추고 있었다. 『계간삼천리』를 보면 주로 4.19 의거 20주년과 70년대 민주화운동에서 4.19가 끼친 영향, 민주화 운동과 4.19 운동의 차이, 4.19의 한계를 통해 80년대 민주화운동이

나아가야 할 길 등을 논하고 있었는데, 공통적으로는 한국의 민주화의 문제에 높은 관심을 표명했다.[37]

다시 말해서 전후 일본의 조선문제에 대한 관심은 '민주화운동'과 깊이 관련되어 있었다.[38] 『계간삼천리』 또한 '한국의 민주화운동'을 특집으로 기획하여 게재했다.[39] 그런데 그 내용을 보면 단순하게 민주화 투쟁을 설명하고 소개하는 글이 아니었다. 근본적으로 국가의 탄생을 묻고 남한이라는 국가에 대한 근원적인 문제를 다루었다. 즉 '국가의 탄생'의 시각이 아니라 '탄생된 국가'의 의미로서 국가를 어떻게 규정할 것인가에 대한 논의였다.

그 출발점은 한국의 탄생과 미국 민주주의의 문제를 '미국 군정'의 식민지로 다루고 있었다. 즉 한국은 '대한민국'의 성립을 국내외에 선언했지만, 그것은 미국 군정 하의 단독선거로 형성된 것으로 미국의 꼭두각시성이 반영된 것이라고 보았다.

그래서 조선반도의 남북 분단 그리고 미국에 의한 단독 정권의 합법화는 그 고통이 조선 민중에게 돌아가게 되었다고 보았다. 미군정에 의한 국민국가의 탄생이 민중의 억압을 가져왔고, 남북 분단을 가져왔다는 '민주주의라는 이름의 폭력'을 제시했다.

그래서 '한국'이라는 국가명칭에 꺽쇠 표기를 하고, 꺽쇠 표기가 없어지면 미국의 꼭두각시 국가라는 상징을 희석시켜 실질적인 민주화운동의 의미를 찾지 못하게 된다고 보았다. 한국의 민주화는 미국 식민지에 대한 자각을 의미하는 것이었고, 일반 민중이 민족적

---

37) 猪狩章, 丹藤佳紀, 鄭敬謨, 「"四・一九と今日の韓国」, 『季刊三千里』第22号, 三千里社, 1980年, pp.68-78.

38) 姜在彦, 「在日朝鮮人の現状-祖国歴史在日同胞」, 『季刊三千里』第12号, 三千里社, 1975年, pp.24-27.

39) 李進熙, 「編集を終えて」, 『季刊三千里』第10号, 三千里社, 1977年, p.256.

자각을 각성해야 한다는 의미에서의 '민주화'였던 것이다.

즉 "'한국'은 미국 식민지주의의 덫에 걸려 민족의 진실한 삶, 민중의 진정한 자유와 권리가 빼앗겨버린 곳"40)이었다. 한국이라는 국가가 미국의 식민주의에 빠지게 되어 민주주의라는 이름 아래 독재 정권에 갇혀 자유를 빼앗겨버렸다고 본 것이다. 그리고 또 하나는 남한을 표기하는 것은 반대로 남북 '분열'로서 '두 개의 조선'을 보여주는 것이었다.

그렇기 때문에 『계간삼천리』에서는 국가 표기법이라는 레토릭을 통해 '하나의 조선'의 각성을 요구했던 것이다. '하나의 조선'을 실현하기 위한 노력이 바로 『계간삼천리』였고, 이는 창간사에서 밝힌 '통일'의 의미를 구체적으로 보여주는 논리였던 것이다.

일본은 이러한 한국의 민주화를 위해 함께 투쟁하고 있으며 그것은 연대의 일환이라고 『계간삼천리』에서 소개한다. 여기서 다시 주목해야 하는 것은 국가들 '사이'의 연대가 갖는 의미이다. 한국의 민주화운동이 갖는 성격에 대해 정경모는 4.19와는 달리 70년대와 80년대 민주화운동에서 미국의 정치적 의도에 대해 비판적으로 사고하고 일본의 경제적 침략을 명백히 인식하고 있다는 점에서 특이할 만한 것이라고 보았다.41)

그것은 한국이 미국의 정치적 지배에 대한 비판과 함께 일본의 자본주의적 원조가 침략의 일환임을 깨달았다는 지적인 것이다. 그것은 다시 일본과 미국과의 관계도 비판의 대상이 되었다. 즉 미국과 결탁하여 물의를 일으킨 록히드 사건을 통해 일본이 주장하는

---

40) 姜在彦, 「在日朝鮮人の現状-祖国歴史在日同胞」, 『季刊三千里』第12号, 三千里社, 1975年, pp.24-27.
41) 猪狩章, 丹藤佳紀, 鄭敬謨, 「"四・一九と今日の韓国」, 『季刊三千里』第22号, 三千里社, 1980年, pp.68-78.

민주주의의 미성숙을 보여주는 상징적인 것으로 비판했다.[42] 물론 한국사회에서 전개되는 민주화 저항은 남한의 자본주의화 과정에서 생겨난 뒤틀림이며 그것은 한일 자본주의 체제에 대한 진단이기도 했다.[43]

그것은 민주주의의 가면을 쓴 자본주의 국가들의 결탁적 지배를 벗어나기 위한 저항운동이며 한국과 일본에서도 전개되고 있었다는 점에서 공통점을 찾을 수 있다. 특히 타개하기 위한 논리로서 남한과 일본의 '민중적·대중적 연대'를 외치는 목소리가 나타났다.

일본이 한국에 실시한 차관 공여는 한국에 대한 경제침략의 일환이었고, 일본 자본 투하에 의한 한일유착으로 '자본 식민지지배'의 연속이라고 지적했다.[44] 제국주의 시기 일본의 상흔을 지우려는 일본의 입장과, 남한에서의 독재권력을 유지하기 위한 수단으로서 자본에 의한 민중 억압 논리가 서로 맞아들었고, 그것의 확대 재생산에 힘을 합친 것이라고 보았다. 일본 제국주의의 신식민지지배였던 것이다.[45]

따라서 한국이든 일본이든 민중의 혁명정신을 풍화시키는 국가를 비판적으로 다루었다.[46] 일본은 한일관계에서 분쟁이 발생하면 일본인 근저에 잠재하고 있는 조선인 멸시의 감정을 이용해 일본 민중을 통제해가고자 그것을 이용하는 '일본 내부 식민지'도 병행하고 있었다.[47] 이러한 사례를 통해 한국의 민주화 투쟁은 일본의 자본주의 체

---

42) 日高六郎·金達寿, 「体制と市民運動」, 『季刊三千里』第6号, 三千里社, 1976年, pp.24-36.

43) 梶村秀樹, 「日韓体制の再検討のために」, 『季刊三千里』第7号, 三千里社, 1976年, pp.134-141.

44) 吉留路樹, 「日本人の役割はなにか」, 『季刊三千里』第10号, 三千里社, 1977年, pp.98-105.

45) 藤本治, 「朝鮮語とわたし」, 『季刊三千里』第17号, 三千里社, 1979年, p.179.

46) 前田康博, 「冬の時代·ソウル」, 『季刊三千里』第25号, 三千里社, 1981年, pp.131-141.

47) 金達壽·久野収, 「相互理解のための提案」, 『季刊三千里』第4号, 三千里社, 1975年, pp.22-35.

제라는 신식민주의나 독재 민주주의에 대한 저항을 지적하기도 했다. 하지만 그것보다 한발 더 나아가 민중의 주체 확립 운동이라는 점과 인간으로서의 삶을 살기 위한 민중의 욕구의 세계라고 보았다.

이는 바로 일본 제국주의시대부터 전후 민주주의사회의 내부에 잠식된 '근대'의 의미를 재문하는 것이었다. 즉 국가와 민족을 초월한 '인간해방'의 의미를 묻는 것이었다. 역설적으로 저항 속에서 근대화가 만들어온 것 그 저항의 논리가 근대화인 것으로 그 근대의 문제가 희석되고 있음을 각성해야 한다고 논하는 것이었다.[48]

또한 이데올로기로서 민주주의를 극복하는 민주화론을 실천해야 하는데 그 방법론을 찾고자 했다. 그것은 남북이 현재 진행 중인 분단이라는 특수성을 가진 토양 그 자체에서 출발해야 한다고 보았다.

그렇지 않으면 세계적 사상으로 여겨지는 일반 논리, 즉 평화나 자유라는 세계사적인 보편적 가치로 여겨지는 민주주의가 자유와 평화라는 이름의 홀로걷기가 생겨나서는 안 된다는 것이다. 그것은 지금까지 다루어온 것처럼 세계사적이 시대사조라고 일컫던 제국주의, 그리고 그것을 바탕으로 하는 아시아 연대론의 허상으로서 조선의 식민지화, 전후 미소 양국의 분할점령, 일본과 남한의 특권층 유착이 갖는 국가에 대한 저항을 찾는 것이었다.[49]

그것은 민중의 연대를 통해 가능해진다는 점으로 수렴되어갔다. 여기서 민중이란 하나의 상징이었다. 민중이란 바로 억압자, 피지배자, 여성이었던 것이다.[50] 민중은 항상 억압받는 존재이고 지배자는 국가를 초월해 어느 나라에나 존재하는 권력자라는 의미이다.

---

48) 金學鉉, 「「根」と抵抗に生きる」, 『季刊三千里』第9号, 三千里社, 1977年, pp.26-37.

49) 吉留路樹, 「日本人の役割はなにか」, 『季刊三千里』第10号, 三千里社, 1977年, pp.98-105.

50) 松井やより, 「ある手紙」, 『季刊三千里』第12号, 三千里社, 1977年, pp.24-27.

지배층과 민중의 구분을 통해 '민중'의 손을 잡는 것이 '국가를 넘는 연대'였고 이를 통해 새로운 시대를 만들어내고자 하는 시도였다. 그런데 바로 여기서 일본의 전후가 '잃어버린 36년'을 만들어버리게 된 것이다. 한국에서 학생운동을 민중운동이라고 보고 민중운동과 민족의식이 만나는 지점이 국가의 새로운 세대로 등장한다는 시각이 일본에서 나타났다.

일본은 전후 한국의 '민중'이 가진 저항정신을 민족의 통일과 민족의 저항에 의해 국가를 새롭게 만들어내는 '힘'을 갖고 있다고 본 것이다. 민족의 저항논리를 강조하게 되면서 전후 일본 내부에서는 새로운 민족의식을 동원하여 신일본을 만들겠다는 논리를 갖게 되었다.

식민지지배의 유재로서 존재하는 재일한국·조선인 배제의식이 소거되어 버린 것이다. 바로 이러한 전후 문제를 묻는 것이 『계간삼천리』였던 것이다. 전후 일본이 가진 민주주의는 미국이 내려준 '민주주의'였고 일본 제국주의를 망각한 탈아입미(脫亞入美)였던 것이다. 일본은 서구화를 지향했던 메이지 시기 이후 아시아의 저항과 민중에 대해 연대를 강조했지만, 결국 서구형 이데올로기의 자장에서 멈춘 것처럼 전전 36년을 잊고 전후 36년 속에서 주체적 각성은 무뎌져 갔던 것이다.

일본 민주주의는 식민지지배에 대한 기억을 민중들에게도 분단을 초래했고 그 기억을 기억하지 못하게 만들었다. 그 분단은 다시 전후 재일한국·조선인의 존재에 대한 차별과 외면으로 부활한 것이다.

세계적 제국주의의 시세를 프레임업하면서 한일합방이 이루어지고, 민주주의의 프레임 속에서 국가권력의 유착이 만들어진 한일관계의 기본구조는 표리일체였던 것이다. 한일민중이 각각의 입장에서

이 세계적 프레임의 내적 관계성을 인지하고, 그 기본구조를 근본 시각에서 바라보는 것이야말로[51) 두 민중 간의 각성된 가교가 '민주 적, 민중적'으로 논의될 수 있는 첫걸음이 될 것이다.

5

전후와 포스트식민주의의 스티그마(stigma)

본장에서는 일본 제국주의의 유재(遺在)로 볼 수 있는 재일한 국·조선인이 간행한 『계간삼천리』의 주된 논점들을 통해 일본 제국주의의 모습과 전후 일본 민주주의의 논리에 은폐된 제국 의식을 규명해냈다.

1981년 전후 36년을 맞이하여 『계간삼천리』에서는 전전 36 년의 경험과 전후 36년의 시간을 재구성하며 전전과 전후가 어 떻게 중첩되고 전전의 연속/비연속이 이루어지고 있는지를 보 여주었다. 전후 미국에 의해 부여받은 민주주의는 마치 동아시 아의 하나의 전후를 만들어내는 듯이 보였다. 그러나 『계간삼천 리』에서는 일본 제국주의 지배와 전후 민주주의가 공모한 '신식 민지주의'를 드러내보였다. 그것은 첫째, 탈아시아론이 갖는 이 중성의 문제였다.

---

51) 伊藤成彦, 「大逆事件と「日韓併合」-一つの仮説」, 『季刊三千里』第17号, 三千里社, 1979年, pp.14-18.

즉 후쿠자와 유키치의 탈아시아론은 서구지향이었고, 쓰다 소키치의 동양론은 일본 우월주의를 표명하는 논리를 담지했음이 밝혀졌다. 그럼에도 불구하고 이들의 공통점은 황국사관에 기초하고 있었다. 신화를 부정하는 과학사관을 빌려왔지만, 그것이 오히려 민중의 실질적인 생활 내부에서 만들어졌다는 주장은 오히려 강력한 '황국사관'을 구축해내는 역할을 담당했던 것이다. 둘째, 민중 구제론으로서 아시아 연대론의 허구성을 밝혀냈다. 합방과 평등의 아시아 연대론 속에 내포된 조선인 차별과 일본 천황주의의 논리를 밝혀냈다. 셋째, 전후 자유주의적 민주주의 논리를 바탕으로 한 민중적 아시아 연대론은 미국 식민주의의 지배를 각성하기 위한 일본 재구성 연대론이었음을 밝혀냈다. 결국 이러한 갈래들은 전후 일본에서 미국 제국주의 비판으로 활용되어 한일 민중연대론을 제한하지만, 일본 내부의 이질적 존재인 재일한국·조선인 문제는 소거시켜버리는 일국주의를 만들어내고 있었던 것이다. 미국식 민주주의의 수용이라는 '자유 평등'의 보편적 가치에 휩싸여 국가 탈구축을 시도하지 못하는 점이 여실히 드러났다.

국가권력의 지배층과 민중의 저항이라는 구도로만 민주주의의 자유를 논하는 일본의 입장은 전전 일본 제국주의 논리의 아시아 연대론이 가진 한계점을 전후에도 지속적으로 이어온 '일본형 제국주의'를 재생산해내고 있었던 것이다. 전후 36년의 시점에서 전전 36년을 소환하면서 『계간삼천리』는 일본을 내파하는 포스트식민주의의 논리를 찾고 있었다고 할 수 있다.

제4장

'재일되기'와 '재일 외부'
사유의 함정에 대한 가능성

1

기표로서 '재일', 재일이라는 '기표'

재일한국·조선인은 호스트 사회에서 이주한 디아스포라, 마이너리티[1], 피차별자 등으로 표상되는 경향이 있다. 이것은 사실 국민국가의 경계를 선험적으로 상정한 상태에서 씌운 국가 간의 공모(共謀)인 것이다.

이러한 재일한국·조선인이라는 용어를 대하는 시각 속에는 그렇게 보는 '심리적 상태' 혹은 '인식'이 일방적으로 개괄되어 사용되는데, 그 속에는 '차별적 존재', '불우성'을 갖는 존재로 개념화/해석된 역사성이 존재한다.[2] 그렇기 때문에 이 재일한국·조선인이라는 개념은 역설적으로 그러한 인식을 갖게 된 역사관이나 세계관의 성립 과정을 되돌아보게 하는 중요한 '기표'가 된다고 할 수 있다.

이러한 이미지 형성은 '일본'과 '재일한국·조선인', '조국'과 '재일한국·조선인', '재일한국·조선인'과 '재일'(1세, 2세, 3세라는 세대의 문제)이라는 구도 속에서 재규정된 것이라고 여겨진다. 특히 국가(조국, 한국, 일본) 또는 사회(일본 내부에서 사는 일상)의 영역의 권력관계 속에서 전개된 혹은 저항과 투쟁이라는 '경험' 속에서 발견된 '주체의 정치성'과 맞물려 있기도 한 것이다.

---

1) 小林孝行,「「在日朝鮮人問題」についての基礎的考察」,『ソシオロジ』第24巻3号, 社会学研究会, 1980年, pp.46-48.

2) 윤건차,「「在日」을 산다는 것-「不遇意識」에서 출발하는 普遍性」,『僑胞政策資料』第53號, 海外僑胞問題研究所, 1996年, p.28.

이러한 문제의식을 바탕으로 본장에서는 1970년대 후반부터 1980년대 후반까지 재일한국·조선인 자신들이 편집위원이 되어 발간한『계간삼천리』에 발표된 논고나 글들을 통해 재일한국·조선인의 주체 변용논리를 살펴보고자 한다. 특히 '재일한국·조선인'에서 '재일'로 변용되는 과정과, 그 호칭에는 어떤 의미들이 함축되어 있는지를 밝혀내고자 한다. 그것은 재일한국·조선인에서 재일이 되는 '70년대·80년대의 경험'에 의해 탄생한 또 하나의 분열인지 아니면 새로운 공동체의 구상인지를 살펴볼 것이다.[3] 그리하여 재일한국·조선인들이 '국가', 즉 일본과 조국(한국)을 상대화하는 방식 그리고 그것을 바탕으로 재일 개념의 축소가 아니라 어떻게 새로운 세계를 개척하려고 했는가라는 '논쟁 지점'을 드러내보이고자 한다.

특히 본장에서 다루고자 하는 재일사회의 커뮤니티에 대한 내용으로서 귀중한 자료가 되는 것은 박정의의 논고이다.[4] 박정의는『계간삼천리』의 논조를 분석하여 남한의 반독재민주화 세력과의 연대 입장이 강조된다는 측면을 제시하면서도 그것이 친북(親北)도 아니라는 것을 친총련(親総連) 논리와 연결하여 규명한다.『계간삼천리』가 총련과 거리를 두게 되는 경위를 설명하고 총련의 체질 비판을 넘어 통일론을 제시한다고 밝혔다.[5]

또한 필자가 관심을 갖는 한국사회와 재일의 문제를 지적한 논고가 있다. 그것은 바로 손동주, 신종대, 이수진, 이상수가 공동집필한

---

3) 徐京植, 「引き裂かれた者たち―徐京植さんに聞く」, 『ホルモン文化』8, 新幹社, 1998年, pp.11-40.
4) 朴正義, 「『季刊三千里』が語る在日の日本定住·日本国籍否定から定住外国人」, 『日本文化學報』第62輯, 한국일본문화학회, 2014年, pp.239-258.
5) 朴正義, 「『季刊三千里』の立場(1):総連との決別」, 『日本文化學報』第48輯, 한국일본문화학회, 2011年, pp.259-280. 朴正義, 「『季刊三千里』の立場(2):金日成主義批判による北韓との決別」, 『日本文化學報』第50輯, 한국일본문화학회, 2011年, pp.291-309.

논고이다. 그런데 이 논고에서는 재일사회의 변화로서 재일에 대한 차별이 감소하면서 조직으로서 민족단체의 존립의의가 저하되고, 재일사회의 1세대부터 5세대까지 이어지는 세대의 새로운 형태가 나타나는 것의 의미를 묻는다. 특히 '모국'인 한국에서도 외국인 입장이 된다는 점을 언급하면서 일본사회의 문제뿐만이 아니라 한국사회의 문제이기도 하다는 점을 지적한다.[6]

그리고 일본에서 발표된 김태영의 논고가 있다. 민족정체성 문제를 에스닉 미디어와의 관계 속에서 다루었는데, 『계간삼천리』와 『청구(青丘)』를 비교하면서 정체성 문제를 분석해냈다. 김태영은 다문화주의의 명제인 차이의 존중이 갖는 문제를 제시한다.

즉 다문화주의는 주체로서의 민족집단과 민족문화를 확고히 한 것이라고 간주함으로써 오히려 문화본질주의에 빠지게 된다는 점을 지적한다. 그리고 '문화본질주의'적인 사고방식은 민족적 소수자 측에서도 존재한다는 점을 동시에 제시한다.

이러한 논점은 아주 커다란 시사성을 담고 있는데 좀 길지만 인용해보기로 한다.

> 우리들은 지배문화 속에서 부단히 문화적으로 박탈되어왔으며 부정적인 자기의식을 가지도록 길들어져왔다. 이러한 의미에서 소수자들은 민족적으로 결핍된 존재이다. 그러므로 열심히 민족의 언어를 배우거나 (중략) 민족의 식문화를 접하면서 민족문화를 충전함으로써 진정한 민족이 될 수 있으며 이러한 활동으로 문화박탈의 상황과 부정적 자기의식을 극복하는 것이 가능하다는 것이다. 이들은 자신들의 주체성의 원천이 되는 문화나 전통의 진정성을 억압하고 침해하는 것에 대해 항의거절의 의사를 나타내게 되고 자신들의 문화와 민

---

6) 손동주·신종대·이수진·이상수, 「재일한인의 커뮤니티 구축: 『계간 삼천리』를 통하여 본 정책변화를 중심으로」, 『동북아문화연구』제35집, 동북아시아문화학회, 2013년, pp.45-62.

족이 가지는 전통적 고유성을 주장하기 시작한다. 여기서 발생하는 것이 이른바 자기정체성/정치성이다. 타인을 고정적 카테고리에 밀어 넣어 일관되고 고정적인 자기의 주체성을 형성하기 위한 장치인 것이다.[7]

김태영의 이러한 비판적 인식론을 통한 정체성 분석의 시도나 정치성 입장이 따라다는 것에 대한 거리두기의 입장은 매우 시사적이다. 더욱이 다문화주의 이론이나 단일문화주의는 결국 '민족'이라는 개념의 고유성을 전제로 하기 때문이라는 점을 제시하고 있어 본장에서 전개하고자 하는 방향성과 일치하는 부분이 있다.

즉 단일문화론이든 다문화이든 그 이면에 문화단일주의나 문화본질주의 논리를 주체성 형성을 위한 장치를 통해 창조된 것임을 보여주는 것은 정체성이 결국 정치성으로 연결될 수 있는 각성론이다. 특히 그것을 극복하고자 하는 것은 기존 의식/논의를 극복하여 창조적 존재로 나아가할 것이 재일이라고 보고, 호스트 사회의 문제점도 동시에 제안한 것이라고 여겨진다.

그 이외에『계간삼천리』를 통해 일본인과 정체성 문제[8]를 고찰하거나 조선어의 특집 부분을 다룬 논고[9], 그리고 우키시마마루(浮島丸)호 폭침 기사를 분석하는 연구가 있다.[10]

---

7) 김태영, 「에스닉 미디어에 나타나는 자기정체성의 전개: 季刊誌『三千里』『青丘』를 중심으로 한 재일한인의 민족적 성격의 변화」,『韓国民族文化』30, 한국민족문화연구소 2007년, pp.209-230. 金泰泳, 「在日コリァンの言論におけるアイデンティティの変遷-季刊誌『三千里』『青丘』にみる70年代から90年代の「在日」」,『東洋大学社会学部紀要』45卷1号, 東洋大学社会学部, 2007年, pp.21-35.

8) 최범순, 「『계간 삼천리』(季刊三千里)의 민족정체성과 이산적 상상력」,『日本語文學』Vol.41, 한국일본어문학회, 2009년, pp.397-420.

9) 김용안, 「『계간 삼천리』시좌(視座) 연구-11호 특집「일본인과 조선어」를 중심으로」,『日本研究』Vol.70, 한국외국어대학교 일본연구소, 2016年, pp.29-48.

10) 김용안, 「『계간삼천리』연구-「우키시마마루호 폭침」기사를 중심으로」,『日本研究』Vol.72, 한국외국어대학교 일본연구소, 2017년, pp.177-199.

이처럼 『계간삼천리』에 대한 연구는 공통적으로 국민국가의 입장에서 바라보는 '보이는 존재'를 논하고 있어 국가 속에 배제와 동화의 딜레마 문제를 '보이지 않게' 작동시켜 결국 마이너리티나 차별·피차별의 문제, 정체성의 정의에 그치고 만다는 인상을 준다.

따라서 본장에서는 국민국가의 균질성이 초래하는 '민족'의 문제를 다문화·단일문화의 이면에 담긴 '귀속의 욕망과 귀속의 저항'이라는 양면성 측면에서 고찰해보고자 한다.

2

'재일한국·조선인'에서 '재일'되기

먼저 재일한국·조선인과 재일의 '용어와 이미지' 변용 과정을 살펴보기로 하자. 그것은 단순히 호칭의 유래가 아니라 그 특성이 완성되고 개념화되는 과정이기 때문이다.

동시에 재일한국·조선인에서 재일로의 자립 과제의 문제로서 존재[11]하게 되는 프로세스인 것이다.

> 재일한국·조선인이라는 제목으로 연재되기 시작했을 때 바로 반응이 있었다. 하나는 신문사 내부의 용어에서 말하는 가운데 점, 즉 '·'으로, '조선의 분단을 고수하는가', '두 개의 조선론에 서게 되는 것인가'라는 것이었다. 다른 하나는 '우리들은 한국인도 조선인도 아니다. 문장 속에서 재일조선인이라고 부르고 있는 것은

---

11) 松原新一, 「中国と日本, 朝鮮と日本」, 『季刊三千里』第8号, 三千里社, 1976年, pp.12-15.

용서할 수가 없다'는 엄중한 항의였다. 재일조선인은 조선인인가, 아니면 한국인인가.[12)

재일한국・조선인이라는 말에 존재하는 가운데 점, 즉 「・」이 무슨 의미를 갖는지 묻고 있는 것이다. 이는 한국인인가, 그렇지 않으면 조선인인가라는 '국적'의 문제를 묻는 것이기도 하면서 귀속의 문제를 새로 제기하는 것이기도 하다. 사실 이러한 논쟁은 재일 내부에서 이미 벌어지고 있었던 문제였다. 그 하나의 사례를 『계간삼천리』에서는 "동포들 모임에서 한국인인가 조선인인가의 표현을 둘러싼 감정적 논쟁 끝에 회의가 그냥 끝나기도 하고, 한 달 정도 대부분의 아이들이 참가하지 않기도 하여 진짜로 이어갈 수 있을까 불안해하기도 했다"[13)고 소개하듯이 재일한국・조선인 용어 자체가 갖는 의미에 대해 논란이 일어나고 있었다.

그 역사적 배경으로서 무시할 수 없는 한일 법적 지위협정에 의해 전전부터 계속해서 일본에 체재하는 조선인과 그 자손으로 한국적을 가진 자에게는 '협정영주권'이 인정되었다. 그리고 협정영주 신청 촉진을 꾀하는 민단과, 그것을 저지하고 조선적으로 바꿔 쓰자는 조선총련이 심하게 대립한 것도 뚜렷한 역사적 사실이었다.

한일 법적 지위협정은 재일조선인사회에 38도선을 가지고 들어왔고 한국적(韓国籍), 조선적(朝鮮籍)에 의한 법적 차별을 설정하게 된 것은 이제 와서 말할 필요도 없는 것이다. 1974년 4월 1일 현재 법무성 입국관리국 통계를 보면 한국적인 협정영주권 취득자가 약 34만 명, 조선적이라고 추측되는 사람이 약 27만 명으로 한국적 사람들이 7만 명 이상 많다. 즉 한국적을 취득하고 대한민국

---

12) 宮田浩人, 「在日朝鮮人の顔と顔」, 『季刊三千里』第8号, 三千里社, 1976年, pp.39-45.

13) 徐正禹, 「生活の現場から」, 『季刊三千里』第39号, 三千里社, 1984年, p.107.

국민이 되고자 하는 사람 쪽이 다수를 차지하고 있다. 그 사람들을 '재일조선인'이라고 불러도 좋은가. 그러나 한편으로 '재일조선인'이라고 한다면 한국적 사람들만의 좁은 개념이 되어버린다. 그것은 단순한 용어의 문제인데 본질적인 것이 아닌 일본인의 일본어 표기상의 문제라고 단정해버리면 그만이다. 그렇지만 그렇게 되지 않는다. 독립된 주권국가인 대한민국의 국민을 제멋대로 '조선인'이라고 부르는 것은 용서하기 어려운 점도 있다.[14]

이는 단순히 용어나 호칭만의 문제가 아니라 민족과 국가에 대한 귀속성 문제가 부착되면서 개념화되고 일원적인 것으로 수렴되어버리는 위험성을 갖게 된 것이다.

그러면서 1세 중심에서 2세/3세가 다수를 차지하게 되었고 새롭게 등장하는 논리가 '정주성(定住性)'이었다. 따라서 이것은 '참정권' 부여 문제이기도 하다. 한편으로는 재류자가 갖는 권리라는 입장과 과거 식민지시기에 일본 제국의 황국국민이었던 기억이 다시 일본 국민이 되고자 하는가라는 문제를 내포하게 된 것이다. 다른 한편으로는 그러한 권리도 갖지 못한 외국인인채로 '정주'해야만 하는가라는 딜레마도 생겨났던 것이다.

그것이 정주자로서 재일의 문제이며 일본사회의 현실에서 공무원으로 채용하거나 취직 문호 개방의 모순이 함께 기거하게 된다. 일본 국가에 취업하는 것은 조선인이 일본 지방 권력의 '앞잡이'가 되

---

14) 宮田浩人, 「在日朝鮮人の顔と顔」, 『季刊三千里』第8号, 三千里社, 1976年, pp.39-45. 조선에서 자라 일본으로 건너온 재일조선인 1세들도 자신이 조선인이라는 것을 인식하는 것은 생각해 보지 않았다. 그럼 재일조선인 2세, 3세, 4세는 어떨까. 너무 도식화해버릴 위험성이 있지만 재일조선인 자제가 민족성에 눈뜨는 것은 일본인 사회의 차별이라는 벽에 부딪쳤을 때라고 자주 말한다. (중략) 그렇다면 그렇게 해서 얻은 민족적 자각이 과연 1세들의 민족성과 동질적인 것일까. 또한 조국 사람들이 가진 민족성과 동일한 것일 수 있을까. 1세들은 생활, 풍습, 행동에 자연스럽게 조선인의 그것은 베어서 나오는 것일까. 그러나 2세, 3세들의 민족성은 아마도 관념적인 것이 되지 않을 수 없는 것은 아닐까. 일본사회의 차별로부터 민족성에 눈뜨고 반쪽바리 상태에서 자신을 조선인이라고 자각한다 해도 그것은 자아 확립의 첫걸음일 뿐 태어나면서부터 조선 사람이 본다면 반쪽바리로 보이는 것은 아닐까.

는 것이라는 논리와, 히타치(日立) 취직 취소는 '차별'이라는 논리가 동시적으로 나타나고 있었던 것이다.

그렇지만 이는 다시 재일이 '재일에게 조국'이란 어떤 의미를 갖는가에 대한 물음도 동반한다. 즉 『계간삼천리』에서는 '2세'에게 조국의 분단을 묻는 질문을 통해 2세가 느끼는 조국의 의미를 소개한다. 즉 어느 2세의 한 인터뷰 속에서 조국 안에 있는 사람들과 우리들 사이에는 뭔가 커다란 위화감이라는 것이 존재한다고 표현하기도 했다. 이미 사회체제는 물론이고 생활습관도 다르다는 것, 실제 서울에 가서 여러 가지 일들을 보거나 체험해가는 과정에서 자신의 생각이 통용되지 않고 부딪치게 되었다는 점에서 이 '조국'의 문제를 고민하게 되고 조국에서 받아들여지지 않는 재일에 대해 의문을 품게 된다.

> 74년 유신체제에 반대하는 학생들이 데모를 하던 때의 일이다. 처음에 나는 학생들이 기동대의 최류탄을 뒤집어쓰면서도 '애국가'를 부르기도 하고, 돌을 계속 던지며, 필사적으로 저항하는 모습을 멀리서 지켜보는 정도였다. 그렇지만 이래서는 안 되겠다 싶어서 나는 그들 속으로 들어가려고 학교에 갔다. 학생들이 철의 장벽과 대치하고 있었다. 그때 한 동포학생이 일본어로 '휴교니까 돌아가자'고 말했다. 그런 이후 문을 열어주어 문이 열렸다고 생각했을 때 '교포면 들어오지 않아도 된다'는 말이 들렸다. 나와 본국 학생들 사이에 이상한 공기가 흘렀고, 그들과 격리되었다. 나는 본국 학생들 속에 함께 하고 싶었다. 그들과 거리를 두지 않고 함께 행동하고 싶었다. 그러나 내가 동포라는 것을 알게 되자 학생들의 시선도 경찰관들의 시선도 갑작스럽게 변했다. 이 차가운 거절반응으로 내가 설 곳이 여기에는 없다는 것을 통감했다고 한다.[15]

---

15) 李銀子外, 「在日2世の生活と意見」, 『季刊三千里』第8号, 三千里社, 1976年, pp.46-57.

즉 재일조선인의 80-85%가 일본출생의 2세·3세가 증가하는 현
실 속에서 '재일조선인에게 일본이란 무엇인가', 그리고 이후부터는
어떤 모습이어야 하는가를 묻고 있다.[16]

그렇지만 이 문제는 일본의 동화정책에 의해 '비판'의 길로 가는
방향이기도 하지만, 일본사회에 살면서 조국과 일체화되지 않는 문
제점을 제기한 것이다.

3
창조적 주체로서 '재일'의 의미

앞서 논의된 것처럼 재일의 정주화가 기정사실화되고 1세보다 2
세·3세가 증가하는 가운데 재일의 새로운 '삶의 길/방식'을 모색하
지 않으면 안 되는 상황이 되었다.

이처럼 재일을 둘러싼 객관적/주체적 정황의 변화를 살펴보면 재
일이 존재하는 모습을 모색할 필요를 통감하게 되고 재일의 조건에
변한 것과 변하지 않은 것, 변한 것 속에서도 그것이 어떤 방향과 의
미를 갖고 있는가를 고찰해볼 필요가 있다. 이를 위해 먼저 확인해
둘 필요가 있는 것은 다문화 공생사회 이론의 도입과 수용 태도이며
그것이 단일민족론과 어떤 관련이 있는가에 대한 문제이다.[17]

---

16) 金靖純外, 「われらの靑春時代」, 『季刊三千里』第9号, 三千里社, 1977年, pp.150-161.

17) 岡部一明, 「大民族社会への流れ」, 『季刊三千里』第42号, 三千里社, 1985年, pp.111-117. 일원
주의에 대한 다른 문화의 동일한 권리를 주장하는 다원주의적 공존의 모습을 소개하거나 다
민족·다문화주의적 시점은 서유럽제국에서도 보인다. 프랑스에서는 '다른 것은 풍부함이다'

오카베 가즈아키(岡部一明)의 논리만으로는 다민족·다문화 국가론의 전체성 모습을 설명하고 있다고 보기 어려운 측면이 있다. 그렇다 하더라도 『계간삼천리』에서 소개하는 내용을 보면 '복수적 존재'를 인정하는 것이 다민족·다문화 국가론이라고 해석한 것임을 알 수 있다.

그러니까 '도가니형' 국가관은 단일민족국가론과 별반 다를 게 없어 보인다는 것이다. 그렇기 때문에 일본 내에서 수용되는 좋은 안내 지침은 바로 '복수적 존재'를 인정하는 다민족·다문화 국가론이 '이상=환상'으로 소개된다. 그러므로 일본 내의 '다민족/문화 국가론'은 재일의 탄생 조건과도 연결될 수 있다.

잘 알려진 것처럼 전후 일본사회에서 1952년 4월 28일, 샌프란시스코 강화조약 발효와 함께 재일한국·조선인은 일방적으로 일본국적을 상실하게 되어 일본에 살면서도 외국인이 되었다. 그 결과 외국인등록법, 출입국관리령으로 묶이고 선거권은 정지에서 상실로 바뀌었다. 생활상 모든 것이 국적에 의한 제한이 설정되었다.

1965년 한일기본조약 체결 아래 재일한국인 법적지위 협정이 체결되고 이듬해 1966년부터 5년간, 협정영주자격 신청이 개시되었다. 그 결과 동일 역사를 산 재일이 그 법적 지위에 의해 남한과 북한으로 분단된다.[18]

국가에 의한 제도의 확립이라는 재일의 '위치 설정'을 고무하는 사회적 풍토가 이중삼중으로 중첩되고 재일의 총체로서 '재일 상태'

라는 가치관이 생겨나 각 민족고유의 문화를 존중하고 상호 연마함으로써 풍부하게 된다고 한다. 진정한 평등적인 민족공동체를 만들 수 있는 잠재력을 가진 사람들은 가장 억압받는 마이너리티들이다. 외국인은 새로운 유럽인으로서 이 다민족사회에 뿌리를 내리고자 한다.

18) 徐正禹, 「問われる在日の自立と主体」, 『季刊三千里』第50号, 三千里社, 1987年, p.83.

가 고착화되었다. 전후의 재일이 형성되는 조건은 외국인등록법의 시작으로 인한 전전의 연장선상으로 재일조선인 단속을 의도한 것이기도 했다.

이처럼 전전 치안대책의 발상은 전후 재일의 '탄생'을 규정하게 되었던 것이다. 이러한 논리 속에는 동화주의정책으로서 귀화를 통해 민족성을 빼앗고 재일의 존재 그 자체를 말살하려는 협박이 복재(伏在)되어 있었던 것이다.[19]

그 후 1970년대에 들어서 히타치 투쟁을 기점으로 민족차별철폐운동 속에서 처음으로 일본사회의 모습을 묻는 작업이 진행되고 그곳에서 일본인과의 공생, 공투(共鬪)가 생겨났다. 무엇보다도 재일조선인의 자립과 주체의 형성, 그와 동시에 객관적인 논의가 필요하게 되었다. 특히 재일의 정주화가 현실미를 띠고 전개되는 '결정적인 현실'이 인지되기 시작한 것이다.

1984년의 국적법 개정이 이루어지고 일본인과의 결혼수가 동포간의 결혼수를 넘는 등 2세·3세의 의식구조에도 문화적 침식작용이 일어나고, 커다란 변용을 일으키게 되었다. 특히 민족단체가 주류를 이루었던 것에 비해 80년 후반부터는 일본사회에서 재일의 '자아'적 의식을 느끼지 못하는 2세, 3세가 정주화를 긍정하는 정황이 보였던 것이다.

이러한 현상이 생기면서 '정주화' 문제가 어느 정도 자각적으로 논의되기 시작한 것은 1970년대 중반부터였다. 1976년에 강재언 씨는『재일조선인의 65년』(제8호)에서 재일조선인 문제의 구조적 변화를 지적하며 '정착화'라는 말을 언급하면서부터이다. 여기서 드러나는 새로운 재일의 문제는 바로 민단에서 일본정부에 대해 속지주의 주장론이

---

19) 姜尚中,「「在日」の現在と未来の間」,『季刊三千里』第42号, 三千里社, 1985年, pp.119-120.

나타나고, 조선 총련도 정주화라는 표현에 부정적 입장을 표명했다.[20]

재일의 정주화라는 현실이 낳은 혼미 속에서의 모색이라고 말할 수 있는 것이다. 이는 결과적으로 민족 조직(민단, 조선총련)으로부터 빠져나오는 논리이기도 하지만, 유사한 일본인으로서의 삶(生)을 살게 되는 길로 들어서게 된 것을 의미한다. 이것은 1972년에 중일국교정상화와 관련하여 귀화자수가 증가하는 현상이 생겨나는 한편, 재일조선인도 귀화가 상승 곡선을 그려가는 상황에 놓여 있었다.[21]

이에 대해 강상중은 "소수민족으로서의 정주화와 민족성 자각에 서 있는 한, 동화주의적 귀화와 민족성의 상실에 의한 영주화는 본질적으로 구별되어야 한다. 재일의 빚이라고 느끼고 본국적인 것에의 접근 정도에 따라 민족성을 결정하는 타율적인 삶과도 다른 점에서 2세·3세 속에 민족적인 것과 접촉하는 측면도 갖고 있는 것은 사실이다. 이러한 새로운 파도가 단일민족신화에 물든 일본사회의 폐쇄성에 새로운 바람을 넣고, 이질적인 것과의 공생을 압박하는 움직임으로 사람들의 주목을 모으고 있다"[22]며 조국의 원체험을 갖지 못한 2세·3세가 재일의 압도적 다수를 차지하고 일본사회의 일원으로서 정주화 경향에서 나타난 권리의식의 확대라고 평가했다. 그러한 저류에 세대교체나 정주화가 있다는 것은 두 말할 필요가 없다.

그렇지만 한편으로는 재일조선인의 권리획득, 민족차별 철폐운동까지도 동화를 촉진하는 것이라고 비판을 받게 된다. 재일 문제는 일본사회에 사는 일본인 자신들의 과제의미로도 퍼져나갔다.[23]

---

20) 文京洙, 「「在日」についての意見—協調への模索」, 『季刊三千里』第39号, 三千里社, 1984年, p.81.

21) 金英達, 『在日朝鮮人の帰化』, 明石書店, 1990年, pp.23-25.

22) 姜尚中, 「「在日」の現在と未来の間」, 『季刊三千里』第42号, 三千里社, 1985年, p.121.

23) 徐正禹, 「問われる在日の自立と主体」, 『季刊三千里』第50号, 三千里社, 1987年, p.83.

4

'방법'과 '사실'로서의 '재일' 재현을 넘어서

이러한 재일의 정주화 현상과 관련하여 강상중은 "이질적인 것의 일본적 문화에의 용해가 착실하게 진행되는 현장에서 과연 2세·3세, 혹은 그 이후의 세대가 이질적인 것을 자신들의 존재와 의식 속에 생활태도로서 확보하고 발전시켜갈 것인가 아닌가에 있다. 원래 이질적인 것으로서 자기각성이 곤란한 상황에서 대전제가 될 이질적인 것이 불안정하고 애매한 관념이라면 고민은 성립할 수 없는 것이 아닌가. 이러한 의문이 들지 않을 수 없다"고 지적한다.[24]

다시 말해서 강상중의 입장에서는 이질적인 존재로 느끼지 못하는 2세·3세의 정주자들이 이질적인 것은 불안정하고 애매한 관념이라고 보는 것에 대한 '이질성 자각'의 방법을 제시했다.

이에 대해 양태호는 동일한 정주화의 현실 앞에서 역시 동화와 국적 문제가 부상한다는 측면에서 강상중의 의견을 비판한다.

양태호의 입장에서는 정주화가 진행되는 프로세스 속에서 일본 내에서 공생을 위한 권리획득이라는 논점을 주장한 것[25]이다. 그렇지만 강상중의 입장에서는 "소수민족으로서 자각 아래 정주화를 꿈꾸고 민족성의 확보가 가능하다고 한다면 일본국적 취득도 불가피하다는 사고방식은 일본사회와 국가의 정신구조도 포함하여 근원적인 전환이 없는 한, 도저히 실현할 수 없는 것"[26]이라며 일본사회의 언더그라운

---

24) 姜尚中, 「「在日」の現在と未来の間」, 『季刊三千里』 第42号, 三千里社, 1985年, p.122.

25) 梁泰昊, 「事実としての「在日」—姜尚中氏への疑問」, 『季刊三千里』 第43号, 三千里社, 1985年, p.148.

드에서만 살게 된다는 논리를 가져온 것이다.

이러한 비관적 역설이 존재한다. 양태호가 주장하는 것은 다민족 사회에 대한 논리로서 단일국가론에 대한 비판이었던 것이다.[27] 반면 강상중의 경우는 근대주의 국가론에 대한 비판이었지만, 결코 다문화주의를 부정하는 것은 아니었다.

즉 강상중의 입장에서는 민족이 하나의 국가를 형성한다는 것과 하나의 민족이 그대로 하나의 국가를 형성한다는 논리가 동일화 될 수 있다는 관념이 근대 세계의 민족(국민)국가 형성에 나타난 특징이라고 보았는데, 일본의 경우는 정상적인 것이 아니라고 비판하는 것이었다.[28] 그렇지만 강상중은 논의 중에서 조국 상정에 대한 '다른 의견'을 제시한다.

> 그것을 극복하기 위해서는 역시 그 흐름을 조국으로 향하게 하여 정위(定位)시키지 않으면 안 된다고 생각한다. 물론 나는 기성의 민족단체가 구태 의연하게 표방해온 본국지향을 주장할 생각은 없다. 또한 1세의 지도적인 지식인이 내건 시점, 즉 재일은 남북 쌍방의 입지조선과는 다른 위치에 있기 때문에 그 주도성을 발휘하려고 한다면 분단조국을 전체적인 시점에서 다시 취해야 한다는 것이라고 전위적(前衛的)인 입장에 가담하는 것도 아니다. 내가 생각하는 것은 재일과 일본, 그리고 분단조국의 쌍방이 공통의 역사적 과제로서 끌어안고 있는 것을 정확히 보고 그것에 대한 태도결정을 지렛대로 하여 간접적으로 조국에 지향하는 것을 의미한다.[29]

그렇지만 이는 양태호의 입장에서 보면 조국=국가일원화의 논리

---

26) 姜尚中, 「「在日」の現在と未来の間」, 전게 잡지, 1985年, p.123.

27) 梁泰昊, 「事実としての「在日」―姜尚中氏への疑問」, 『季刊三千里』第43号, 三千里社, 1985年, p.148.

28) 姜尚中, 「「在日」の現在と未来の間」, 『季刊三千里』第42号, 三千里社, 1985年, p.122.

29) 姜尚中, 「「在日」の現在と未来の間」, 상게 잡지, p.124.

에 빠져있는 논리의 모순으로 비춰진다.[30] 최범순이 지적하는 것처럼 강상중의 인식은 기존의 조국 편향과는 차이를 두고 있으며 재일은 국경을 넘는 생활공간과 의식을 가진 존재로서 이산 상태를 통해 새로운 '공간의 세계'를 만들어내고자 했던 것[31]이다.

양태호 역시 국민국가에 수렴되는 논리에 대해서는 비판적이면서 일본 국가의 내부에서 찾는 이질성, 그 이질성을 통한 공생이라는 다문화·다민족 국가론을 재차 강조하는 입장이었다.

『계간삼천리』에 나타나는 재일한국·조선인과 재일의 길	
재일	
1세의 민족지향론의 농담(農談)	정주화 경향과 제3의 길찾기 논쟁
1. 민족단체와는 거리(평등 민족 공동체) 2. 다문화 주장으로서 일본내 외국인(동화주의와 공생의 딜레마) 3. 조국지향(국수주의의 반복, 극복) 4. '방법'론의 재일인가, '사실'의 재일인가(새로운 주체 찾기)	

5

귀속에 대한 정위(定位)와
비정위 사이에서

이상으로 본장에서는 『계간삼천리』에 나타나는 재일한국·조선

---

30) 梁泰昊, 「事実としての「在日」－姜尚中氏への疑問」, 전게 잡지, 『季刊三千里』第43号, 三千里社, 1985年, p.150.

31) 최범순, 「『계간 삼천리』(季刊三千里)의 민족정체성과 이산적 상상력」, 『日本語文學』Vol.41, 한국일본어문학회, 2009년, p.411.

인이 재일로 호칭과 의미가 변화해가는 과정을 살펴보았다. 재일한국·조선인이 전후 일본사회에서 정주화를 맞이하게 되면서 일본정부가 주장하는 '귀화정책'이나 다문화정책이 갖는 '제도로서의 국민만들기'가 병행되었음을 알 수 있었다.

그 과정에서 재일한국·조선인은 국적 조항에 의해 '한국적'이든 '조선적이든' 어느 한쪽을 선택해야만 하는 '상황'이 존재했다. 일본이라는 국가가 실시하는 국가선택을 강요하는 '정책적 시스템 그물'에 걸리게 된 것이다. 이것은 한국과 조선이라는 분단된 조국을 상징적 폭력으로 대입시키고 국민화를 강요하는 구조를 동반했다.

이러한 상황에서 재일한국·조선인은 민족이 부차적으로 따라다녔고 그 사이에 2세와 3세가 증가하고 정주하는 경향을 띠게 되었다. 이러한 역사 속에서 조국과의 거리두기 문제가 생겨나고 일본의 귀화정책이 진행되면서 동화정책에 합류하느냐 외국인으로서 차별받느냐의 이분법적 틀로 재편되었다.

그러한 차별철폐를 주장하는 운동이 '개인=재일'로서 나타나게 되고 일본사회의 다문화·단일문화의 모순에 저항하는 운동이 일어나게 되었다.

그때 강상중은 국가의 논리가 가진 이데올로기의 폭력성을 비판하면서 일본에의 귀속에 대한 위화감을 주장하며 조국에 대한 입장을 '정위'해야만 한다고 주장했다.

반면 양태호는 국가가 근대이데올로기에 의해 창출된 것이라면 일본은 안 되는데, 현실적으로 조국은 이미 재일사회와 거리가 생겼는데 조국을 정위시켜야 하는가에 대해 이의제기를 신청했다.

즉 사실적인 현실을 감안하여 외국인으로서 차별을 받는 것보다는 공생을 위한 권리를 획득하는 것이 중요하다고 주장하면서 대립하게 되었다. 물론 강상중이 제시한 것은 국가 공동체가 근대에 의해 창출된 것임을 주장하면서 일본에도 조국에도 귀속되지 않는 다른 길(제3의 길)을 찾고자 하는 이론이었다. 반면 양태호는 국가의 내부에서 찾아야 하는 '공생'의 의미에서 호스트/마이너리티의 경계를 허물고자 하는 의견이었다.

이러한 재일의 길은 국민국가의 억압과 제도를 넘고자 내부적/외부적 경계넘기의 이중성을 보여주는 논조였음이 밝혀졌다.

제5장

탈식민화로 가는
새로운 투쟁:
월경의 세계

1

식민지 체험과 가교

일본 제국주의의 유산으로서 재일한국·조선인은 전후 일본과 조국의 의미를 묻고 탈식민화의 길을 비판적으로 뚫고 나가고자 했다. 그 실례를 보여주는 것이 재일한국·조선인 당사자들에 의해 발간된 『계간삼천리』였다.

전후 일본이 경제성장을 마친 1970년 이후 일본사회에 전쟁 체험 세대가 줄고 전후 세대가 주류가 되면서 제국주의에 대한 인식의 풍화가 일어나면서 국민국가의 자유민주주의를 내면화하는 경향으로 나아가고 있었다.

이러한 전후 시기 『계간삼천리』에서는 전전의 식민지지배가 가진 의미를 재고하고, 국가나 민족의 의미를 주체적으로 형성하는 길은 어떻게 가능한가에 대한 물음을 던지고 있었다.

이를 시도하기 위해 『계간삼천리』에서 마련한 것은 '가교'라는 코였다. 창간사부터 가교라는 말을 중시하고 있었다. 가교의 의미를 살펴보면 가(架)와 교(橋), 즉 사이를 이어주는 역할로서 서로 횡단을 시도하는 것이라고 해석된다. 그러나 『계간삼천리』에서는 그 의미에 추가적으로 가교를 위한 선결과제로서 '내면의 주체'를 어떻게 발견할 수 있는가를 보여주고 있다.

『계간삼천리』에서는 제1호부터 제50호까지 가교라는 제목으로 빠지지 않고 매호 3개 내지 4개의 글을 싣고 있었다. 가교에는 작가, 저널리스트, 대학 교수 등 다양한 직업을 가진 사람들이 등장하는데 일본인 그리고 재일한국·조선인이 모두 참여했고 남성 여성도 구분이 없었다.

그럼에도 불구하고 글을 전부 읽다보면 집필자들의 특징이 발견된다. 그것은 바로 '체험'을 키워드로 삼고 있었다. 그 '체험'이란 일본 제국주의의 식민지였던 조선, 대만, 만주에서의 생활과 '인식 세계'를 가리킨다. 이에 추가적으로 전후 일본에서 재일한국·조선인을 접하거나 조선반도에서 발견된 세계의 체험을 적은 글도 있다.

재일한국·조선인의 경우는 조국 체험에서 느낀 이질성을 소개하기도 했다. 그런데 이러한 체험들을 식민지 지배와 피지배의 '전후'라는 시각에서 한일 간의 '식민지와 전후'의 기억의 단층을 보여주었는데, 그것은 월경자 체험을 통한 고정사회에 대한 인식론적 투쟁을 보여주고 있었다. 그것은 결과적으로 다시 재일한국·조선인의 위치문제로 이어진다.

특히 식민지, 즉 외지에도 귀환한 일본인들의 내면에 형성된 일본사회에 대한 이질감이나 재일한국·조선인이 외국인으로서 일본사회에서 갖게 되는 각성과, 한국사회에 대해 느낀 이질감은 중첩적으로 새로운 주체 찾기와 만나고 있었던 것이다. 기존 사회가 갖는 부동적이고 고정적인 것에 대한 저항과 부정(否定)을 통해 갖게 되는 국민국가에 대한 물음이기도 하고, 전전 역사의 부인에 대한 새로운 관념 만들기에 대한 투쟁이기도 하다. 일본인의 전쟁 식민지통치의 행위자의 문제도 문제이지만, 전후 일본이 전쟁책임에 회피, 피해자 의식을 형성해버리는 문제를 새롭게 바라보기 위한 방법론이기도 하다.

『계간삼천리』에서 전후의 출발점으로 삼는 것은 1945년 8월 15

일의 체험이 갖는 '의미'이다. 즉 일본은 이를 패전이라 부르는 반면 한국은 해방이라고 부르는데 이 감각은 '이미 존재하는 감각'이다.

이는 결국 ①조선은 해방, ②일본 본토에서 패전을 맞이한 일본인: 폭격, 전재, 고아, 굶주림, 육친의 전사 등 전쟁의 피해를 고발하는 입장으로 나뉜다. 물론 ②의 피해의식이라는 부분은 고려할 필요가 있지만, 식민지 가해자이기도 하면서 전쟁의 피해자라는 입장이다. 그러나 이 두 부류에 속하지 못하는 자들의 '1945년 8월 15일'이 있는 것이다. 그것은 ③패전 당시 식민지 지배지에 있었던 일본인들이다. 식민지가 일본이라고 여기고 살았는데 현지 국가의 보호가 없어진 상태에서 위험과 곤궁함을 체험한 입장이다. 고토 메이세이는 이러한 체험들이 모두 각각의 입장에서 체험한 것으로 일면적이기도 하지만, 더욱 중요한 것은 "이 체험으로부터 생겨난 인식, 즉 타자의 논리라는 것이 중요했다. 체험 그 자체보다 방법, 그 체험으로부터 생겨난 인식"[1]의 중요함을 언급했다.

그렇다면 이 체험에 의해 생겨난 '인식'이란 과연 어떤 것이며 왜 중요하다고 언급했을까. 이러한 의문점을 갖고 『계간삼천리』에서 소개한 식민지 체험의 글을 전체적으로 살펴보면 일본인의 경우 ①식민지에서 태어나서 자라다가 패전으로 인해 귀국한 사람, ②일본에서 태어나서 자라다가 대만이나 조선, 만주로 갔다가 되돌아온 사람, ③전전 일본인으로서 조선인을 만난 것에 대한 기록, ④전후 일본인으로서 재일한국·조선인과의 만남을 통해 느낀 점을 적은 글, ⑤재일한국·조선인으로서 전후 한국을 방문하여 체험한 글, ⑥재일한국·조선인 내부의 차이를 적은 글들이다.

---

1) 後藤明生, 『夢かたり』拾遺」, 季刊三千里』第7号, 三千里社, 1976年, pp.12-15.

고토 메이세이가 언급한 '식민지에서 패전을 맞이한 일본인'들도 차이가 있으며 동시에 '일본 내지에 있는 일본인이지만, 전후 외국 인이 된 조선인'의 체험을 함께 소개하고 있는 것이다. 그리고 식민 지기 일본으로 이주할 때는 일본신민이었지만 해방 후 외국인이 되 었다가 다시 한국을 방문한 체험, 그리고 재일한국인과 일본인 내부 의 차이들이 함께 다루어지고 있었다.

『계간삼천리』에서 보여주는 것은 식민지 체험과 전후이다. 식민 지 체험과 전후란, 조선반도나 만주, 대만을 비롯한 일본이 식민지 지배를 하던 장소에서 일본으로 '히키아게(引き揚げ)'된 일본인이 마 주한 '일본'의 전후를 가리킨다. 히키아게를 한국어로 '귀환자, 귀국 자'라고 표현하기도 하며 인양(引揚)이라고도 표현한다.

그렇지만 이 히키아게의 용어 속에는 '외지에서 국내로 돌아온 사 람'을 가리키는 뜻 이외에도 '일본인이지만 식민지를 경험한 후, 내 지로 돌아와 내지 일본인과는 다른 시간을 살았다는 점'에 중점을 둘 수 있다. 그러므로 단순하게 외지에서 살다가 일본 내로 귀환한 사람 이상의 의미를 담고 있다고 보아 '식민지 체험 귀환자'라는 표 현을 사용한다.

그런데 여기서 중요한 것은 이러한 '인간의 이동' 속에 나타난 각 각의 체험이 무언가 하나의 공통된 '세계'를 이야기하고자 하는 것이 있다. 그것은 바로 '주체를 재고하는 인식 세계'를 만들어내고 있다는 점이다.

2

'월경자들'의 열림과 갇힘의 주체:
외부의 실체성

『계간삼천리』에는 독자 투고란도 마련되어 있는데, 한 독자가 투고한 글에 재조일본인 조사에 대한 요청이 있었다. 그것은 "식민지 시기 재일조선인의 고난기록은 있어도, 당시 재조일본인의 침략사가 없다는 것은 양 국민의 진정한 가교에는 없어서는 안 될 것"이라는 지적이었다.

12년간 한국 전라남도에서 교사로 근무한 경험으로 모임을 갖게 되어 그 모임에 나가기도 했지만, 그 모임에 나온 일본인들의 화제가 '귀국' 당시의 고난에 집중되어 조선 식민지시기의 자아에 대한 비판이 결여된 것은 매우 안타깝다는 내용이었다.[2] 그렇다면 전후의 경험이 귀국 당시의 고생에 집중되어 있는 것에 대한 '객관적 서술'이 가능할 수 있을까 묻지 않을 수 없다.

식민지에서의 생활 체험을 전후 일본에 귀국한 후, 식민지에서의 생활을 회고하는 내용들을 『계간삼천리』에서 다각적으로 다루고 있다. 네즈 마사시(禰津正志)는 어릴 적 10년간 대만에서 살았는데, 대남(臺南) 제1중학교에서 지낸 체험이 근거가 되어 역사 기술에 반영하는 입장이라고 했다.

대만, 조선 그리고 만주를 세 기둥으로 삼아 『일본현대사』에서 대일본제국의 실태를 밝히는 것이 중요하다는 논지였다. 특히 그 입장

---

2) 中野実, 「おんどるばん」, 季刊三千里』第32号, 三千里社, 1982年, pp.254-255.

이란 압박받고 착취당한 피식민자의 입장에서 바라보는 시각이었다.[3] 일본 제국주의의 입장에서 식민지를 보는 것이 아니라 대만, 조선, 만주의 피식민자 입장에서 대일본제국의 실태를 밝혀야 한다는 '피식민자 입장'의 시선을 중시하고 있다. 식민지 체험은 외국이지만 고국과 같은 감정을 갖게 만든다는 것이다. 그렇다면 과연 어떠한 것이 피식민자의 입장이며 억압자의 입장에서 기술되는 역사일 수 있을까.

그 해답을 『계간삼천리』의 내용들에서 찾을 수 있다. 그 하나가 새로운 세계에 대한 각성의 입장이다. 즉 식민지 조선에서의 체험 기억은 균일적인 하나의 형태가 아니었다.

예를 들면 식민지 조선 경성에서 출생하여 초등학교 시절을 보낸 고마쓰 시게오(小松茂夫)는 '식민지 어린 시절 조선인 친구들과 겪었던 추억 속에는 꺼림칙함과 즐거웠던 추억이 함께 존재하는데, 아무리 즐거운 추억이라 해도 기억 속에는 양화 또는 음화의 형태로 나타난다'[4]고 평했다. 기억의 음양이 동시에 존재한다는 것이다.

다시 말해서 고마쓰 시게오에 의하면 어린 시절을 보내면서 통감부의 단속에 대한 경험은 제국의 아이가 아니라는 점에서 일본인과 권력자로 나누어서 재현되는 기억이었다. 결코 자신은 식민지에 대해 경멸과 차별은 없었다고 논하면서 경멸과 차별에 대한 극복을 주장했다. 그렇지만 피차별자, 피억압자가 부당한 차별 현실을 부정하고 극복하기 위해 투쟁하는 것은 그리 간단하게 진행되지 않는 것도 또한 사실이다.[5]

여기서 중요한 것은 '양면성'이다. 개인이 갖게 된 '경멸이나 차별'

---

3) ねずまさし, 「朝鮮から学んだこと」, 『季刊三千里』 第17号, 三千里社, 1979年, pp.18-20.
4) 小松茂夫, 「思い出させられること」, 『季刊三千里』 第13号, 三千里社, 1978年, pp.14-17.
5) 松原新一, 「中国と日本, 朝鮮と日本」, 『季刊三千里』 第8号, 三千里社, 1976年, pp.12-15.

인식은 제국주의 지배가 가진 다른 의미에서의 '내면 식민지 만들기'였던 것이다. 즉 '차별'은 개인의 내면적 자유를 좀먹게 하는 것, 즉 보편적 가치에 대한 '내면적 자유'에 대한 식민지라는 점을 발견하고 있는 것이다.

『계간삼천리』에는 일본 제국주의 시기 군에 입대하여 조선인과 함께 근무한 체험을 소개한다. 즉 그것은 야스오카 쇼타로(安岡章太郎)가 군에서 동료로 만난 S상병에 대한 이야기이다. S상병과 함께 근무하면서 '동료의식'을 갖게 되었는데, S상병이 조선인이라는 것을 알게 되자 마음 속에 있던 '연대의식'을 한꺼번에 상실하게 되는 감정이 생겨났다는 내용이다. S상병이 조선인이라는 소문을 접하고 '연대의식이 상실되는 그 실감'을 자신은 알지 못한다고 했다.

사실 S상병이 조선인인가 아닌가의 문제라기보다는 자기 자신 속에 내재되어 있던 조선인에 대한 편견이 갑자기 의식화되어 '실감'으로 나타난 그것이 무엇이었는지를 묻고 있는 것이다. "타민족에 대한 편견이라는 것은 싫고 좋음을 넘는 다른 차원인 것이었다. 그것은 개인의 자유가 아니라 오히려 자유를 좀먹게 하는 것이었다"[6]며 내면의 자유를 좀먹게 하는 것이라고 논했다.

자신의 내면에 자리 잡은 '편견이 작동'되고 그것이 순간적으로 '악'과 화학반응으로 결합되면서 생기는 그 '자유를 좀먹게 하는 것'을 어떻게 받아들여야 하는가에 대한 고민이었다. 야스오카 쇼타로는 동료의식에서 차별의식으로 바뀌는 과정에서 생겨난 내면의 '실감'을 발견하게 되었고 그것을 자유 박탈의 실감으로 연결시켰다.

그와 반대로 내면의 자유를 내면화한 경우도 존재한다. 단적인 예

---

6) 安岡章太郎, 「弱者の偏見-S上等兵の記憶」, 『季刊三千里』第2号, 三千里社, 1975年, pp.12-15.

로써 소설가 스기우라 신페이(杉浦晋平)는 지인 결혼식에 참석했을 때의 체험을 소개한다. 조선인이지만 국적을 일본으로 옮긴 A씨가 '존왕론자'의 노래를 부르는 것을 듣게 되고, 조선인으로 태어나서 자란 A씨가 열광적 존왕론자를 찬양하는 노래에 충격을 받았다고 한다.

대동아전쟁 말기 군인으로 선발되어 일본 사관학교에 입학하고 그곳에서 '황군' 장교로서 교육을 철저히 받아들였던 것은 아닐까하며 상상한다. 그럼에도 불구하고 패전 후 황군정신을 지닌 채 살게 된 것이라고 해석한다. 국적이 일본인으로 바뀌었는데도 조선인이라 부르는 다카야마 히코구로는 '이상한 충격적인 체험'[7]이었다고 적는다.

전전에 교육 받은 황국 군인이 전후에도 스스로를 '타자화'하지 못하는 것에 대한 '체험'을 적은 것이다. 조선인이면서 일본인으로 국적을 바꾸는 것은 오히려 내면에 '국가 일체화'의 모순을 소거시켜 그 균열을 못보게 한 것이다.

이는 하나의 예이지만, 일본인도 아마 이러한 '황국의식'을 타자화해서 바라보는 시점이 결여된 것에 대해 스기우라 신페이는 그 내부의 타자화에 대한 논리를 역설로서 보여주고 있는 것이다. 그것은 마쓰무라 다케시(松村武司)가 1940년대 경성중학교에 다녔던 과거를 회상하며 적은 내용을 통해 잘 알 수 있다.

당시 경성중학교에 다닐 때 같은 교실에 조선인 학생이 있었는데, 그 조선인 학생은 창씨개명을 한 조선인이었다. 교사였던 야마구치 마사유키(山口正之)가 이 학생에게 '황국신민이 되라'고 훈육하고, 일본인에게는 이 학생을 차별하지 말라고 교육했다는 것이다.

일본인 학생이 이 학생을 자연스럽게 인식하게 되는 동시에 부자

---

7) 杉浦明平, 「私の周りの朝鮮」, 『季刊三千里』第14号, 三千里社, 1978年, pp.20-24.

연스러운 일본인을 인식하게 되었다고 한다.[8] 조선인에게 황국신민으로 살라고 훈육하는 것은 일종의 '의식적'인 교육인데, 이를 자연스럽게 여기면서도 일본인이란 무엇인가를 재인식하게 되는 계기가 되었다는 것이다. 조선인을 보고 일본인으로서 자연스러웠던 감정이 부자연스러워지는 '실감'이 나타났던 것이다.

과연 부자연스러운 일본인의 모습은 어떤 의미를 내포하고 있을까. 이를 알아보기 위해서는 우선 니시 준조(西順蔵)의 역설을 참조할 필요가 있겠다. 니시 준조는 조선을 일본의 일부라고 생각하여 조선인을 이민족이라고 생각하지 않았는데, 막상 경성에 부임하여 식민지 관리로서 생활을 해보니 조선에 대해 이질감을 느끼게 되었다고 피력한다. 심지어는 조선에 대해 우월감까지 느꼈다고 말한다. 내선일체 교육에 의해 조선인과 일본인은 동포라고 여겼지만 실제 체험을 통해 알게 된 것은 동포가 아니라는 점이었다.[9]

니시 준조가 말하는 것은 차별이 현실에 존재하는데 내선일체라고 교육을 받고 평등해야 한다고 주장한 것이 거짓이었음을 '실감'한 것을 말하고 있었다. 차별과 평등에 대한 모순이었다. 평등은 차별을 가하는 사람의 것이 아니라는 점을 '실감'했던 것이다.

이처럼 식민지 체험은 개인의 내면의 발견으로 연결되는 것이었다. 식민지 체험이 가진 양음, 동료의식·비동료, 자유와 억압, 차별과 평등이라는 이중성을 배경으로 갖는 점을 발견한 것이다.

이는 고토 메이세이가 스스로의 체험, 즉 1932년 영흥에서 태어나 성장하다가 패전을 맞이해서 맞아 일본으로 귀국하여 집필한 『꿈이

---

8) 松村武司, 「朝鮮に生きた日本人―わたしの「京城中学」」, 『季刊三千里』 第21号, 三千里社, 1980年, pp.67-73.

9) 西順蔵, 「ぼくの朝鮮経験は」, 『季刊三千里』 第4号, 三千里社, 1975年, pp.18-21.

야기』에서도 엿볼 수 있다. 고토 메이세이는 인간의 삶이 시간과 공간에 의해 규정될 수 밖에 없다는 의식을 갖게 되는 점을 인지하면서도 그 '일면적으로 규정될 수밖에 없다는 것'10)이 일면적인 개인 체험이기도 하면서 그곳에 나타나는 상징 세계는 '세계성'을 가질 수 있다는 '이중성'이었다. 개인 체험의 국가나 세계의 체험이 되고 결과적으로 국가나 세계의 역사가 된다는 것을 말하고 있다.

바로 이러한 지점은 차별이나 편견을 만들어온 역사를 조사(照射)하여 개인의 내면을 만들어내는 '과거'에 균열을 일으켜 그 틈으로 비집고 들어가는 세계를 발견하는 것을 제안하고 있는 것이다. 그것은 개인 내면의 독립적인 것이기도 하지만 세계성을 띠는 것이기도 했다.

전후 일본에 잔류하게 된 재일한국·조선인이 차별과 편견에 대해 저항하는 것은 단순하게 '차별과 편견'을 나열하여 이해 받으려는 응석도 아니다. 그것은 다름아닌 제국주의 원죄만 비판하려는 권력 비판적 의식에 아부하는 것을 거부하는 재일한국·조선인으로서 자립을 찾아가는 것을 의미한다.

그것은 전전 식민지 지배지의 체험을 바탕으로 내지 일본인과 다른 인식의 체험을 통해 발견한 '자유, 평등'의 침식 세계를 발견한 것과, 동형적으로 재일한국·조선인이 재일한국·조선인으로서 자신을 응시하며 자립11)의 논리를 찾아내고자 하는 것으로 연결되는 것이다.

1) 내파(内破)하는 제국주의

그렇다면 전후 일본인으로서 한국을 접하거나 혹은 일본 내의 재

---

10) 後藤明生, 「『夢かたり』拾遺」, 『季刊三千里』第7号, 三千里社, 1976年, pp.12-15.
11) 松原新一, 「中国と日本, 朝鮮と日本」, 『季刊三千里』第8号, 三千里社, 1976年, pp.12-15.

일한국・조선인에 대한 시선 속에 나타난 '내면'에 대해 살펴보기로 한다. 즉 시선의 문제를 다루어보기로 한다.

『계간삼천리』에서 시인 오노 도자부로(小野十三郎)는 「풍경이나에게 풍경이란 무엇인가(風景とは私にとってなにか)」라는 글을 소개한다. 오노 도자부로는 오사카 출생의 시인인데, 자신의 풍경 시(詩) 속에 오사카에서 재일조선인의 모습을 그리는 것을 '점경(點景)법'이라고 표현한다. 재일조선인의 생활 저변을 바라보는 '시선'으로밖에 볼수 없다는 뜻으로, 그것을 점경으로 그릴 수밖에 없음을 설명한다. 이는 비당사자인 방관자의 입장을 자각하고 있는 것이다.

예를 들어 재판(在阪)조선인이 오사카의 군수공장에서 징용공으로 일하는 모습, 만주사변 중일전쟁을 거치는 과정에서 '일선일체'라는 국책 슬로건이 강조되던 시기로 그려진다. 이를 통해 '일선일체'에 괄호를 표기하여 그렇게 국민을 몰아간 상황과 그 속에 존재하는 계급의식에 균열을 의식적으로 보여주고 있는 것이다. 이 균열의식을 갖게 된 프로세스에서 그것을 느끼게 해준 것은 스스로가 징용공으로 일했을 때 조선인 징용공과 접하게 되면서 방관자에서 당사자로 전환되었음을 논한다.

> 태평양전쟁이 일어난다. 풍경 속에 음영을 넣으면서도 조선과 조선인을 거리를 두고 보고 있었던 그때까지의 나는 1943년 오사카 군관리공장으로 징용되어 조선 본토에서 끌려온 수천명의 조선인 징용공들과 일상에서 살을 맞대고 접하게 되었다. 이것은 이제 풍경이 아니었다.[12]

풍경으로만 표현되던 조선과 재일조선인의 모습 속에 스스로 풍

---

12) 小野十三郎, 「風景とは私にとって何か」, 『季刊三千里』第10号, 三千里社, 1977年, pp.14-16.

경 속으로 들어가 일체화의 경험을 하게 되면서 풍경이 아니라 실체 험으로 느끼게 되었던 것이다.

그렇지만 전후 자신은 오사카라는 일본 대도시의 '정주자의 눈'으로 다시 거리성을 갖는다고 적고 있다. 오노 도자부로에 의하면 '상황과 균열'의 관계는 당사자와 일체성의 경험을 거치면서도 다시 거리두기의 정주자의 시선이라는 점을 통해 비정주자, 즉 표박자의 내면을 발견했던 것이다.

다시 말해서 오노 도자부로는 오사카라는 정주지에서 일본인으로 태어난 것, 그리고 이곳을 고향이라고 표현하면서 이를 '어쩔수 없는 것'으로 여기지 않을 수 없었다. 말하자면 주어진 환경/상황이었던 것이다. 그러나 스스로는 이에 '환경순응형'으로 살아갈 수 없게 만든 것이 오사카라는 것이다.

고향이라던가 오사카라는 규정이 오히려 역설적으로 그 틀을 벗어나게 만들고 자신을 표박자로 만들어 표박자의 눈과 마음으로 세상을 보고 인간을 보게 만들어주었다고 논한다.13) 그것은 바로 오사카였고 오사카 내부의 재일조선인이었으며 『계간삼천리』였던 것이다.

오노 도자부로의 정주자의 시선은 표박에 의해 정주자의 시선이 갖는 문제점을 직시하는 법을 지적하는데, 그것은 다른 말로 표현하면 자신을 객관적으로 인식하는 방법과 출구 모색이라고 말할 수 있을 것이다. 그에 대한 방법론의 하나는 자신과 상대와의 관계를 어떻게 설정한 것인가라는 '상호 위치'에 대한 물음이다.

그런 의미에서 오노 도자부로와 마찬가지로 후지노 마사유키(藤野雅之)도 조선과 오키나와는 일본인인 나를 비춰주는 거울로서 "재

---

13) 小野十三郎, 「定住者の文学」, 『日本文学』26巻4号, 日本文学協会, 1977年, pp.58-69.

일조선인을 둘러싸고 있는 문제들이 나의 삶의 방식을 묻는 것"[14]
이라고 표현했다. 재일조선인을 둘러싼 문제란 구체적으로 무엇을
가리키고 있는 것일까. 이에 대한 일례로써 『계간삼천리』에 소개된
스즈키 미치히코(鈴木道彦)의 글을 들 수 있다.

1968년 재일한국·조선인 2세인 김희로가 일으킨 스마타쿄(寸又峡)
사건에 대한 입장이다. 스즈키 미치히코에 의하면 김희로의 스마타쿄
사건은 일본사회가 김희로를 그런 상황에 빠지게 만든 것이라며 일본
사회를 비판했다. 김희로가 모국어를 알지 못하는 재일한국·조선인이
라는 것은 일본 국가뿐만 아니라 일본사회도 책임이 있으며 일본이 그
를 재판할 자격은 없다고 말한다. 김희로를 아니 재일한국·조선인의
존재를 타자로 만들어버린 것으로, 재일조선인의 주체 상실에 손을 빌
려주게 된 점을 지적하는 것이었다.

이 부분에서 김희로가 자신의 의지로서 '자신의 자유'로 선택한
것이 아니라는 점을 논하고 있는 것이다. 즉 이 말은 인간의 주체를
위험적인 존재로 만들어버릴 수 있는 위험성을 내포한다는 뜻이다.
모든 사회적 차원에서 인간을 그러한 상황 속에 몰아넣는 그 함정을
보아야 한다는 논리였다.[15]

그것은 자유를 갖고 선택하는 삶이 아니라 자유의 내실을 묻는
것이었다. 그렇기 때문에 그런 일본사회에 살고 있는 "주체나 책
임"을 묻게 되는데, 반대로 이 문제를 끈기 있게 설득하는 조선인
이 없는 점[16]에 대해서도 비판적이었다.

이처럼 정주자로서 시선에 대한 투영적 존재로서 재일한국·조선

---

14) 藤野雅之, 「私の朝鮮体験」, 『季刊三千里』第19号, 三千里社, 1979年, pp.80-85.

15) 鈴木道彦, 『越境の時―1960年代と在日』, 集英社, 2007年, pp.204-205.

16) 鈴木道彦, 「或る私的回想」, 『季刊三千里』第21号, 三千里社, 1980年, pp.14-18.

인이 있었고, 재일한국·조선인인 '김희로 사건'이 일본사회의 '내부타자화' 문제를 다루는 것은 인간의 보편적 문제로서 다시 회귀되고, 상황과 내면의 자각 경로를 찾는 문제로 나아가게 된다. 상황과 사회가 가진 타자화 프로세스에 대해 눈뜬다는 것은 기존에 갖고 있던 사회적 상황에 대한 균열된 내면을 찾는 방법으로 연결되는 것이었다. 그 내면의 찢어진 틈을 찾는 것은 자아 내부의 집착을 찾는 것이라고 보았다.

'집착'이라는 레토릭을 사용하며 인간의 의식 속에 잠재되어 있던 것, 즉 무지했다는 것에 눈뜨는 것이다. 그리고 재일한국·조선인은 하나의 상징인데, 그 속에 일본인의 역사가 침잠해 있는 부분을 찾아내는 것이다.

이것은 다시 말해서 조선인인가 일본인인가의 '국적과 민족'을 넘어서는 지점으로 나아가는 것이었다. 다시 말해서 김희로 사건이 그러하듯이 인간이 현실적인 삶을 날카롭게 조사(照射)해주는 것은 그 사회의 모습인데, 전후 일본사회가 갖게 된 '생존조건'을 보아야 한다는 점이다. 그것은 일본인이라던가 조선인이라는 것을 구분하거나 느끼게 하는 것이 아니라, 인간 혹은 현재적인 생존조건을 드러내 보여주는 진실을 발견하는 것이라고 보았다.[17]

그렇기 때문에 이러한 문제는 인간이 인간에게 주는 상처의 문제로서 이것은 아주 옛날부터 이어지고 있는 진실이며 이것은 인간이 존재하는 한, 이 세상에서 사라지지 않을 것이라는 점이다. 그것은 "권력을 가진 쪽이 권력을 갖지 못한 사람들을 괴롭힌다. 입장이 바뀌면 언제든지 어느 나라든 마찬가지"[18]라고 보고, 국가와 민족을

---

17) 秋山駿, 「朝鮮一切れ切れの出会い」, 『季刊三千里』第23号, 三千里社, 1980年, pp.21-23.

넘어 권력과 인간사회의 문제라는 보편문제로 다루어진다.

그것은 제국주의의 희생자로 규정되는 일본인 의식에서 나오는 것이 아니라, 제국 일본인이 차별과 만행의 당사자였음을 자각하는 것을 피력했다. 관동대지진 때 일본적 포그롬(pogrom : 조선인 대량학살)은 일상생활에서 선량한 일본인의 손에 의해 감행되었다는 점이다. 민족 억압과 민족적 차별은 차별 주체인 일본인 한 사람 한 사람이 민족적으로 서로 결합된 것이 아니라, 반대로 독립한 인격화되고 개체의 존엄을 자각하는 것에서 깨어나지 않으면 문제에 다가가야 하는 것이라고 보았다. 그것은 "억압위양(抑壓委讓)의 원리(위에서 차례로 아래로 책임을 전가해가는 일본형 무책임 체제)를 떨쳐버리기 위해서는 자신이 도립(倒立)해야 한다. 그것은 국가를 하나의 대항 축으로 삼아 구성하는 선린(善隣)사상이 아니라, 그것을 초월하는 곳에서 성립하는 새로운 인간의 공동성(共同性)을 보아야 한다는 사상"[19]이라며 바로 이 점을 공유하는 것에서 연대가 시작된다고 보았다.

일본은 전전 1910년부터 1945년 8월 15일까지 조선을 식민지로 지배했다. 그렇지만 그 식민지적 관계 속에서 일본인들과 조선인들이 만났지만, 그 역사로 인해 일본인이 조선에 대해 고정된 이미지나 태도를 만들어버린 것을 되돌아보는 자세가 주목된다. 전전의 식민지지배 체험 과정에서 형성되고 고정화된 조선관이 무의식적으로 전후에도 계승되고 재생산되기 때문이다.

가지무라 히데키는 식민지 통치를 합리화하고 그것을 관철시키기

---

18) 須藤宣, 「36年間の憶い出」, 『季刊三千里』第23号, 三千里社, 1980年, pp.14-18.
19) 尾崎彦朔, 「悔いのみ, 多し」, 『季刊三千里』第25号, 三千里社, 1981年, pp.16-21.

위해 권력자가 고의로 만들어낸 조선상(像)으로서 '위로부터의 교화'와, 개인적 차원에서 조선인과의 만남에서 생겨난 '아래로부터의 전파'를 동시에 보아야 한다고 논한다.

전후 일본사회에는 이러한 두 가지 논리 구조가 하나로 융합하여 추상화되면서 사회적으로 확산된 것으로, 일반화 과정을 들여다보아야 할 것이다. 문제는 바로 그러한 근원적인 자세를 묻지 않고 아니 자각하지 못한 채 조선인에 대한 관습적인 것을 유지하는 것과, 일본사회에서 현상을 변형시키면서 타성적 사고방식으로 계승되고 재생산되는 점을 지적했다.

그것을 내파하기 위해서는 인식의 차원에서 만들어진 지배의 정당화나 합리화의 논리이고 그 논리는 형태 속에 존재하는 '일본=선진, 조선=후진'이라는 이분법적 관계로 보는 고정관념의 틈을 찾아야 하는 것[20]이다.

3
균질함 속의 불균질함의 공존:
국가와 '자이니치'

전전 식민지지배 지역에서 귀환한 일본인의 글들을 통해 일본 내부에서의 이질성 발견과 인간의 자유의 보편성 문제로 다가가기 위

---

20) 梶村秀樹, 「植民地支配者の朝鮮観」, 『季刊三千里』第25号, 三千里社, 1981年, pp.33-41.

한 내면의 세계를 들여다보았다. 그렇다면 전전 일본신민에서 전후 일본 내의 외국인으로 간주된 재일한국·조선인들의 내면 세계는 어떻게 표현되고 있는지를 살펴보고자 한다.

미야타 히로히토(宮田浩人)는 전후 일본뿐만 아니라 남한과 북한의 관계 속에서 만들어진 '재일조선인의 얼굴'이란 어떤 것일까를 물었다. 전후 30여년간 재일조선인과 관련된 많은 문제점들에 대한 조사나 연구 및 분석들이 이루어졌다. 운동의 역사도 존재했다.

일본정부의 동화정책, 일본사회의 차별과 억압은 변함이 없는 것이다. 그렇지만 그것은 민족이나 국가라는 것에 스테레오타입적인 논리가 그대로 통용되고 있는 것을 반증해주는 것으로, 재일한국·조선인의 진짜 얼굴은 사라져가고 있는 것[21]이라고 논했다.

그렇다면 국가나 민족 조직의 스테레오타입적인 슬로건에 함몰된 것에 대한 추종이 아닌 재일한국·조선인의 진짜 얼굴은 어떻게 변용되고 있었던 것일까.

잘 알려진 것처럼 『계간삼천리』는 남한과 북한의 정치적 입장에서 거리를 두는 '통일된 조국'을 지향하고 있었다. 그렇지만 실제 『계간삼천리』 속에는 정치 국가론이라기보다는 국가, 정치와 아이덴티티의 형성 프로세스를 다룬다고 보아야 할 것이다.

재일한국·조선인이면서 재일한국·조선인 문학동인지 『진달래』에 대해 소개하는 글이 있다. 『진달래』는 처음부터 정치적인 의도와 요체(要諦)에 근거하여 창간된 것인 듯하다. 『진달래』는 김시종이 편집 겸 발행인 역할을 하면서 1953년 2월에 창간되어 1958년 10월 20호로 종간된 잡지이다. 『진달래』에 대한 선행연구로서 하상일과

---

21) 宮田浩人, 「在日朝鮮人の顔と顔」, 『季刊三千里』 第8号, 三千里社, 1976年, pp.39-45.

마경옥 그리고 김계자, 양석일의 지적에 의하면 정치적인 각성 목적이 존재했다고 한다.[22]

물론 이처럼 정치선전을 위한 목적도 가졌지만 '재일의식'을 탄생하게 한 역할이 존재한다. 본장에서는 이를 참고로 하면서도『계간삼천리』에 게재된『진달래』와 재일의식의 발아 관계를 살펴보고자 한다.

『진달래』는 시(詩) 동인지가 아니라 재일조선인 운동에서 고립되어 있던 젊은 문학자들을 규합하여 정치적 프로파간다의 장(場)으로 만들어가려는 의도가 강하게 작동하고 있었다. 그것은 역설적으로 정치적 요청이 문학을 자각하는 과정 속에서 주체적인 발언을 시도하게 만들어준 것이다.

다시 말해서『진달래』를 컨트롤하려는 정치성이 존재했음에도 불구하고 정인(鄭仁)은『진달래』에 적극적으로 관여하게 되는데, 그 이유를 타자로서의 조선인과 내 안의 잠재적인 조선인과의 만남 관계의 긴장감'이 만들어내는 세계를 발견했기 때문이라는 것이다. 정인은 "조국과 민족이라는 말의 속박으로부터 자립하고자 노력했고, 그 속박 조건 속에서 일본에서 문학하는 자의 주체, 달리 말하자면 재일이라는 상황에도 눈을 돌리는 구체적인 계기가 되었다"고 피력했다.

결과적으로는 반조국, 반민족이라는 말을 활자화할 수 있었고 조국이나 민족이라는 말이 압도적인 위상을 가지던 것을 생각하면, 그 영향력은 커다란 것이었다.

---

22) 하상일, 「김시종과 진달래」, 『한민족문화연구』57, 한국어와문학, 2017년, p.65. 마경옥, 「해방 후 재일조선 문학운동─『조선 문예』와『진달래』의 갈등을 중심으로」, 『한국융합학회논문지』제 11권제2호, 한국융합학회, 2020년, p.219. 김계자, 「1950년대 재일조선인의 문화운동─서클시지 진달래를 중심으로」, 『아시아문화연구』제44집, 가천대학교아시아문화연구소, 2017년, pp.6-7. 이승진, 「문예지진달래(ヂンダレ)에 나타난 '재일' 의식의 양상」, 『일본연구』제37집, 중앙대학교 일본연구소, 2014년, p.90.

즉 재일한국・조선인이지만 조국이나 민족이라는 말의 내실을 모르는 재일한국・조선인에게는 폭력이었다는 것이다. 그런 의미에서 『진달래』의 역할은 의식의 정형화와 그에 대한 내부의 비판이 병행되면서 잠재적인 가능성과 현재적(顯在的)인 존재에 대한 파열이 생긴 것이기도 하다. 그렇지만 잠재적인 것의 생명력과 영향력을 평가하며[23] 새로운 불균질성에 대한 길을 열어가고 있었던 것이다.

그리고 재일조선인 2세에게 '우리들에게 조국이란 무엇인가'라는 물음을 던진다면 그것은 위화감이라는 단어로 응집된다고 볼 수 있다. '조국'이라는 말은 조국 안에 있는 사람과 조국 밖에 있는 사람 사이에 '커다란 위화감'이 존재한다는 것이다.

그것은 반대로 '재일한국・조선인에게 일본이란 무엇인가'라는 물음이 동시에 동반된다. 이를 밝혀주듯이 「재일 2세의 생활과 의견(在日2世の生活と意見)」이라는 주제로 『계간삼천리』 제8호에서 재일 2세들을 중심으로 좌담회를 전개했다.

여기서 김은자라는 재일한국・조선인 2세는 한국에 유학했을 때의 추억을 소개한다. 1974년 11월 유신체제에 반대하는 학생들의 데모가 한창일 때 재일한국・조선인인 김은자도 그들과 함께 하고자 했지만, '교포는 안 된다'는 말을 들었고 이를 통해 '본국 학생들과의 격리'된 공기를 느끼게 되었다는 것이다. 갑자기 '설 곳이 여기에는 없다'[24]는 것, 즉 이는 조국과의 거리를 실감하는 체험인 것이다.

또한 1928년 일본으로 이주한 김덕순이라는 재일한국・조선인도 "나의 인생에서 일본은 떼려야 뗄 수 없다. 전후 3번 정도 한국을 방

---

23) 鄭仁, 「『チンダレ』のころ」, 『季刊三千里』第9号, 三千里社, 1977年, pp.20-23.

24) 李銀子, 申英哲, 張善浩, 金是仁, 金禮子, 金誠智, 「在日2世の生活と意見」, 『季刊三千里』第8号, 三千里社, 1976年, pp.46-57.

문 했지만 나는 그저 객일 뿐"[25]이라는 감정을 느끼게 되었다고 적고 있다.

도식화해서는 안 되지만 재일한국·조선인이 '민족'이라는 것에 눈뜨는 계기는 일본사회의 차별에 부딪쳤을 때라고 언급한다. 그렇지만 그렇게 해서 얻은 민족적 자각는 것은 1세들이 가진 민족성과는 또 다른 것이었다. 그렇기 때문에 2세, 3세들이 직접 한국에 가서 느끼는 민족성은 또 다른 종류의 민족성이었던 것이다.

그리고 재일 2세인 최영애는 초등학교 6년간을 민족학교에서 보냈는데 졸업 후 일본식 중학교에 다녔다고 한다. 그곳에서 '완전히 다른 세계관'을 받아들여야만 했고 '일본 국적이고 어머니가 일본인인데도 진짜 일본인이 아니다'라는 것을 자각하게 되었다. 초등학교 시절에 배양된 민족의식과 표면상 일본인으로서 행동하는 생활과의 상극이 반복되는 동안 자신이 조선인도 그렇다고 일본인도 아닌 불안한 입장이었다는 것이다.[26]

그것은 일본사회와 한국 사이에서 눈뜬 자아를 자각하게 되는 것인데, 이는 조선사람 입장에서 보면 '반쪽바리'에 불과한 것이었다. 이것은 안추령(安秋玲)이 그려내는 주체의 논리와 맞닿는다. 즉 조선을 볼 때 그것을 내 자신의 주체로서가 아닌 일정 정도 거리를 두고 있음을 느끼는데 그것은 조선인이라는 자각을 가지려 하지만, 아무리해도 조선인이 될 수 없다는 것이다.

동시에 내 안에 있는 일본도 그와 비슷해서 어떻게든 외형적으로는 일본인처럼 보이지만 절대 일본인이 될 수 없다는 것이다. 조선

---

25) 金德順, 「在日50年」, 『季刊三千里』 第16号, 三千里社, 1978年, pp.200-202.
26) 崔英愛, 「韓國の教會で」, 『季刊三千里』 第24号, 三千里社, 1980年, pp.113-115.

과 일본 사이에서 오가는 진자의 추 같은 마음의 상극이 나를 '반쪽
바리'로 만드는 것을 부정할 수는 없다. 하지만 그런 일본과 조선
사이에 크게 다른 하나로 주체적으로 관계가 깊은 것은 일본이라고
보았다.[27]

다음은 『계간삼천리』 독자 투고란에 실려 있는 글이다. 서울에서
유학한 2세 학생이 자신은 조선인이기 때문에 서울에서 유학했는데,
교포라고 알려지면 갑자기 조선 학생들이 보이는 거부 반응에 '나는
도대체 무엇일까'라고 자신 속에서 갈등이 부풀어오른다는 구절에서
충격을 받았다는 것이다. '나는 어디까지나 조선인이지만 일본에 있
는 조선인에 지나지 않는다'는 문제가 일본인 내부에 날카롭게 파고
들어온 문제라고 느꼈다고 한다. 이는 반대로 '국가(國)'란 무엇인가.
'국가'란 그리고 '민족'이란 무엇인가를 일본인에게 묻고 있으며 그
것이 표리일체로 붙어있는 것은 아닐까하고 물었던 것이다.

일본 안에서 자연스럽게 발효되어버린 일본민족이라는 개념이 근
대국가 이후 주입된 국가주의를 형성하게 된 일본을 되돌아보지 않
을 수 없다는 것이다. '친숙하도록 강요된 것'을 떼어내고, '국가'라
는 것을 주체로 민족을 분리할 수 있는 가능성이 있을까라고 생각하
게 되었다는 것이다. 이러한 점에서 재일한국·조선인과 일본인이
함께 길을 열어가는 방법[28]을 찾아야 한다고 적었다.

재일한국·조선인으로서 조국과의 거리를 느끼는 기사를 보고,
일본인 독자의 투고 내용은 다시 일본인로서 근대국가가 만든 국가
의 의미를 재고하기 위해 민족의 의미를 가져오고 있었다. 재일한

---

27) 安秋玲, 「在日朝鮮人として」, 『季刊三千里』第13号, 三千里社, 1978年, pp.81-82.
28) 水澤耶奈, 「古代との重なりの中で」, 『季刊三千里』第14号, 三千里社, 1978年, pp.17-20.

국·조선인이 민족으로서는 한국에 가깝지만, 생활습관이나 사고방식은 일본에 가까운 것을 생각하면 일본 국가 내부의 일부로 생각할 수 있었다. 그렇기 때문에 국가와 민족이 하나로 해석될 수 있는 것이 아니라는 점을 발견하게 된다.

여기서 나타난 주체나 주체성이라는 말은 어떤 하나의 경위 속에서 잉태된 것이며 어떤 '사건'을 통해 갖게 된 것이라는 의미로도 해석될 수 있다. 『계간삼천리』에서 주체가 주관이라는 언어의 번역어라고 제시하고, 주체라는 말을 이해하기 위한 방법으로 주관과 연결시킨다. "주관이 의식 속에서 생각하는 것이 아니라, 의식된 것을 가리키고 객관이란 주관에 의해 '인식된 것을 아는 것'이다. 그것은 어쩌면 보편적 가치라는 것도 보편적인 근거도 갖지 않은 개체적인 존재가 몰근거(沒根據)적인 것임을 생각해볼 필요성을 던져준다. 어쩌면 '이 세계 그 자체가 몰근거적'일 수 있기 때문"[29]이다. 이처럼 주체성이라는 것이 존재하는 것처럼 보이는 세계 속에서 몰근거적 비(非)유의미적인 상황에서 생긴 것일 수 있다는 점을 자각시켜주는 것이다.

그렇기 때문에 재일한국·조선인이 논하는 것은 타민족에의 동화나 차별 그리고 박해 속에서 생기는 어떤 보편성 지향과 민족의식과 역사의식의 차이, 그리고 다중언어에서 느끼게 된 감각의 중층성과 다의성이 국민이나 국가에 포획된 것과 그로부터의 탈출이라는 형태의 근저를 가로지르는 아이덴티티를 갖고자 하는 욕망의 형태인 것이다. 물론 재일한국·조선인이 겪는 국가나 민족에 대한 이질성은 독선적인 내셔널리즘도 아니고 망명자의 허무주의도 아닌 길을

---

29) 姜尚暉, 「主体概念の誕生」, 『季刊三千里』第20号, 三千里社, 1979年, pp.218-227.

찾는 것이었다. 그것은 사회 안에 있음과 동시에 손님이라는 의식을 갖는 보편적 사회성으로 만나는 것이다. 모두 사회에 속해 있지만 그 사회와는 거리를 두는 논리인 것이다.[30]

이 '사회'라는 것은 일본사회를 가리키기도 하지만 '재일사회'도 대입된다. 전전과 전후를 통틀어 70여 년간을 보면 재일한국·조선인의 인구동태에는 커다란 변화가 일어나고 있었다. 2세·3세 더욱이 4세도 생겨나면서 1세는 자리를 비켜주는 상황이 생긴 것이다. 전후 36년을 지내면서도 그 내부를 관통하는 민족 주체의 변용이며 가치의식이 새로운 모색의 시작되는 것이었다.[31]

재일한국·조선인은 정주화가 증대되었고 재류권이나 권리 보장 요구의 목소리가 등장하게 되었고, 일부는 참정권 부여까지 요구하는 상황으로 나아갔다. '외국 국적을 가진 사람이 일본 참정권을 갖는다'는 논리는 국가관념의 원칙론에 반론을 제기하는 계기가 되었다.

재일한국·조선인이 일본 국민과 동일하게 공무원으로 채용되거나 권리를 개방해달라는 요구는 근본적으로 국민국가의 논리를 재문하는 것이었다. 그렇지만 식민지지배 경험을 가진 재일한국·조선인은 '일본 국민'이 되어 권력과 타협하는 것이라고 보는 경향도 있다.[32]

여기서 귀화의 문제가 생기기도 하고 귀화와 아이덴티티의 문제로도 확산되고 있었다. 일본 '국민'이나 '시민'이 된다는 것은 결과적으로 '일본인'으로의 동화를 의미하기 때문이다.

게다가 조선인에게 '일본 국민'을 보장했던 법은 일본 제국주의의

---

30) 山下肇, 「朝鮮人とユダヤ人」, 『季刊三千里』第24号, 三千里社, 1980年, pp.14-18.

31) 李仁夏, 「民族差別と闘いながら」, 『季刊三千里』第24号, 三千里社, 1980年, pp.22-25.

32) 宮田浩人, 「在日朝鮮人の顔と顔」, 『季刊三千里』第8号, 三千里社, 1976年, pp.39-45.

제국헌법을 기본으로 한 것으로 식민지기의 연속선상에 놓여있었다. 여기서 재일한국·조선인이 제기한 기본적 인권과 시민적 권리는 국민국가의 의미를 새롭게 추동하는 계기가 되었지만, 재일조선인의 위치는 조국의 문제와도 관련되면서 세대 간의 차이 또한 주체를 만들어내는데 중요한 상황이 되었다.

이러한 문제를 보편적 시각에서 다가가기 위해 '인간선언'이라는 표현까지 나오게 되는데, 이는 재일한국·조선인이 정주화 경향으로 선회하면서 국가의 국민이라기보다는 '주민' 혹은 '시민'으로서의 위치를 찾아가는 논리인 동시에 '국민국가'의 변용을 힐문하는 중요한 패러다임의 전환을 만들어내고 있었다.

조국과 일본과 재일조선인의 동화/비동화의 문제는 '재일한국·조선인'에서 '자이니치(在日)'로 나아가는 변화의 근거가 되었고, 자이니치가 만들어가는 창조적인 위치가 시험되고 있었던 것이다.[33]

4

정주자와 표박자, 국민과 시민

본장에서는 『계간삼천리』에 나타난 '가교'의 의미를 찾아내어 그 내용을 제시하고자 했다.

『계간삼천리』가 주창하고 싶은 가교는 '국가와 민족'을 잇는 구

---

33) 金石範, 「「在日」とはなにか」, 『季刊三千里』第18号, 三千里社, 1979年, pp.26-36.

체적이 것이 아니라 기존에 갖게 된 국가나 민족의 관념이 갖는 비주체적인 것을 보여주고, 그 비주체적인 입장을 공유하면서 어떻게 다시 주체적인 세계를 만들어갈 수 있는지에 대한 '세계'를 보여주고 있음을 알 수 있었다.

이를 위해 『계간삼천리』에서는 '체험'을 키워드로 삼아 일본 식민지에서의 생활과 전후 일본에 귀환했을 때 갖게 된 균열된 인식의 세계를 소개하고 있었다. 그런데 1945년 8월 15일이 패전과 해방이라고 불리는 양극 사이에 존재하는 '귀환자'의 입장을 중시했다.

식민지에서 일본인으로서 맞이한 패전과 일본 내지에서 외국인이된 조선인이 맞이하는 체험을 다루었다. 이것은 바로 월경자들의 체험에 내재된 새로운 주체의 세계를 들여다보는 것이기도 하다. 특히 식민지에서의 경험을 통해 압박받고 착취당한 피식민자의 입장에서 '일본'을 바라보는 시각을 획득한다는 점도 있는 반면, 식민지의 체험은 결국 인간 인식의 음양이라는 양면성을 갖는 것이라고 보는 입장이 나타났다.

다시 말해서 일본 제국주의 지배는 다른 의미에서 '내면의 식민화'였던 것이다. 조선인을 황국신민화하려는 것과, 일본인에게 조선인에 대한 차별과 경멸을 만들어내는 '내면의 지배'가 작동했다는 점이다. 이것은 국가가 개인의 내면적 자유를 지배하는 '침해'였음을 자각하게 되었다.

그것을 알게 되면서 내면에 나타나는 자아 분열은 자연성과 부자연스러움 속에서 재생산되어갔는데, 그것은 개인적 체험이긴 하지만 국가를 흔들고 또 다른 세계를 발견하는 체험이 될 수 있었다는 것이다. 국가나 세계의 역사로 거듭난다는 논리가 작동하는 것이다.

그리고 '정주자의 눈' 속에 비치는 '세상의 풍경'에 대해 표박자의 눈과 마음이 삽입되어 만들어내는 시선에 대한 재구성을 다루어보았다. 그것을 달리 표현하면 주어진 환경은 자신의 주체를 구속하게 되지만, 그 구속적인 환경의 내적 특성을 인지하게 되면서 새로운 풍경의 세계를 열 수 있는 가능성을 논했다.

이는 일본사회에 사는 재일한국・조선인의 사건을 통해서도 가능한 것이다. 즉 일본 내의 재일한국・조선인의 존재를 타자로 만들어버린 것은 재일조선인의 주체 상실에 가담한 비주체적인 일본인 사회를 비판하게 된다. 사회적 상황과 그 사회 내부에서 발생하는 타자화 프로세스가 제국주의 시기 '내면 식민지'지배와 맞닿아 있는 것이다.

제국주의의 희생자로 규정되는 일본인의 역사관도 함께 깨닫게 해주는 계기가 되는 것이다.

그런데 또 하나는 재일한국・조선인의 내부 사회적 차이의 발견이다. 재일한국・조선인은 하나의 집합체가 아니며 재일한국・조선인의 얼굴은 다양하다는 점이다. 그것은 남한과 북한의 정치적 입장에서 거리두기라던가 국가나 민족의 확정 관념을 통해 확정된 것이 갖는 허상성을 깨닫게 되었다는 것이다.

재일한국・조선인에게 타자로서의 조선인과 자신 내부에 존재하는 조선인 사이의 긴장감을 통해 발견하는 세계관인 것이다. 『계간삼천리』에서 재일 2세・3세에게 조국은 관념적인 것이 되고 실체적으로는 이질감을 느끼는 체험들이 소개된다. 조선과 일본 사이에 오가는 마음의 상극을 통해 반대로 '국가'란 무엇인가를 묻게 되고, 그것으로부터 분리하여 주체를 만들어내는 세계의 가능성을 모색하게 된다.

사실 주체나 주체성이라는 말도 근거를 갖고 형성되는 것이 아니라, 유의미하게 보이는 '근거'조차도 그 자체가 상상된 것에서 출발하기 때문에 주체라는 것도 획득되는 동시에 상실을 동반하는 것임을 인지하게 해준다. 정주화 경향으로 선회하는 시점에서 재일한국·조선인은 일본'국민'이나 '시민권' 획득을 주장했는데, 이는 '일본인'으로의 동화인가라는 물음을 동반하게 되지만, 그것은 다시 국적을 달리하는 내부 이민족의 기본적 인권과 시민적 권리를 국민국가의 논리로 풀어낼 수 있는가의 문제를 묻게 되었다.

　이처럼 『계간산천리』에서는 재일한국·조선인이 정주화의 길을 통해 국가와 국민의 정의가 무엇인지를 묻는 동시에 '내면의 식민지'를 탈피하는 탈 '국민국가'의 패러다임 전환을 창조하고 있었던 것이다.

제6장

세계주의의 편승이라는
'식민주의'와 내재적
내셔널리즘

1
세계담론의 수입 구조와
일본적 변형 방식

　일본이 식민지지배를 통해 자국 문화를 우위에 두고 계층화/서열화를 만들어내는데 정당성을 확보한 것에 대한 비판뿐만 아니라, 일본도 또한 서구의 제국주의 이론을 답습하는 과정에서 동일하게 피식민자의 위치에 있었다는 점을 되돌아보게 한다. 일본이 아시아에서는 식민자로서 지배자이기도 하다. 그렇지만 일본이 세계적 제국주의에 편승한다는 의미에서 '서구'의 담론질서에 종속되고, 그것을 통해 아시아 '식민주의 이론'을 만들어낸 것은 결국 서구 이론의 덫에 갇히게 되는 '식민지체제'로의 참입이었다. 그것은 전혀 이데올로기라는 것조차 자각하지 못한 채 수용하게 되었고 유포된 것이었다.[1] 이 양가적 식민지 논리를 극복하는 것이야말로 진정한 탈식민화를 시도하는 것이다.

　이러한 양가성의 문제를 동시에 살펴보기 위해 본장에서는 전후 일본에서 제국주의의 유산이면서 일본 내부의 이인(異人)인 '재일조선인'에 의해 간행된 『계간삼천리』를 통해 되돌아보고자 한다. 『계간삼천리』를 살펴보면 '일본인의 조선관'이나 전후 한국에서 전개된 '민중 투쟁' 등이 반복적으로 등장하고, 이와 관련된 글들이 다수 게

---

1) 姜尚中, 「福田德三の「朝鮮停滯史観」-停滯論の原像」, 『季刊三千里』 第49号, 三千里社, 1987年, p.80.

재되어 있다. 물론 『계간삼천리』를 분석한 선행연구들은 전후 일본 사회에서 '재일조선인' 당사자들이 차별과 국적법, 출입국관리법, 외국인등록, 취직차별, 본명 사용 등 광범위하게 다루고 있는데, 이러한 문제들이 나타나게 된 혐범위(狹範圍)는 역시 전전의 조선 식민지지배의 문제로 환원된다. 즉 전전 일본의 조선 식민지정책의 연속선상으로 전후 일본이 지속되고 있는 것이다.

물론 이렇게 표현하면 마치 기존의 식민지주의에 대한 비판으로 보일 수 있는데 필자가 보기에 『계간삼천리』는 결코 그렇지가 않다. 물론 식민지지배의 정책이 갖는 문제점 등을 다룬 부분도 많지만 단순하게 식민지지배 정책에 대한 일직선적인 '비판', 즉 피해자와 가해자의 입장에서 재론하고 반복·재생산하는 '범위'에 머물러 있지 않다.

『계간삼천리』에서는 전전 일본에서 어떻게 근대 식민지주의 역사관이 '구축'되었는지, 또는 어떤 논리로 제국주의를 정당화(legitimation)했는지를 분석해준다. 거칠게만 요약하자면 고대 중국을 중심에 둔 세계관을 통해 세상을 볼 때는 '조공'을 키워드로 설정하여 세계질서를 재편한다. 즉 중국이 세계 중심의 문명국이기 때문에 일본은 중국에 가깝다고 주장하면서 그 하위 범주에 조선을 설정하여 열등성을 강조한다. 그리고 서구가 세계 중심으로 등장했을 때는 이에 편승하여 서구에 종속되면서 다시 아시아의 중국과 조선에 대해서는 차이화를 주장한다. 이것이 에도시대와 메이지시대의 논리였다면, 다이쇼와 쇼와시대를 거치면서 서구의 경제이론을 습득한 후쿠다 도쿠조(福田德三)가 유럽 중심의 경제이론을 근거로 조선 정체론을 만들어낸 것은 이전과 동일한 구조를 통해서였다.

그리고 일본이 받아들인 근대적 내셔널리즘의 해석이 갖는 변증법적 해석에 주목했다. 유럽에서 시작한 국민국가론과 내셔널리즘이 제국주의와 자본주의의 착취와 억압이라는 현상으로 세계화했다고 보고, 이에 대해 저항적 내셔널리즘으로서 피억압민족의 내셔널리즘을 '정당화'하게 된다. 이를 근거로 일본은 서구에 억압당하는 아시아민족의 내셔널리즘을 수용하면서 다시 아시아의 피식민자들의 내셔널리즘을 억압하는 모순을 가진 '양가적 연대론'의 '내셔널리즘'을 갖게 된다. 그것은 기독교적 사명을 다시 일본에서 재구성하는 젤로티즘(Zealotism)과 식민지 조선에서 전도하려는 기독교의 논리가 충돌하는 상황이 생겨났다. 그것에 모순을 느끼지 못하는 일본 제국주의야말로 오히려 시대적 식민지주의에 빠진 것이라고 보는 것이다.

전후 일본에서는 일본이 식민지를 잃고 GHQ의 지배 하에 놓이게 되면서 한국과 일본이 '전후 식민지주의'로 재편되는 동일성을 강조한다. 한일조약을 '신식민지지배'라고 비판적으로 보면서 한국 독재정권에 저항하는 김지하의 모습 속에서 새로운 '민주적 주체성'을 보게 된다. 그것은 서구 종교와 토착성을 융합하는 새로운 주체였으며 부르주아·프롤레타리아가 아니라 진정한 밑바닥에 놓여있는 '한(恨)의 정서'를 체감하는 '민중'의 모습이었다. 그렇지만 이러한 김지하의 모습은 바로 일본이 전후 미국 민주주의 사회의 구축을 위해 전개하던 '내부 모순 충돌'의 문제를 해결하고자 하는 '일본인=주체적 개인'을 찾기 위한 '기표'였던 것이다. 즉 일본의 마르크스주의자들이 주장하는 미국의 종속에 반대하는 '반미 일본 민족주의 재생'과 신좌익이 주창하는 '민주주의, 자본주의'가 이미 퍼져버린 사회 속에서 개인의 주체를 어떻게 구축해야 하는가라는 '전후 민주주의의 불안'을 극복하고 새로운 국민국가를 만들고자 하는 욕망에서 나온 '상징모델'이었던 것이다.

따라서 『계간삼천리』를 통해 일본이 세계주의에 편승하는 것은 결국 '정신적 식민지'지배의 세계를 받아들인 것이다. 그와 동시에 식민지지배를 위해 전개한 논리가 갖는 양가성을 파악하고, 그것이 전전과 전후 동형적인 이데올로기로 작동하는 구조를 규명해내고자 한다. 이를 통해 전후 일본사회에서 전전과 전후가 바뀌지 않는 세계주의 속 일본 내셔널리즘의 특징을 드러내보고자 한다.

2

'세계사'의 등장과
노예적 상황의 극복이라는 규범

『계간삼천리』에서는 김달수와 구노 오사무(久野収)가 '상호이해' 의 가능성으로서 방법론을 찾기 위한 대담을 전개했는데, 그 해법은 바로 역사연구였다. 전후 일본에서 지속되는 조선인 혐오나 재일조선인 차별의 근본이 역사관에 존재한다[2]고 보았다. 이는 곧 역사관념을 만들어낸 역사를 재고해야 한다는 의미이다.

이러한 논리의 연장선상에서 오자와 유사쿠(小沢有作)는 일본인의 일상생활까지 파고든 '사상'의 문제까지 다루면서 조선을 대상화

---

2) 金達壽, 久野収, 「相互理解のための提案」, 『季刊三千里』第4号, 三千里社, 1975年, p.22.

하는 인식이 갖는 취약점을 지적한다. 그 원인은 식민지시기에 만들어진 조선관이 근본에 잔존하기 때문이고 그것을 재인식하기 위해 필요한 것은 조선관의 구조에 문제가 있었다고 보았다. 즉 오자와 유사쿠는 역사 속에 전개된 일본인의 조선관 계보의 프로세스를 확인할 필요성을 주장했다.3)

이처럼 일본인의 조선관은 어떤 구조를 갖고 있는데 그 조선관의 구조가 형상화되는 프로세스를 규명하는 것이 역사연구라고 본 것이다. 그것은 향후 한일간의 상호이해를 위해 또는 미래의 역사를 만들기 위해 필요하다고 본 것이다. 그런데 여기서 '상호이해'라는 말은 단순하게 이쪽에서 표상한 타자를 밝혀내는 것이 아니라, 표상된 타자는 곧 나의 내부를 투시해주는 것임을 알아야 한다는 의미에서의 상호이해이다. 강상중이 "자기인식은 타자의 인식을 경유한다. 민족과 민족, 국가와 국가 사이에도 해당된다. 타자 인식의 뒤틀림은 동시에 자기인식의 뒤틀림을 조응(照応)하는데, 근대 일본의 아시아관을 볼 때 나는 그 사태가 부상한다"4)고 논한 것처럼 결국 타자상=조선상은 일본의 의식 현시(顯示)이며 그렇기 때문에 그것을 객관적으로 되돌아볼 수 있는 근거이면서 그것이 인식의 식민지라는 점을 깨닫게 해주는 논리가 교차하고 있는 것이다.

『계간삼천리』에서는 먼저 일본인의 조선관에 대한 계보적 기원을 정한론과 후쿠자와 유키치의 탈아론을 통해 전개한다. 또한 정한론과 탈아론은 구조적으로 매우 닮아 있으며 대(對) 조선관이 뒤틀림으로 치닫는 수사학이 존재한다.5) 따라서 그 논리가 일본인이 만든 조선

---

3) 小沢有作, 「日本人の朝鮮観」, 『季刊三千里』第4号, 三千里社, 1975年, p.36.

4) 姜尚中, 「福田徳三の『朝鮮停滞史観』-停滞論の原像」, 『季刊三千里』第49号, 三千里社, 1987年, p.80.

5) 季刊三千里編集部, 「<サークル紹介>神奈川大自主講座朝鮮論」, 『季刊三千里』第3号, 三千里社, 1975年, p.217.

관을 넘어 일본 스스로 인식을 자각하게 해주는 케이스가 된다.6)

정한론이나 탈아론으로 시작되는 조선의 식민지화는 단순히 역사적 흐름이 아니라 상상에 의한 작위적 기교가 작동되었다. 이것은 일본의 과거를 논하는 역사이기도 하지만 현재적 조선관을 인식하기 위한 '실증적 역사'인 것이다. 즉 일본은 자신들의 상황적 형편에 의해 세계를 재구성하고 이를 확대·재생산하여 효과적인 지배 전략으로 활용해가는 심리적인 것을 갖고 있다. 외부로 향하는 자국 중심주의적 논리를 역으로 바깥에서 비판하는 인식을 갖지 못하는 한계를 지닌다.7)

그럼 먼저 정한론이 갖는 구조적 특징에 대해 살펴보는 것으로 시작하기로 하자. 『계간삼천리』에서 보여주는 정한론은 정한론이 출현한 사상적 근거를 설명하고 있는데 여기서 중요한 것은 정한론이 갖는 사상적 구조이다. 여기서 '사상적 구조'란 정한론 속에 내재된 일본의 세계 인식의 전유 방식이기도 한 것이다.

사실 정한론이 메이지 시기에 갑자기 나타난 것은 아니다. 정한론은 사토 노부히로(佐藤信淵)의 『우내혼동비책(宇内混同秘策)』에 등장하는데, 이는 시대적 상황의 변용과 함께 해석이 점점 다양해져 결국 대동아공영권으로 나아가는데 이론적 근거를 제공한 문제의 저작이기도 하다. 잘 알려진 바와 같이 "황국(皇國)은 대지의 최초에 만들어진 국가로서 만국의 근본이다. 만국의 군장들은 모두 신하(臣)로 해야 한다"8)고 적은 구절은 해외침략을 정당화하는 문서적 규범

---

6) 小沢有作,「日本人の朝鮮観」,『季刊三千里』第4号, 三千里社, 1975年, p.37.

7) 上田正昭,「「征韓論」とその思想」,『季刊三千里』第3号 三千里社, 1975年, p.36.

8) 佐藤信淵,『混同秘策』, 穴山篤太郎, 1888年, p.1. 皇大御國ハ大地ノ最初二成レル國ニシテ世界萬國ノ根本ナリ. 萬國ノ君長皆臣僕トスベシ.

이 되었다. 그리고 이 저서의 제목에 사용한 '혼동(混同)'이란 외국의 병합을 정당화하는 '지역 배분론'이며 신하로 해야 한다는 내용이 말하듯이 '식민지'로 지배해야 한다는 의미였다.9) 이 논리를 실제로 재해석한 아라키 사다오(荒木貞夫)는 '애국심'을 키워드로 삼아 "우리나라(일본: 필자) 건국의 진정한 정신과 일본국 민으로서의 대이상으로 융합합일(融和合一)의 시현(示現)이라고도 말할 수 있는 황도(皇道)는 그 본질을 사해(四海)에 선포하고, 우내(宇內)에 확충할 것이다. 따라서 이것에 지장이 되는 모든 사실은 실력을 사용해서라도 단호하게 배제하지 않으면 안 된다"10)고 논하며 '황국의 논리=제국주의 논리'11)로 치환시켰다.

우에다 마사아키(上田正昭)가 논하듯이 『우내혼동비책』의 근거가 된 것은 바로 『일본서기』였다. 『일본서기』(권1)에 포함된 천하를 다스리는 내용은 곧 세계만국의 창생으로 연결되며 『일본서기』(권3)에 팔굉일우(八紘一宇)를 전개하는 것이었다. 이 『일본서기』의 건국신화가 바탕이 되어 타국을 정복하고 신하로 삼아 세계통일을 이루어야 한다는 내용으로 심화·발전된 것이다.

또한 우에다 마사아키는 『계간삼천리』에 요시다 쇼잉(吉田松陰), 하시모토 사나이(橋本左內), 가쓰 가이슈(勝海舟)의 논조를 소개한다. 이들의 공통점은 '외압이라는 위기 속에서 일본의 독립을 어떻

---

9) 川上征雄, 「佐藤信淵の国土計画思想に関する研究」, 『都市計画.別冊, 都市計画論文集』30, 1995年, pp.379-384. 折原裕, 「江戸期における重商主義論の展開: 佐藤信淵と横井小楠」, 『敬愛大学研究論集』(44), 敬愛大学·千葉敬愛短期大学, 1993年, pp.105-129.

10) 荒木貞夫, 『全日本國民に告ぐ』, 大道書院, 1933年, p.18.

11) 碓井隆次, 「佐藤信淵と河上肇: 帝国主義思想と社会主義思想」, 『社會問題研究』21(1·2), 大阪社会事業短期大学社会問題研究会, 1971年, pp.1-20. 後藤広子, 「佐藤信淵における近代国家への指向」, 『日本大学精神文化研究所·教育制度研究所紀要』(5), 日本大学精神文化研究所·教育制度研究所, 1971年, pp.35-58. 川上征雄, 「佐藤信淵の国土計画思想に関する研究」, 『都市計画.別冊, 都市計画論文集』30, 1995年, pp.379-384.

게 지킬 것인가'라는 입장이라는 것이다. 그리고 『일본서기』에 기록된 내용을 합당화하는 논리 구조 속에서 형성된 '조선관'이었다는 것이다. 이를 구체적으로 살펴보면 사토 노부히로가 『일본서기』를 원용하여 팔굉일우의 논리로서 조선뿐만 아니라, 세계적 패권을 주장한 것에 비해 더욱 구체적으로 조선 정벌에 대해 이야기한 것은 요시다 쇼잉의 『유수록(幽囚錄)』과 야마가 소코(山鹿素行)의 『중조사실(中朝事実)』이었다. 『유수록』과 『중조사실』에는 '신공(神功)·정한'이라는 표현을 직접 사용하고 있다. 즉 『일본서기』의 삼한정벌론을 근거로 만들어낸 조선침략의 정당화였다.[12] 그러나 『일본서기』에는 '삼한정벌'이라는 말 자체는 사용되지 않았으며 이 말 자체는 사실 후대의 사상가들에 의해 해석되어 만들어진 조어(造語)였다. 『일본서기』의 신공황후 정토(征討) 설화는 근세 이후의 사토 노부히로, 요시다 쇼잉, 야마가 소코, 하시모토 사나이, 가쓰 가이슈의 정한론의 논거로 활용되면서 제국주의 정당성 사관을 만들어내게 되었다. 무엇보다 중요한 것은 『일본서기』의 조선상(朝鮮像)이 '권위적인 존재'에 대한 열등함과 '위협적인 존재'에 대한 우월성의 이중성에서 도출된 점이다.

즉 중국에 대해 조선은 '조공을 하는 나라'로서 7세기 후반부터 8세기 초엽에 성행한 조공 풍습을 재현하는 방식을 통해서였다. 물론 그것은 당시 지배자의 바람이 글로 나타난 것으로, 그 배후에 존재하는 것은 지배자층의 지배 심리였다. 그것은 중국을 '이웃 나라'로 하면서 대당(大唐)이 세계를 지배한다는 국제 감각을 통한 일본적 내부에 숨겨진 콤플렉스의 표명이었던 것이다.[13]

---

12) 上田正昭, 「「征韓論」とその思想」, 『季刊三千里』第3号 三千里社, 1975年, p.38.

다시 말해서『일본서기』자체에 드러난 논리는 중국을 기준으로 하는 세계적 사관인 것으로 인식하고 중국을 중심에 둔 '사관'을 갖게 된 것이다. 따라서 중국이 지배하는 조공 체계를 하나의 세계질서로 간주하고 이에 편승하여 일본은 중국과 동등한 대열에 서 있다고 믿었다. 아니 그것을 갈망하면서 또 다른 경쟁의 위협적인 이웃 나라 조선을 '하위'에 두는 계층을 만들어낸 것이다. 중국이 세계 중심이라는 틀 속에서 일본은 중국과 동등하기 때문에 조선은 일본에게도 조공을 바쳐야 한다며 조선을 '하위'로 규정하고 주변화했던 것이다. 이처럼『일본서기』의 내용을 기준으로 삼아 '중화체계=세계적 사관'을 바탕으로 '조선=정벌, 지배의 대상'으로 침략이 정당화되는 '사관'을 유포한 것이다. 그리고 정한론자인 가쓰 가이슈[14]에 의하면 사이고 다카모리(西鄕隆盛)는 오히려 평화외교자라고 주장할 정도였는데, 사이고 다카모리의 정한론은 이와쿠라 도모미(岩倉具視)와의 대립이 계기가 되어 일본 전국에서 정한론이 '일반화'되었다[15]고 논한다. 즉 정한론이 주조되고 유포되는 동시에 일반화되었던 것이다.

이러한 논리는 역시 일본이 열강에 의해 '문호개방'을 강요당하는 '위기'의식 속에서 나타난 논리이기도 했다. 그런데 이것은 일본뿐만 아니라, 아시아 전역이 외국 세력에 의해 압박을 받게 되어 이에 대처하는 능력이 시험되는 상황 속에서 아시아 각국의 동일한 문제로 설정된다.[16] 앞서 언급한 것처럼 정한론이 '외압'에 의한 위기감에서

---

13) 上田正昭, 上揭論文, p.39.

14) 瀧川修吾, 「征韓論と勝海舟」, 『日本大学大学院法学研究年報』33, 日本大学大学院法学研究科, 2003年, pp.83-130.

15) 石川昌, 「明治期ジャーナリズムと朝鮮―征韓論から甲申事変まで」, 『季刊三千里』第41号, 三千里, 1985年, p.163.

형성된 일본의 입장이라는 논리가 다시 반복되어 일본의 입장이 논의되기 시작한다. 이번에는『일본서기』를 근거로 만들어낸 정한론이 변형되어 중국과 조선이 대외팽창의 대상으로 설정된다.[17)]

물론 서구와의 접촉에 의한 침략의 두려움은 아시아의 연대 논리로도 나타났다. 일본이 조선의 임오군란을 거쳐 갑신정변에 즈음하여 '연대'를 위한 노력으로 후쿠자와 유키치의 공헌이 있었다는 점이다.[18)] 일본은 열강과 대항하기 위해 중국과 조선은 피식민자로의 전락을 피하기 위해 연대할 필요성을 논했다. 그러나 그 연대의 논리는 아이러니하게도 차별이 강조되었다. 즉 중국에 대해서는 연대를 설파하는 자가 조선에 대해서는 침략을 인정하는 등 문제는 착종되어 있었다. 조선과 연대해야 한다고 주장한 시바 시로(柴四朗), 즉 도카이 산시(東海散士)의 조선 교섭이 심정상으로는 혹은 주관적으로는 연대의 연장선에 있는 것으로 여기는 논리들이 문제를 복잡하게 했다.[19)]

사실 연대를 강조한 조선에 대한 이들이 수행한 미션이 '조선침략'이었다는 것은 이진희가 주장하듯이 캠페인과 육군 참모국의 행위를 통해 추적할 수 있다. 이진희는 일본이 "육군의 참모국은 1873년에「조선을 주제로 하는 일지(日支)관계의 절박」이라는 문구를 내걸고 조선이나 청나라에 병사를 보내기 위한 자료를 수집했다. 그로부터 5년이 지난 1878년 육군 참모 본부가 설치되고 군인을 한국에 잠입시켰다. 1882년 7월에는 임오군란이 서울에서 일어난다. 그리고

---

16) 石川昌, 上揭論文, p.162.
17) 春名徹, 「「主観的国際秩序」の中の朝鮮・日本」, 『季刊三千里』第21号, 三千里社, 1980年, p.114.
18) 石川昌, 前揭論文, p.168.
19) 春名徹, 前揭論文, p.114.

'조선이 얼마나 나쁜가'라는 캠페인용 팜플렛이 20종류 정도 나온다. 게다가 그 자료를 배포한 것은 참모 본부였다. 즉 참모 본부의 의지로 반조선 캠페인이 실시된 것"[20]이라고 논했다. 왜 이 참모 본부의 의견을 제시하는가 하면 이러한 논리 내부에 후쿠자와 유키치가 결코 자유롭지 않기 때문이다.

후쿠자와 유키치는 1882년 임오군란 이전인 1881년 『시사소언(時事小言)』에서 "이웃인 중국·조선은 지둔(遲鈍)하여 일본이 무력을 통해서라도 이를 보호하고 지도해야 되는데, 하루빨리 우리나라(일본: 필자)의 예(例)를 본받아 근시(近時) 문명에 들어가지 않으면 안 된다. 어쩔 수 없는 경우에는 무력으로서 이 진보를 협박할 수밖에 없다"[21]고 논한다. 조선을 지배하에 두어야 한다는 사상과 연결되어 버렸다.[22] 후쿠자와 유키치의 탈아론이 생겨나는 역사적 배경으로서 이것을 예로 드는 것이다.

후쿠자와 유키치가 『시사신보(時事新報)』에서 조선침략론을 설파하는 것은 이 시기로 1882년 8월 11일 『아악다진보(我樂多珍報)』에도 삽화가 게재되었는데, 그 설명을 보면 "일본정부가 조선을 쳐야 하는가 말아야 하는가를 심의하고 있을 때 그곳에 삼한정벌의 신공황후와 다케시우치노 스쿠네(武內宿禰)의 영혼이 나타났다. 또한 가토 기요마사(加藤淸正)의 영혼도 출현하여 응징의 군대를 일으켜야 한다고 교사(敎唆)하고 있다. 한편 정한론자였던 사이고 다카모리가 '나를 잊지 말아 달라'고 외치고" 있는 펀치(Punch)였다. 신공황후, 도요토미 히데요시(豊臣秀吉), 메이지정부의 정한론이라는 도식이

---

20) 姜在彦·李進熙, 「対談 日本における朝鮮研究の系譜」, 『季刊三千里』 第34号, 三千里社, 1983年, p.72.
21) 上田正昭, 前揭論文, p.41.
22) 石川昌, 前揭論文, p.162.

완성되어가는 과정이었고 그것을 자연화하는 상황에서 학문적인 연구도 병행해갔던 것이다.[23]

즉 후쿠자와 유키치가 『시사신보』에 탈아론을 발표한 것은 1885년 3월 19일이었다. 그때까지 연대를 꾀해온 중국과 조선의 문명이 이제 고루하고 정체성, 무기력, 야만을 탈각하지 못하고 있어 독립적 국가를 유지하여 서양 문명으로 옮겨 근대화의 길을 가는 것이 불가능[24]해진 것이라는 입장을 제시한다.

이렇게 보면 알 수 있듯이 탈아론은 문명의 이름을 내건 침략 긍정론이며 서양 문명에 기준을 두고 조선은 스스로 문명화할 수 없다는 논조를 만들어낸 것이다. 이러한 논리는 서구 문명에 종속되면서 일본이 조선의 개화파에 연대라는 이름으로 다가간 것도 결국은 일본의 조선 지배를 위한 과정이었다. 후쿠자와 유키치의 논리는 일본 정부가 진행하는 식민지지배 논리와 궤를 함께하고 있었다. 그것은 동시에 서구 문명을 기준으로 "중국이나 조선은 (중략) 말 그대로 서양인이 이를 대하는 풍조에 따라서 처분해야 할 뿐이다. 우리들 마음 속에는 아세아 동방의 악우(惡友)를 사절(謝絶)"[25]한다며 아시아를 부정하고 서구를 추종하게 되는 것이다. 이는 막부말기(幕末)부터 강하게 흘러온 정한사상이 '강국'과 '약소국'이라는 '힘의 원리'에 기준을 두고 세상을 파악하는 '시선'을 갖고 있었던 것이며 그 대표적인 것이다.[26] 서구 문명이 가장 우월한 것으로 선진적이며 진보적인 것이라고 보는 시선 속에는 반대로 일본이 서구로부터 어떻게

---

23) 姜在彦・李進熙,「日本における朝鮮研究の系譜」,『季刊三千里』第34号, 三千里社, 1983年, p.73.

24) 光岡玄,「福沢諭吉の国権論・アジア論」,『季刊三千里』第34号, 三千里社, 1983年, p.42.

25) 上田正昭, 前掲論文, p.41.

26) 石川昌, 前掲論文, p.162.

보이고 있는지를 보여주는 열등의식의 회피 논리였다. 후쿠자와 유키치가 주장한 탈아론은 이후 일본에서 나타난 서구 숭배 사상, 그리고 동양 경시의 자세를 만드는데 전환점이 되었다. 즉 이 자세가 일본에서는 적어도 문화적으로 일본 지식인의 지배적인 사고로 자리 잡게 되어 역사화되어갔다.[27]

강재언과 이진희는 대담 속에서 일본이 메이지시기에 민권(民權)을 철저하게 실행했다면 조선침략을 결코 긍정하지 않았을 테지만, 대외적으로는 국권론을 요구하는 논리를 갖게 된 것은 기이한 현상이라고 보았다. 물론 후쿠자와 유키치의 민권론을 자세히 들여다보면 이미 후쿠자와 유키치의 사상 속에는 '민권=국권'이 일체화될 가능성이 존재하고 있었다. 마키하라 노리오(牧原憲夫)가 지적한 것처럼 '민중이 사민평등 논리에 의해 귀천 의식이 없어야 국가를 위해 자신이 맡는 바를 다한다'[28]는 후쿠자와 유키치의 논리는 민권을 통한 국민 창출 논리이기 때문에 민권 사상과 국권 사상에는 전혀 모순이 없었다. 그렇기 때문에 다이쇼기에 들어와 대내적으로는 데모크라시를 요구했는데, 대외적으로 조선에 대해서는 식민지지배를 긍정하는 논조가 확산된다. 사상의 모순적 이중구조이지만 이미 일본에서는 민권운동이 궤멸된 상태로 국권 하나로만 진행되던 시대적 배경이 존재했다.[29]

결국 일본에서 제창된 정한론과 탈아론은 아시아의 '문명화'라는 구제의 미션을 실행한 기독교적 헌신으로서 일본인의 심성에 깊이 자리 잡게 된다. 그것은 기본적으로 메이지기 이후 일본인 일반이

---

27) 霜多正次, 「日本文化の伝統と朝鮮」, 『季刊三千里』第3号, 三千里社, 1975年, p.13.

28) 牧原憲夫, 『客分と国民のあいだ』, 吉川弘文館, 1998年, pp.8-9.

29) 姜在彦・李進熙, 「日本における朝鮮研究の系譜」, 『季刊三千里』第34号, 三千里社, 1983年, p.73.

품은 아시아 민족의 일체감의 '심정', 즉 '인종상' 혹은 '서구 제국주의와의 대항 관계'상 일본과 동류라고 보는 논리에 기초를 두고, 그 기초 위에 일본을 포함한 아시아 국가/민족과 관계를 맺을 수밖에 없다는 정식화(定式化)된 형태의 사상이 일반화되어 버린 것이다. 그 때문에 여기서 되짚어보아야 하는 것은 하루나 아키라(春名徹)가 주목하듯이 전자의 '심정'과 후자의 '사상' 사이의 문제이다. 하루나 아키라는 이것이 직선으로 연결되는 것이 아니라, 심정은 심정대로 별개로 존재하게 되고 사상은 일본 제국주의의 발전과 함께 완전한 침략주의 이데올로기로 기능하는 것으로 구분해야 한다고 보았다. 그렇기 때문에 심정이 사상으로 연결되고 일체감을 갖게 되면서 그것이 사상화되고, 다시 이를 통해 일체적 행동을 이끄는 연대주의로서 기능하게 되는 프로세스를 갖는다고 설명한다. 이렇게 이해한다면 침략수단으로서 연대의 지향이라는 기묘한 논리가 만들어짐을 알 수 있다.[30]

이러한 연대와 침략의 양가성은 일본이 서구와 조선 및 중국과의 착종된 역사를 만들어가는데 유효한 논리였다. 근대화의 기준이 된 서구에 일본은 가깝다고 보았고 결국 중국과 조선이라는 열등한 아시아와는 차이화를 만들어내는 논리로 작용한 것이다. 이는 일본이 조선의 식민지지배에 대한 긍정적 논리로 작용되었는데, 이러한 관념은 그들만의 범주와 개념들 속에서 재구성되어 실체도 없는 법칙이 만들어지고 해체되면서 서구가 만든 '아시아정체론'이라는 주문에 사로잡히게 된다.[31]

---

30) 春名徹, 前掲論文, p.115.
31) 石母田正, 『歴史と民族の発見』, 東京大学出版会, 1981年, p.27.

일본은 서구에서 생겨나고 전이된 이러한 '아시아정체론'이라는 심정을 주류적 지배사조로 받아들였고 그것을 전제로 세계정세나 '시세(時勢)'를 가늠했던 것이다. 이러한 '아시아정체론'에 대해 민감한 심정을 가졌던 정한론이나 후쿠자와 유키치의 탈아론은 '아시아 정체성'에 대한 성격을 극복한 것이 아니라, 그것을 전제로 하여 그것을 통해 상황을 파악하고, 일본이 새로 나아갈 권위적 위치에 서기 위해 만들어낸 '모조 사상'이었다. 이러한 '사상'은 이전까지의 사상가로서 담당했던 사상가의 사명을 끝내게 되고, 이후 사상적 유효성을 잃고 사상사가로서의 생명도 동시에 끝난 것으로 평가되는 이유인 것이다.[32] 심정과 사상 사이를 유지하지 못하고 사상을 이데올로기로 일체화하여 침략주의로 변용된 것으로서 인식의 틀이 정형화되고 동적인 것으로 나아가지 못하는 한계를 지적한 것이다.

그리고 '조선 정체성'은 에도시대와 메이지시대, 다이쇼시대, 쇼와시대를 거치는 과정에서 다방면으로 반복해서 전형성을 공고히 해나갔다. 그중 경제적 입장에서 정체사관을 주창한 중심인물이 후쿠다 도쿠조(福田德三)였다.[33] 강상중은 후쿠다 도쿠조가 주창한 조선 정체사관이 가진 이론적 툴(tool), 그리고 그 사상적 배경을 분석하여 조선 정체사관의 '작위성=허구성'을 밝혀냈다.[34]

후쿠다 도쿠조의 사상은 앞서 언급했듯이 사이고 다카모리의 정한론과 대립자였던 이와쿠라 도모미와 함께 구미사절단에 참가했던 구메 구니타케(久米邦武)의 논리적 맥락을 이어가는 연속선상에 놓여 있었다. 이는 일본의 지배자들이 근대 세계의 인식 시스템으로

---

32) 光岡玄, 「福沢諭吉の国権論・アジア論」 第34号, 三千里社, 1983年, p.43.

33) 이만열, 『한국 근현대 역사학의 흐름』, 푸른역사, 2007년, pp.524-573.

34) 姜尚中, 「福田德三の 「朝鮮停滞史観」-停滞論の原像」, 『季刊三千里』 第49号, 三千里社, 1987年, p.81.

등장한 19세기 서구 열강의 아시아관에 계박(繫縛)되었다는 것을 의미한다. 즉 구메 구니타케 역시 '서양=문명' 대 '동양=미개'의 '기표'들을 충실하게 모방했다. 구메 구니타케의 대표저서인『회람실기(回覽実記)』에 나타난 동남아시아 관념은 아시아인을 '무지몽매한 번민(蕃民)'이라고 표현한 후쿠자와 유키치의 탈아론과 동심원상으로 동일하다. 후쿠다 도쿠조의 조선연구도 이러한 아시아관의 토양 속에서 만들어지고 있었다.[35] 조선은 내재적·주체적 발전이 불가능하다고 보는 타율론이 만들어지고 있었다.

후쿠다 도쿠조는 1898년부터 1901년까지 독일유학을 경험했다. 근대 서구를 실제 체험한 후쿠다 도쿠조는 서구를 중심으로 하는 정계적(正系的) 발전 논리를 부동의 패러다임으로 간주하게 된다. 그 이론을 바탕에 두고 후쿠다 도쿠조는 서구와 일본의 사회발전의 패럴렐리즘(parallelism), 즉 상동성(相同性)에 역점을 두고 서구와 일본의 봉건제 동형론을 제창한다. 그리고 독일에서 귀국한 후 조선연구의『내외논총』을 발표하게 되는데 바로 그 밑바탕에는 조선 정체론이 깔려 있었다. 그 이론적 근거의 틀은 칼 뷔허(Karl Bücher)의 발전단계론이었다. 후쿠다 도쿠조는 뷔허에 도취하여 전개한 경제사적 진화의 발전단계론을 일본과 한국에 대입시킨 것이다.

이러한 후쿠다 도쿠조의 논리에 대해 강상중은 이를 두고 에드워드 사이드의『오리엔탈리즘』에 대한 통렬한 비판을 예로 들며 "후쿠다 도쿠조가 칼 뷔허의 발전단계설을 수용하면서 유럽 중심주의적인 정통성과 동시에 그 논리를 확인하기 위해 이단으로서 조선상을 무조건적으로 받아들인다. 그것은 어디까지나 유럽을 중심으로 하는

---

35) 姜尚中, 上揭論文, p.81.

시각에서 아시아를 조망하는 구도이며 아시아의 일원인 당사자의 입장에 대한 자각은 망각하고 있었다"[36]고 지적한다.

또한 후쿠다 도쿠조는 루돌프 슈타믈러(Rudolf Stammler)의『유물사관에 의한 경제와 법』(1896년)에 촉발되어 조선의 장래를 전망했다. 즉 조선의 열등한 국민적 성격을 개조하기 위해서는 세계의 유력 세력인 문명국가와 접촉하여 그것에 동화하는 것이 최선의 길이며 그 임무에 해당하는 최적의 문명국은 일본 이외에는 없다고 말한다.[37] 이처럼 후쿠다 도쿠조는 서구를 중심에 두는 '서구 제일주의=문명'의 입장에 선 '비서구인의 주체'를 인지하지 못했고, 유럽 중심주의의 시대적 논리에 편승한 시선으로만 조선을 보았으며, 피식민자로서 자신 후쿠다 도쿠조를 정당화했던 것이다.

이는 일본인이면서 식민지 내부를 경험한 일본인이 내선일체를 강조하는 논리 속에 그 '인식의 발현' 모습을 엿볼 수 있다. 『계간삼천리』에서는 나카모토 다카코(中本たか子)의 「섬의 삽화(島の挿話)」를 예로 들면서 '조선이라는 나라 또는 민족의 존재를 인정하지 않는다는 것'이 노골적으로 나타나는 것을 지적한다. 민중 억압에 대해 민감했던 프롤레타리아 작가 나카모토 다카코였음에도 불구하고, 피식민자의 시선에는 침묵하고 있었다. 그리고 결국 전향을 택하게 되어 『백의작업(白衣作業)』이라는 작품으로 재출발하면서 1937년 중일전쟁 개시 후 곧바로 잡지『문예』(9월호)에 이 소설을 발표한다. 시대의 움직임에 민감하게 반응하면서 국가가 필요로 하는 테마를

---

36) 姜尚中, 前揭論文, p.83. 서양만이 질서 있는 발전을 촉진하는 것이 아니라 순응의 종류는 달라도 사적 발전의 조건만 같다면 국민경제의 완성에 이르는 발전의 행정(行程)은 서구와 동일한 것이다. 따라서 질서적 발전(정통)을 백색인종(Caucasoid)만으로 한정하는 '편협한 인종적 편견'을 탈각할 수 있는 것이 경제학의 급무였다.

37) 姜尚中, 前揭論文, p.86.

적극적으로 선택했다. 즉 내선일체(황민화를) 그것을 피지배자들에게 무조건 복종시켜야 하는 것으로 다루어졌다.[38]

이러한 내선일체의 논리를 미야다 세쓰코(宮田節子)가 논하듯이 당시 조선에서는 다종다양한 형태로 '내선일체'론이 나타났다. 당시에 저술된 저서, 논문, 소설, 시, 수필 등을 보면 내선일체라고 언급하지 않는 것이 없을 정도였다. 각각의 입장에서 각각의 '내선일체'를 주장했는데, 미야다 세쓰코의 정리에 의하면 하나는 일본인 측이 제창한 동화의 논리로서 내선일체론이고, 다른 하나는 조선인 측이 제창한 '차별로부터의 탈출' 논리로서 내선일체론이었다. 이 둘은 이율배반적인 논리인데, 이를 내선일체 속에 담으려고 했던 것이다. 그런데 내선일체론의 본질적인 모순은 바로 여기에 있었다. 그러나 중요한 것은 "중일전쟁 하에서 조선인의 '무의식의 구조'까지 황민화하는 것을 의도한 지배자는 어떤 수단을 이용해서라도 조선인의 황민화에 내발성을 끄집어내기 위해서는 그 모순을 충분히 이해한 후에 조선인이 제창하는 차별로부터의 탈출이 가능함을 보여주고자 했다"[39]고 논한 것처럼 내발성을 강조하게 된 것이다.

이러한 내선일체론은 일본인이 서구를 상정하면서 일본과 서구 일체론에 대한 반성의 틈새를 만들어줄 수 있는 논리였다. 즉 식민지지배는 단순하게 피지배를 강요한 것만이 아니라 새로운 자아 구축 모델도 제시한 것이다. 지배자의 가치, 즉 내선일체의 논리가 일본인에게 받는 민족억압이나 민족적 차별에 대해 탈피하려는 새로운 주체 탐구로 활용되는 점을 보면서 일본은 자신들을 각성할 수 있는 기회

---

38) 高崎隆治, 「俗流 「内鮮一体」 小説の擬態—中本たか子 「島の挿話」」, 『季刊三千里』 第23号, 三千里社, 1980年, pp.227-229.

39) 宮田節子, 「「内鮮一体」・同化と差別の構造」, 『季刊三千里』 第31号, 1982年, p.56.

가 있었다. 내선일체에 의해 일본인으로서 당연하게도 차별하는 주체로서 일본인이지만, 서구 문명에 대해 무조건적 추종을 수행하는 수행자인 피식민자로서 독립된 인격·개체의 자각을 시도하는 문제로 이 상황을 이해하는 것이 불가능했던 것이다. 이는 마루야마 마사오(丸山眞男)가 말하는 일본적 특성인 '억압위양(抑壓委讓)의 원리'(위에서 아래로 책임을 전가해가는 일본형 무책임 체제)를 떨쳐버리지 못하는 식민주의 기제에 갇힌 '공동의 희생'을 각성하지 못하는 점을 꼬집고 있는 것이다. 도립(倒立)의 미숙함이 남긴 상흔인 것이다.[40]

이처럼 『계간삼천리』에서는 메이지, 다이쇼, 쇼와를 거쳐 전후 30년이 되었어도 일본이 기본적으로는 변하지 않고 있는 현실과, 전전에 대한 반성이 없는 것에 대해 '도립'의 각성을 느낀 시각에서 '전후 민주주의' 또한 진실이 아니라 거짓이라는 것을 알아채게 되었다고 논한다. 다시 말해서 일본이 만들어낸 서구 중심주의 시각, 그리고 그 서구 중심주의 논리를 변형시켜 일본 중심주의로 치환하면서 만들어낸 뒤틀린 조선사는 결국 일본과 조선 양쪽의 '사상'을 부식(腐蝕)시킨 것으로 몰주체적인 것이었다.[41] 이점이 바로 일본의 근대사에 내포하게 된 심각한 문제인 것이다. 즉 일본과 조선을 둘러싼 역사적 거울 논리는 형태를 바꾸면서 오늘날까지 일본 사회과학의 역사 속에 계속해서 살아있고, 이를 통해 일본 국민이 조선상을 형성해온 것에 대해 도립하지 못하고 불식시킬 수 없는 편견에 의구심을 갖지 않게 되었다.

전후 일본의 역사학이나 사회분야에서는 기본적으로 정한론이나

---

40) 尾崎彦朔, 「悔いのみ, 多し」, 『季刊三千里』第25号, 三千里社, 1981年, p.19.

41) 季刊三千里編集部, 「神奈川大自主講座朝鮮論」, 『季刊三千里』第3号, 三千里社, 1975年, p.217.

탈아론 그리고 정체사관의 논리에 동의하고, 일본의 우월성을 비춰주는 거울로서 조선을 활용하고 있었다. 서구라는 문명과 조선이라는 비문명의 쌍생적 형상 속에서 조선 식민지의 정당화라는 논리를 습득했던 것이다. 그것이 기반이 되어 일본 국민의 역사인식과 아시아 인식에 수정이 불가능한 뒤틀림이 만들어졌던 것이다. 그것은 동시에 일본 근현대사의 뒤틀림이며 그 속에서 자란 일본인의 정신구조의 뒤틀림을 투영해주는 것이다.[42]

다시 강조하지만 일본에서의 조선 및 조선인상(像)의 근간에는 지금도 조선 식민지시기에 만들어진 조선인에 대한 동화와 배제정책이 전후에도 재일조선인에 대해 동일하게 일본사회의 일상의식으로 고착화되었고, 지금도 여전히 일본인에게 총체적으로 물들어 있는 사상이 되어버렸다. 형태는 다르지만 전후 일본인의 조선관을 벗기면 그 뿌리는 여전히 조선의 사실과 괴리하는 위조(僞造) 식민지조선의 잔영에 휘감겨 있음을 알 수 있다.[43] 다시 말해서 전후 일본에서 식민지지배나 제국주의 침략 문제의 대상화 인식에 약한 일본의 지적 전통 속에서 중핵의 위치를 차지하고 있다. 즉 침략자의 눈으로 점거당한 상황이 지속되고 있는 것이다.

여기서 다시 한 번 깨닫게 되는 것은 '하나의 이데올로기가 그 작위적인 흔적을 완전히 소거하고 지극히 자연적인 것으로 공유될 때 그것은 의심할 것도 없는 부동의 사실로까지 고정화되어 버리게 된다'[44]는 지적은 현재에도 여전히 유효하다. 일본의 '우월사관'과 그 반대의 '정체사관'은 일본 자신이 정체되고 열등하다는 논리의 변형

---

42) 姜尚中, 前揭論文, p.87.

43) 小沢有作, 「日本人の朝鮮観」, 『季刊三千里』第4号, 三千里社, 1975年, p.36.

44) 姜尚中, 前揭論文, p.80.

으로서 그것을 뒤집는 전략의 바리에이션이라는 점을 각성하지 못하고 일면적 인식이 유지된 이유가 바로 여기에 존재한다.

전후 일본에서『계간삼천리』의 논좌에서 시도하는 것은 일본과 조선과의 관계사, 그리고 조선관이 여전히 침략자/억압자의 시선으로 일관되어온 것에 대한 내적 비판으로서 뒤틀림을 씻어내는 노력이었다. 그것은 일본인의 조선관 형성 프로세스의 기원을 재고하게 해주고 그 논리들이 갖는 서구 식민지성을 각성하게 해준다. 이는 또한 조선과 중국에 대한 시선이 갖는 서구 식민성 그리고 조선의 피억압 민족의 탈식민지 논리가 정신적으로 서구 식민지에 빠진 일본 자신을 되돌아보게 하는 구조를 갖고 있다. 그것은 조선관을 조형한 논리들의 뼈대 구조를 보면 밝혀지는 것이다. 그리고 이는 일본이 전후 민주주의라는 논리 속에서 다시 국제적·세계적 환경에 순응하면서 아시아에 대한 인식이나 조선인·조선에 대한 인식의 본질을 바꾸지 않고 정한론, 탈아론, 정체론의 표현방식이 '변전(變轉)'하는 모습을 꿰뚫게 해주고, 전후 일본이 만들어내는 '국민의식의 결집'에 대해 국민국가의 논리를 강화하기 위한 무효한 논리라는 점을 일깨워주는 유효성을『계간삼천리』에서 주창하고 있다.[45]

---

45) 光岡玄, 前揭論文, p.43.

3

타자의 시선의 내재화와
주체 형성의 문제

정경모에 의하면 세계사와 맞닥뜨린 아시아의 역사를 문명의 충돌로 보는 시각은 지구사를 전체적인 맥락에서 보는 것이라며 이 시각에서 아시아의 역사를 재구성해볼 필요가 있다고 보았다. 그리하여 아시아의 역사를 유럽 문명과의 충돌에 의해 생겨난 붕괴와 재생 과정으로 표현했다. 아시아의 역사를 전지구사적인 전체의 맥락에서 본다면 붕괴와 재생이라는 시각으로 재구성하는 시점을 제시한 것이다.

먼저 정경모는 서구의 근대 시민 국민국가의 탄생이 프랑스의 시민혁명에서 시작되었다고 주장한다. 그 후 전지구적으로 자본주의적 생산활동이 시작되고 자본주의적 경제가 성장하고 시장의 자유개방이 이루어졌다고 평가했다. 그렇지만 정경모는 이러한 유럽적 보편주의가 전지구의 한쪽 구석에 지나지 않았던 프랑스로부터 출발했다는 의미에서 '한쪽 구석'에서 나온 보편적 '국민국가'라고 논했다. 다시 말해서 '유럽적 보편주의'라고 일컬어지는 '자유주의 국민국가'는 한쪽 구석에 있는 나라에서 나온 하나의 사례로 병치시켜 놓았다. 또한 "조국에 대한 애정, 목숨을 바쳐서라도 조국을 지켜내겠다는 애국심은 태고의 옛날부터 인류사회에 존재해왔던 것처럼 생각할 수도 있는데, 목숨을 걸고 지켜야 할 대상으로서 조국이 유럽에서는 프랑스혁명을 통해 처음으로 출현한 것으로 그 역사는 겨우

200년도 안 되는 것"[46]이라며 국민국가와 내셔널리즘이 유포된 것은 국민국가의 출현에 의한 것이라고 고지했다.

사실 국민국가는 내셔널리즘이라는 이념에 의해 지탱되고 유지되는데, 이 내셔널리즘이 필두가 되어 서구 자본주의라는 '경제의 힘'이 제국주의적 침략으로 아시아를 엄습했고 아시아적 전통과 아시아의 문명이 충돌하게 되었다고 본 것이다. 물론 아시아도 아시아적 가치라는 보편적 세계가 존재했는데, 그러한 아시아가 유럽의 자본주의 논리에 의한 착취대상이 되고, 제국주의적 폭력에 노출되어 붕괴의 위기에 봉착하여 재생의 시련을 겪게 되었다고 보았다. 이때 유럽식 자본주의 착취와 제국주의적 폭력에 저항하며 새로운 아시아를 재생하기 위해 나타난 것이 '아시아적 국민국가'와 '아시아 내셔널리즘'이었다. 다시 말해서 유럽의 자본주의와 제국주의를 지탱한 내셔널리즘과 아시아의 내셔널리즘은 정반대의 성격을 갖는 것이라며 '경계'를 그었다.

> 유럽 내셔널리즘은 자본주의 내지 그것의 필연적 산물인 제국주의를 지탱하는 이념이다. 아시아의 내셔널리즘은 역으로 자본주의와 제국주의에 반대하는 이념인 것이다.[47]

즉 정경모는 아시아의 내셔널리즘이 유럽 자본주의와 제국주의에 대항하는 '피억압 민족의 내셔널리즘'으로서 프롤레타리아의 저항적 입장에서 생겨난 것으로, 이를 발현하기 위해 노력하는 '아시아 사회주의'로서 이는 역설적으로 유럽의 논리를 상대화하고 스스로 주

---

46) 鄭敬謨, 「韓国民主化運動の理念」, 『季刊三千里』第8号, 三千里社, 1976年, p.115.

47) 鄭敬謨, 上掲論文, p.117.

체를 찾으려는 '진정한 내셔널리즘'이라고 해석하게 되었다.

다시 말해서 유럽 제국주의의 경제적 착취와 정치적 억압에 저항하는 '아시아의 해방운동'이 마르크스의 『공산당선언』이나 『자본론』에서 정신적 인스피레이션을 가져왔고, 이를 진정으로 실행하는 것은 아시아라고 본 것이다. 서구 자본주의와 제국주의에 저항하고 투쟁한다는 의미에서 아시아는 내셔널리즘과 공산주의가 일체화되어 버린다. 이처럼 내셔널리즘이 아시아와 유럽에서는 성격을 달리하고 있으며 아시아 내셔널리즘을 저항적이며 해방을 위한 논리로 받아들이게 된 것이다. 바로 이러한 연유에서 아시아의 내셔널리스트들은 대내적으로는 봉건주의와 투쟁하고, 대외적으로는 제국주의적 침략자와 투쟁해야 한다는 '양가성'을 모순 없이 받아들이게 된다. 그것은 동시에 마르크스가 설파한 사회발전 법칙에 구속되지 않으며 이를 넘어서 새로운 이상적 사회건설을 위해 싸우는 논리가 바로 그것이었다. 이것이 서구 제국주의와 자본주의를 만나면서 아시아의 내셔널리즘이 형성된 객관적 상세(狀勢)로 여겼다. 내셔널리즘은 반(反)제국주의이며 비서구주의의 논리를 양립시켜 준 것이다. 그럼으로써 국가 내부적으로는 신분의 차이라는 계급에 대한 모순을 극복하는 것과 동시에 외세의 간섭을 주체적으로 대응하면서 다시 기존 사회와의 차이를 재구성하는 새로운 세계로의 도전이 '재생'이었다. '재생'이론을 위한 유효한 '이론적 전유'가 이루어진 것이다.

정경모는 이러한 시대적 흐름 속에서 좀 특별한 위치를 차지하고 있는 조선에 대해 착목했다. 조선은 유럽과 직접적인 관련성도 갖지만 일본의 식민지로 전락하게 되면서 일본이 변수로 작용했다는 점이다. 대전환의 선회축이 조선반도에 있다는 것을 직시해야 한다.[48] 일본 제국주의의 식민지지배를 받던 조선에서는 근대 유럽 정신을 무조건적으로 배척하는 것도 아니면서 다시 유럽의 기독교적 정신을 농축한 형태로 이를 유용한 소재로서 사회 내부에 저장한 상태에서 전개하는 새로운 사회의 구축으로 활용되었다.

물론 일본에서도 그러한 시도가 전혀 없었던 것은 아니다. 예를 들면 일본 내의 민족적 전통과 기독교의 융합 시도가 메이지시기 이후 일본에서도 나타났다. 일본 내에서 전개된 이와 관련된 운동 측면에서 『계간삼천리』에서 대표적으로 소개한 것은 1940년 12월 대정익찬회(大政翼贊会) 발대식 이후 10월 17일 '기원(紀元) 2600년 봉축 기독교도 신도대회'에서 프로테스탄트 교파의 전교회합 선언이었다. 이는 일본의 전통에 뿌리를 둔 기독교를 찾는 것이라고 주장했다. 그 대표적인 것으로서 후지와라 후지오(藤原藤男)의 『일본정신과 기독교(日本精神と基督教)』(1939년)와, 히야네 안테이(比屋根安定)의 『기독교의 일본적 전개(基督教の日本的展開)』(1938년) 등을 꼽을 수 있다. 이는 국가의 신성(神聖)을 인정하며 신앙의 재편을 주장하는 논조였다.[49]

특히 후자의 히야네 안테이는 코르넬리스 페트뤼스 틸러(Cornelis Petrus Tiele)의 『종교사개론(宗教史概論)』(1960년)을 번역하기도 했는데, 종교 개념을 통한 국체관념의 재편이었다. 그리고 이러한 국체관념은 아네자키 마사하루(姉崎正治)의 '국체론'에서 영향받은 것이다. 아네자키 마사하루는 일본의 건국신화를 근거로 하여 황실을 '중심점=종(宗)'으로 하고 군신(君臣)의 명분과 국민의 협동 일치를 국체

---

48) 鄭敬謨, 上揭論文, p.121.

49) 鶴見俊輔, 「韓国から日本へ」, 『季刊三千里』第25号, 三千里社, 1981年, p.179.

로 보고, 신무천황의 건국 선언을 통해 황통 연면(連綿)과 만세일계만이 아닌 원천에서 찾아야 한다50)고 주장한 인물이다. 그리고 히야네 안테이 역시 『일본서기』를 근거로 아마테라스 오미카미(天照大神)가 태양신(日神)이며 이를 위해 모토오리 노리나가(本居宣長)의 이론을 원용하여 증명했다. 그리고 태양신을 중심으로 한 일본 중심주의, 즉 일본 본지수적설(本地垂迹說)을 논하기도 했다.51) 신화 속의 천황을 강조하는 '일본 젤로티즘'을 재구성하는 방식이었다.

그런데 이런 내지 상황과는 달리 식민지 조선에서는 일본 제국주의와, 특히 쇼와초기 파시즘의 바람 속에서 '기독교'를 통해 젤로티즘을 재구성하는 시도가 있었다. 『계간삼천리』에서는 대표적인 것으로서 가시와기 기엔(柏木義円)을 예로 들었다. 가시와기는 에비나 단조(海老名弾正)로부터 영향을 받았는데, 이른바 사회주의자인 야마카와 히토시(山川均)에게도 영향을 준 인물이다. 기독교의 전파와 사회주의를 주장했다.52) 가시와기 기엔은 조선 독립운동인 3.1운동을 지지하고 일본의 식민지주의와 민족 배외주의에 반대하고 이를 비판했다.53) 조선독립을 지지하고 이해를 표명한 것이다. 마찬가지로 조선에 기독교를 전도하던 와타세 쓰네요시(渡瀬常吉)와는 또 다른 입장이었다.

와타세 쓰네요시는 『조선교화의 급무』(1913년)에서 조선 병합은 일본이 세계의 대세에 순응한 결과54)이며 동양의 평화를 영원히 보

---

50) 姉崎正治, 『南北朝問題と国体の大義』, 博文館, 1911年, p.86, p.103.

51) 丸山敏雄, 『天津日を日神と仰ぎ奉る国民の信仰に就いて』, 土井永市, 1939年, pp.108-109.

52) 飯沼二郎, 「柏木義円と朝鮮」, 『季刊三千里』第13号, 1978年, p.36.

53) 大沼久夫, 「石橋湛山と朝鮮独立論」, 『季刊三千里』第32号, 1982年, p.124.

54) 渡瀬常吉, 『朝鮮教化の急務』, 警醒社書店, 1913年, pp.2-3.

장하기 위해 일본제국이 필요하다고 주장한다. 와타세 쓰네요시는 전면적으로 조선의 식민지지배를 긍정하고 있었다. 이러한 와타세 쓰네요시의 전도방침에 반대한 것이 가시와기 기엔이었다. 이누마 지로에 의하면 가시와기 기엔과 와타세 쓰네요시는 동일한 기독교 신자이지만 전혀 다른 신앙을 갖고 있었다. 그 이유는 바로 기독교 의 '신을 사랑하고 이웃을 사랑하라'라는 교리를 다르게 받아들였기 때문이다. 즉 와타세쓰네요시는 일본인의 입장에서 기독교의 교리 를 이웃에게 강요하려고 한 반면, 가시와기 기엔은 조선인의 입장 에서 기독교의 교리를 생각했다.[55]

그러나 『계간삼천리』에서는 기독교적 신자 몇 명을 빼고 식민지 교육에서 지식인이 된 식민지적 엘리트들은 일선동조론(동근론)을 주창하고, 황국신민이라는 것을 무상(無上)의 영광이라며 선전한 자 들을 제시한다. 황국 군대에 들어가 침략지에서 국민들을 학살하는 것이 조선인의 의무라고 선전하는 자들까지 존재했다.[56] 대표적으 로 대일본주의자인 가와지마 쇼지로(川島淸治郎)가 다루어졌다. 가 와지마 쇼지로는 1914년 미쓰가와 가메타로(滿川龜太郎)와 대일본 사를 설립하고 잡지 『대일본』을 창간하여 대일본주의를 선포하고 국방사상의 보급에 노력했던 군국주의자였다.[57] 대일본제국의 저명 한 이데올로그인 도쿠토미 소호(德富蘇峰) 또한 제국주의자로 거론 되었다. 물론 이시바시 탄잔은 도쿠토미 소호의 『세계의 변국』을 거론하며 대일본주의를 비판하기도 하지만[58] 그것은 소일본주의(小

55) 飯沼二郎, 前揭論文, p.39.

56) 鶴見俊輔, 「韓国から日本へ」, 『季刊三千里』 第25号, 三千里社, 1981年, p.180.

57) 大沼久夫, 「石橋湛山と朝鮮独立論」, 『季刊三千里』 第32号, 1982年, p.121.

58) 大沼久夫, 上揭論文, p.122.

日本主義)적 내셔널리즘의 일부분이었다. 이처럼 일본 지식인들은 서구의 마르크스 이론에서 빌려온 프롤레타리아 내셔널리즘을 흉내낸 부르주아와 내셔널리즘이 시대적 정신으로 활용되고 있었다.

『계간삼천리』에서는 이와 병치되는 논리를 조선 식민지에서 다시 찾아내고자 했다. 외세 제국주의와 대항하고 내부 계급문제의 해소를 위한 이른바 진정한 내셔널리즘을 신채호의 『조선혁명선언』을 통해 환기시켰다.[59] 그런데 여기서 각성해야 하는 것은 바로 시몬 드 보부아르(Simone de Beauvoir)가 말하는 "억압자는 억압하고 있는 사실을 자각하지 못하기 때문에 바보가 된다. 이는 동서고금을 막론하고 통칙(通則)이다. 억압자 전체의 상황을 취할 수는 없지만, 피억압자는 취할 수 있다"라는 지적을 통해 '일본인 자신이 얼마나 맹목이었는가'[60]를 자각해야만 한다고 주장한다.

그럼에도 불구하고 전전과 전후 일본에서 변하지 않는 것을 사고의 문법을 통해 제시한다. 즉 전후 1963년에 시이나 에쓰사부로(椎名悦三郎)가 저술한 『동화와 정치(童話と政治)』와, 전전 1941년에 간행한 『전시경제와 물자 조정』의 내용을 통해 변하지 않는 동일 사고방식을 소개한다. 시이나 에쓰사부로로 상징되듯이 전전의 일본과 전후의 일본은 실질적으로 동일한 일본이며 일본인이 품고 있는 조선 멸시관과 재침략의 의도는 변화가 없는 것이라고 보았다.[61] 그것은 바로 일본의 전후 민주주의가 가진 맹목이며 민주주의의 겉모습을 고수하는 뒤틀린 민주주의임을 비판한다.

즉 일본의 전후 민주주의는 미국의 내셔널 인터레스트(National

---

59) 鄭敬謨, 「新3・1独立運動の背景」, 『季刊三千里』第10号, 三千里社, 1977年, p.47.

60) 久野収, 小沢有作, 旗田巍, 金達壽, 「まず言葉から」, 『季刊三千里』第11号, 三千里社, 1977年, p.78.

61) 鄭敬謨, 前掲論文, p.43.

Interest)라고 할 수 있다. 다시 말해서 민주주의는 국익에 유효하게 기능하는 유용한 것으로서 제국주의 이데올로기였던 것이다. 그렇기 때문에 일본 제국주의 논리가 전후 민주주의에 의해 제거되었다고 생각하는 것은 '착각'인 것이다. 일본은 전전에도 전후인 현재에도 동일한 '수뇌'들로 이루어진 내셔널리즘의 정당화를 부르짖는 연속선상에 있는 것이다.[62]

4

전후 일본에서 본 김지하와
민중 개념의 재생산

전후 일본에서는 식민지지배로부터 벗어난 한국과, GHQ 체제에 참입한 일본이 지배와 피지배의 논리에서 벗어나 정권들의 유착이라는 시각에서 한국과 일본을 권력자의 국민국가 속에서 억압받는 민중의 문제를 제시한다. 그리고 미국 민주주의의 무조건적 수용이라는 점에서 '진짜 민주주의'가 아니라 피상적인 '가짜 민주주의' 국가라는 점도 공통점이라고 보았다.

이러한 시대적 상황 속에서 『계간삼천리』에서 전개하는 전후 일본, 그리고 한국과 북한에 대해 비판적이었다. 그렇기 때문에 새로운 주체적 민주주의 국가를 만들어내고자 하는 실례를 '독재정권'에

---

62) 鄭敬謨, 前揭論文, p.43.

저항하는 '민중'에 기대고자 했다. 즉 한국에서 독재정권에 투쟁하는 민중의 모습을 통해 일본에서 잃어버린 에너지와 새로운 국가를 만들어내는 '일본의 각성'의 기회로 삼고자 했다. 그런데 문제는 바로 여기에 존재한다. 전후 일본은 전전에 일본이 갖고 있던 민족적 일체감이나 세계적 일본을 만들기 위해 노력하는 목표를 잃어버리고 있었기 때문이다.

특히 민족의 자각에 대한 필요성이 강조되었다. 예를 들면 패전후 일본에서는 평화국가, 민주주의 정치실현이라는 슬로건 아래 '국가만들기'를 시도했는데, 실상은 민족이 하나가 되어 목숨을 걸고 맹진하지 못하고 있다는 초조함에서 국민의 근본적인 변혁을 요구하는 목소리가 나오게 된다. 일본 민족의 부흥으로서 민족적 자각을 재고해야 하는 상황이었다. 쓰루미 유스케(鶴見祐輔)는 이러한 전후 일본의 민족적 자각에 대한 방법론으로서 기독교의 역사를 소환한다. 즉 "피를 흘리고 박해를 거쳐야만 새로 만들어낼 수 있는 것이다. 그 사례로서 예수가 십자가에 못 박히고 많은 신자들이 박해를 받아 순직하는 비참한 사실을 통해서만이 비로소 정열이 솟아나는 것"[63]이라고 논한다. 시대의 권력 보호 밑에서는 그러한 힘이 나오지 않는다는 것이다. 바로 이러한 시각은 한국에서 전개된 '민중 투쟁'에 대해 관심을 갖게 되는 근원이 되었고, 일본은 새로운 민족국가로서 국민국가를 재건하기 위한 근거를 찾아야만 했던 것이다. 전후 일본의 시대적 흐름이 『계간삼천리』에도 반영되었는데 1975년 봄(2월 1일) 발간호에는 '김지하 특집'으로 꾸며졌다.[64] 즉 김지하를

---

63) 鶴見祐輔, 「民族の自覚」, 『日本及日本人』第2巻第1号, 日本新聞社, 1951年, p.38.

64) 鶴見俊輔・金達寿, 「激動が生みだすもの」(12-31), 南坊義道, 「金芝河の抵抗—ファシズム下の文学精神」(32-36), 金之夏(河)(尹学準訳), 「夕暮のものがたり」(42-44), 村松武司, 「黄土の金芝河」

중심에 두고 한국의 상황, 그리고 일본의 대응에 대한 논의 내용을 특집으로 게재했다. 그리고 그 이후에도 김지하와 관련하여 단락적이지만 지속적으로 게재되었다.[65]

1) 『계간삼천리』를 통해 나타난 '기무지하, 기무치카' 사이

나카이 마리에(中井毬栄)가 논하듯이 김지하의 「오적」이라는 작품이 『주간 아시히(朝日)』에 처음으로 번역·게재되었는데, 이때 김지하의 이름에 '기무치하(キムチハ)'라고 루비를 달아 표기했다. 그러나 그후 '기무지하(キムジハ)'로 표기된다. 일본에서는 문자와 음이 섞여서 들리거나 발음되어 기무지바, 혹은 기무시바라고 불릴 정도였다.

한글로 김지하를 사용하기도 했지만 역시 한자 이름에 가타카나 루비를 다는 방식으로 '기무지하'가 침투하게 된다. 그렇지만 다시 김지하의 '하'가 일본어로는 '가(ガ)'로 발음되는데, 역시 '김지가'가 되어

(45-51), 和田春樹,「「金芝河を助ける会」の意味」(52-61), 『季刊三千里』1号, 三千里社, 1975年, pp.12-36, pp.42-61. 쓰루미 슌스케(鶴見俊輔)와 김달수(金達寿)의 「격동이 낳는 것(激動が生みだすもの)」이라는 제목의 대담을 시작으로 난보 요시미치(南坊義道)의 「김지하의 저항(金芝河の抵抗)─파시즘 하의 문학정신(ファシズム下の文学精神)」, 윤학준(尹学準)이 직접 번역한 김지하의 작품 「저녁 이야기(夕暮のものがたり)」를 싣고, 무라마쓰 다케시(村松武司)가 평론 「황토의 김지하(黄土の金芝河)」를 썼고, 와다 하루키(和田春樹)는 「김지하를 돕는 모임(金芝河を助ける会)」의 의미를 게재했다.

65) 金芝河(梶井陟訳),「苦行...1974」, 『季刊三千里』第2号, 三千里社, 1975年, pp.113-119. 大江健三郎,「金芝河・サルトル・メイラー」, 『季刊三千里』第3号, 三千里社, 1975年, pp.17-20. 前田康博,「金芝河氏の呼びかけ」, 『季刊三千里』第3号, 三千里社, 1975年, pp.113-119. 金石範,「金芝河「良心宣言」を読んで」, 『季刊三千里』第4号, 三千里社, 1975年, pp.96-106. 金芝河の母,「金芝河の母の訴え─全州キリスト教会の祈祷会にて」 『季刊三千里』第6号, 三千里社, 1976年, pp.40-43. 姜在彦,「金芝河の思想を考える─それはどこに立っているのか」, 『季刊三千里』第10号, 三千里社, 1977年, pp.28-37. 針生一郎,「未完の旅路─金芝河とロータス賞メダルのあいだ」, 『季刊三千里』第11号, 三千里社, 1977年, pp. 132-138. 中井毬栄,「金芝河にとっての民衆」, 『季刊三千里』第15号, 三千里社, 1978年, pp.148-155. 円谷真護,「金芝河に関するノオト─「苦行・獄中におけるわが闘い」を読んで」, 『季刊三千里』第17号, 三千里社, 1979年, pp.131-137. 金学鉉,「光は獄中から・金芝河の思想」, 『季刊三千里』第19号, 三千里社, 1979年, pp.154-167.

김지하와 차이가 발생하기도 했다. 그런데 김지하는 다시 '김지하(金地下)'로 표기하기도 했고 김지하(金之夏)라고 적기도 했다. 일본에서는 '기무지하(キムジハ)'라는 가타카나에서 '기무지하'가 되고 김영일의 이름 아래 '기무지하'라고 적었다.[66] 그리고 김지하라는 명칭은 한국에서도 사용하게 되는데 이는 일본에서 정착한 '기무지하(金芝河)'를 사용하게 된 것이다. 결과적으로 일본에서 사용하게 된 김지하라는 이름이 한국에서도 정착되는 아이러니한 현상이 나타났지만 그러한 표면적 '명명'이 문제가 되지 않는 데에는 그럴만한 이유가 있었다. 왜냐하면 김지하의 '사상'은 변하지 않고 흔들리지 않는 '무엇인가'가 존재했으며 그것은 한국과 일본에서 공통적으로 '읽히게' 되었기 때문이다. 다시 말해서 김지하라는 이름에는 불행과 영광을 동시에 짊어지게 된 시인을 상징하는 것이 '사상'으로서 존재했기 때문이다.[67]

그렇다면 김지하의 '사상'은 과연 어떠한 모습을 띠고 있었을까. 나카이 마리에는 김지하의 사상적 내용을 이해할 수 있는 단서로서 『옥중 메모』에서 제시한 '마르독'에서 유추해낸다. 즉 나카이 마리에는 김지하가 말하는 민중상을 잘 보여주고 있는 것이다. 김지하가 예를 들고 있는 마르독은 어떤 인물인가, 그리고 마르독을 주인공으로 한 이유는 무엇인가라는 질문에서 그 해답을 찾고 있었다. 김지하는 다음과 같이 말한다.

> 마르독이라는 말은 공산주의자가 혁명의 기생충이라고 하여 이를
> 철저하게 경계하고, 말하자면 루펜 프롤레타리아, 도시 빈민, 또는
> 천민, 자유 노동자까지도 포함하는 하나의 집단이라고 말할 수 있

---

66) 中井毬栄, 「金地下のこと」, 『季刊三千里』第10号, 三千里社, 1977年, p.39-41.

67) 中井毬栄,, 上揭論文, p.41.

다. 마르독이라는 천민은 민중 전체의 긍정적인 측면을 갖고 있는 것과 동시에 부정적인 측면을 갖고 있다. 그 이중성을 갖고 있다는 점에서 마르크스주의자들은 루펜 프롤레타리아를 혁명의 기생충이라고 한다. 그러나 나는 그 이중성 때문에 오히려 이 집단에 집착한다. 왜냐하면 이 두 개의 측면을 그려내지 않으면 인테리의 머릿속에서 환상적으로 그리는 민중이 아니라 역사 속에서 실제로 발버둥치는 벌거벗은 민중을 묘사하는 것이 불가능하기 때문이다.68)

김지하에게 민중은 단순한 혁명가라는 이름으로 활동하는 프롤레타리아를 가리키는 것이 아니었다. 인테리가 머릿속에서 환상적으로 그려내는 민중도 아니며 동시에 실천적이긴 하지만, '부르주아적 프롤레타리아'도 아닌 한(恨)을 아는 '뒤집어지고 엎어져 버린 밑바닥'을 경험한 사람의 연합전선(Front)으로서 민중이었다.69)

또한 쓰루미 슌스케는 김지하를 '시인'이면서 '기독교 신자로서 종교가'로 보았고, 김지하의 사상에는 '때가 묻지 않은 존재'로서 '때 묻은 개념을 재정의하게 해주는'70) 의미에서 김지하 자신이 '민중'이었다. 그리고 『마이니치(每日)신문』의 외신기자이면서 특파원으로 서울에서 활동한 마에다 야스히로(前田康博)는 김지하를 통해 '한일 양 민중에 대한 호소'가 무엇인지를 소개했다. 김지하는 '일본이 조선 민족을 착취하고 억압했음에도 불구하고 일본 민족을 적으로 간주하여 복수하려고 하지 않고, 자신의 주권과 독립을 선언하고 피해자인 우리 민족뿐만 아니라 일본 민족까지도 구하고자 했다'71)고 논한다. 즉 김지하는 식민지지배를 단행하고 반성하지 않는 일본정부에 대해 비

---

68) 中井毬栄, 「金芝河にとっての民衆」, 『季刊三千里』第15号, 三千里社, 1978年, p.149.

69) 中井毬栄, 上揭論文, p.154.

70) 鶴見俊輔・金達寿, 「激動が生みだすもの」, 『季刊三千里』第1号, 三千里社, 1975年, p.22.

71) 前田康博, 「金芝河氏の呼びかけ」, 『季刊三千里』第3号, 三千里社, 1975年, pp.113-119.

판적이었고, 일본정부가 일본 기업가들을 통해 한국에 전개하는 식민지주의적인 경제침략을 중단할 것을 주장하는 점에 주목했다.

다시 말해서 김지하를 통해 한국과 일본이라는 국가를 넘는 '민중'의 모습을 발견해내고 있었다. 특히 김지하의 사상은 앞서 언급했듯이 사색에 잠긴 인테리가 아니라 민중과 함께 살고, 함께 투쟁하고, 그러한 민중에 의해 오히려 정부가 구제를 받는 것이라고 보았다. 강재언은 이를 두고 '국민민주혁명'이라고 칭한다. 강재언에 의하면 마르크스, 레닌주의적인 혁명 전략이나 전술에서 온 것이 아니며 민중이 자신의 운명을 자신의 손으로 결정하는 것에 초점이 맞추어져 있었다. 그것은 외래의 이데올로기에 의해 스테레오타입화한 것이 아니라, 조선 민족 특유의 혁명 전통을 계승 발전시킨 것으로 나타났고 그것은 동학혁명과 3.1운동, 4월 학생운동이라고 보았다. 그것이야말로 도래할 혁명의 모습을 예고한 것이라고 주장했다.[72]

이처럼 김지하를 통해 일본인은 한국의 민주화를 위해 독재정권과 투쟁하는 '민중'이며 일본의 전후 민주주의가 잃어버린 '민중적인 것'이라고 보았다. 그것은 전전의 일본 식민지주의에 대한 피식민자의 저항과도 같은 것으로, 이는 일본정부가 기업자본주의에 의해 한국정부와 손을 잡는 경제침략으로서 신식민지주의를 비판하는 것이었다. 그것은 결국 한국정부와 일본정부가 아니라 '민중들'이 연대하여 자신의 운명을 스스로 결정하는 주체적 입장에서의 사상적 혁명을 각성해야 한다는 것이었다. 이와 같은 표상이 바로 『계간 삼천리』에서 기술한 김지하였던 것이다.

---

72) 姜在彦, 「金芝河の思想を考える―それはどこに立っているのか」, 『季刊三千里』第10号, 三千里社, 1977年, p.29.

그것은 쓰루미 슌스케가 제시한 것으로 일본의 전후는 미국의 식민지주의로서 '민주주의'를 부르짖고 있지만 민주주의 국가가 아니라는 것이다. 그것은 물론 한국도 마찬가지였다. 그렇기 때문에 '민중'의 등장을 호소하고, 민중의 연대를 통해 한국과 일본정부를 뛰어넘을 수 있다고 본 것이다. 그런데 바로 여기에 문제점이 존재한다. 마에다 야스히로가 김지하의 말을 인용한 문장에서 본 것처럼 '민족'이라는 것을 문제 삼지 않고 있는 점이다. 즉 '우리 민족'과 '일본 민족'이라는 용어를 사용하며 민족의 해방을 논하고 있는 점이다. 그리고 혁명 실천을 강조했는데, 그것은 외래의 이데올로기에 의해 스테레오타입화한 것이 아니라 민족 특유의 혁명 전통을 계승 발전시킨 것이어야만 한다고 강조한다.

이처럼 김지하의 모습은 '기독교적 종교(카톨릭이기는 하지만)', 즉 서구적 종교 인식을 학습한 것이라는 점이다. 동시에 '토착 사상'을 키운 것에 성공한 '영웅'으로 독자화되었다. 이처럼 서구적 사유 방식과 토착적인 것이 함께 어우러져 김지하의 사상이 형성되었는데, 그것은 '민중 투쟁'으로 나타난 '주체성'을 가진 진정한 민주혁명의 민중이었던 것이다.

전후에도 일본 마르크스주의자들은 민중과 민족에 대한 집착을 통해 일본을 전후 민주주의 국가로 새로 갱신할 수 있다고 믿었던 것이다. 그것은 전후 한국에서 나타난 민중운동=김지하를 통해 확인했으며 이를 통해 일본 민중이 잃어버린 일본 민족의 가능성으로서 일본을 재구축하려는 '시니피앙'으로 활용되었다.

그렇지만 이러한 문제점에 대해 『계간삼천리』에서는 주체적 각성을 강조했는데, 일본 제국주의=전후 민주주의는 동일한 논리 선상에서 식민지주의를 극복하지 못한 것을 지적함과 동시에 한국의 민중적 주체성이 무엇인지를 보여주고자 했다. 주체적이라는 것은 외래사상에 스테레오타입화하지 않고 스스로 생각하는 방법을 찾는 것이었다. 그것은 바로 주체 혁명으로, 역사인식을 통해 밝혀내고 발견할 수 있는 것이었다. 그 세계로 도달한 인식 그것들의 연대가 바로 민중의 연대이고 혁명적 세계관을 갖게 되는 것이라는 점을 보여주고자 했다. 즉 삶(生) 속에서 민중들에 의해 길러온 토착사상과 카톨릭의 범우주적 진리를 결합하여 모든 기성의 교조에 갇히지 않고 새로운 차원의 사상을 구축하려고 한 자유로운 창조성이 바로 김지하의 사상이었던 것이다.[73]

그것은 이미 존재하는 세속의 자유에 침윤된 것이 아니라 체제에서도 벗어나는 것이었다. 사상가로서 김지하를 통해 카톨릭의 범우주적인 보편진리가 토착적인 조건 속에서 어떻게 결합할 수 있을까라는 이 부분이 바로 부심(腐心)의 근원으로서 다시 토착적인 것이 무엇인지에 대해 고찰하지 않으면 안 되었다. 그것은 바로 '한'이라는 상징어 속에 존재하는 것으로 '인간의 외부지향성이 억압과 착취에 의해 차단되고 그 슬픔이 다시 안으로 파고들어 응고된 침전물의 정서'[74]를 통해 발현되는 우주적인 세계로 표상되었던 것이다.

이처럼 나카이 마리에와 쓰루미 슌스케의 눈을 통해 김지하에게서 전후 일본이 잃어버린 진정한 민중을 발견해낸 것이다. 인테리적 중간층 서민으로서 대중도 아니며 기독교의 논리와 토착적 개성을 살려 외세적 논리에만 편중되어 있고, 전후 미국에서 받아들인 걸표

---

73) 姜在彦, 「金芝河の思想を考える」, 『季刊三千里』第10号, 三千里社, 1977年, p.29.
74) 姜在彦, 上揭論文, p.35.

면적 민주주의에 대한 기존 담론을 깨워주는 민중 사상이었다. 그것은 한국정부와 일본정부에 대해 동시에 묻는 국가를 넘는 '민중 사상'으로 간주되었던 것이다. 그것은 바로 일본이 새로운 국가를 재건하기 위해 원하던 '탈국가주의자'의 모습으로 김지하가 표상되었고 일본 국민국가의 모습을 강화한 것이었다.[75]

5

도래할 사상 혁명을 위해

이상으로 본장에서는 일본에서 전개된 전전의 정한론과 탈아론, 그리고 전후 민주주의 속에 나타난 식민주의적 구조가 갖는 동형성을 규명해냈다. 전전 일본의 정한론은 에도시대와 메이지시기에 발현된 고대사관의 체현이었다. 즉 중국에게 조공을 바치는 '중화 중심주의' 세계관을 수용하고 이 조공이론을 재구성하여 중국과 동렬에 놓인 일본을 표상한다. 그것은 조공 체제의 재구성이었으며 이를 통해 『일본서기』의 '신공황후 설화'를 접목시켜 '조선침략'의 정당성을 확보하면서 조선을 '하위' 객체로 이미지화했다. 그리고 서구 중심주의 자장 속에서 후쿠자와 유키치는 민권 신장과 국권 신장의 경쟁 속에서 국권 신장을 중시하는 논리로 나아가는 과정과 연동하면서 서구화를 지향하고 있었다. 그것은 곧 탈아론을 주장하

---

75) 鄭敬謨, 「新3・1独立運動の背景」, 『季刊三千里』第10号, 三千里社, 1977年, p.47.

면서 조선에 대해서는 무력으로라도 평정하여 근대화로 나아가야 한다고 본 것이다. 후쿠자와 유키치는 정한론의 새로운 변형으로서 후쿠자와 유키치는 서구를 중심에 두고 일본을 중국과 조선과는 다름을 주장하고 서구화를 위해 '탈아'가 갖는 의미를 재생하게 된다. 중국 중심주의에서 서구 중심주의로 이동하면서 세계화의 종속에 세례를 받고 선교한 '기표'로서 세계주의의 주체가 빛바랜 것이었다. 그것은 다이쇼와 쇼와를 거치면서 후쿠다 도쿠조의 조선 정체론에서 반복되어 나타났다. 후쿠다 도쿠조는 칼 뷔허의 발전단계론과 루돌프 슈타뮬러의 유물사관에 빠져 서구 열강의 아시아관에 계박(繫縛)되어 서구를 중심으로 하는 정계적(正系的) 발전 논리를 부동의 패러다임으로 수용하면서 조선 정체론을 주장한 '피식민자'였던 것이다. 그것은 다시 기독교의 보편적 논리를 이입시켜 일본 내지에 토착사상과 융합하는 논리로서 젤로티즘과 식민지 조선에서 나타난 전도의 차이에서 나타났다.

그리고 전후 일본이 미국 민주주의를 수용하는 과정에서 전전 서구 중심주의에 편승하는 논리가 가진 비주체성을 깨닫게 된다. 그렇기 때문에 미국 민주주의와 일본정부의 한국 경제 식민지지배를 보면서 피억압 민족의 해방이 이루어지지 않았음을 깨닫게 되었고, 이를 탈출하기 위해 한국의 민중운동에 주목하게 되었다. 특히 김지하를 통해 진정한 민중의 모습이 무엇인가를 찾아내고자 했다. 그것은 전전에 실패했던 부르주아적 프롤레타리아의 논리도 아닌 피억압 민족의 진정한 내셔널리즘의 실체를 발견하게 된다. 이는 김지하가 서구의 카톨릭과 한국적 토착사상을 융합해내면서 외세에 종속화되지 않는 동시에 내부의 계급적 상층성을 극복하기 위해 투쟁하는 모습에서 창조적 주체의 형성을 보게 된 것이다. 그것은 마치 그리스도가 그러했듯이 억압과 고통의 순간을 견디며 새로운 민중, 민족의 각성이 이루어진다는 보편적 시각을 투영하여 발견한 것이었다. 그렇지만 결국 그것은 일본이 전전과 전후의 역사 속에서 서구 이론의 수용과 자국 중심주의의 이중적 분열 속에서 투사한 일본적 전후 국민국가론을 만들기 위한 프레임의 반영이었다. 일본이 획득한 문명적 담론은 스스로 식민지주의에 휩싸인 것을 의미했고, 그 식민지주의를 극복하기 위해 전후에 시도한 민중론은 일본 내부의 환상과 욕망의 언어로 만들어낸 내셔널리즘이었다.

참고문헌

서문

김보현지음, 『데리다 입문』, 문예출판사, 2004년.

사이토 준이치(斎藤純一)지음, 윤대석・류수연・윤미란옮김, 『민주적 공공성』, 이음출판사, 2009년.

최범순, 「『계간 삼천리』(季刊三千里)의 민족정체성과 이산적 상상력」, 『일본어문학』41집, 한국일본어문학회, 2009년.

한나 아렌트지음, 서유경옮김, 『과거와 미래사이』 푸른숲, 2005년.

한나아렌트지음, 이진우/박미애역, 『전제주의의 기원』2, 한길사, 2006년.

季刊三千里編集委員会, 「編集委員会」, 『季刊三千里』創刊号, 三千里社, 1975年.

季刊三千里編集委員会, 「終刊のことば」, 『季刊三千里』終刊号, 三千里社, 1987年.

宮田浩人「在日朝鮮人の顔と顔」, 『季刊三千里』第8号, 三千里社, 1976年.

金明, 『国家学』, 博英社, 1995年.

尹健次, 「「在日韓国・朝鮮人」という言葉」, 『ほるもん文化1』, 新幹社, 1990年.

李進熙, 「三月の訪韓について」, 『季刊三千里』第26号, 三千里社, 1981年.

李進熙, 「編集を終えて」, 『季刊三千里』第26号, 三千里社, 1981年.

제1장

朴裕河, 「後藤明生『夢かたり』論―内破する植民主義」, 『日本學報』86, 한국일본학회, 2011년, pp.183-195.

朴東鎬, 「朴寿南が記録した朝鮮人被爆者の対抗的記憶-映画「もうひとつのヒロシマ」, 『일어일문학』84, 대한일어일문학회, 2019년, pp.233-248.

신승모, 「식민자 2세의 문학과 '조선'―고바야시 마사루와 고토 메이세이의 문학을 중심으로」, 『日本學』37, 일본학연구소, 2013년, pp.127-159.

오미정, 「고바야시 마사루의 「포드・1927년」론 ―중개는 가능한가?」, 『일어일문학연구』78(2), 한국일어일문학회, 2011년, pp.315-332. p.329.

李元熙, 「고바야시 마사루 문학에 나타난 식민지 조선」, 『日語日文學研究』第38輯, 한국일어일문학회, 2001년, pp.215-232.

조현미, 「재일한인 디아스포라 2세 배중도의 민족정체성의 변화와 식민자 2세 고

　　바야시 마사루」, 『日本語文學』第64輯, 일본어문학회, 2014년, pp.537-541.

최범순, 「일본의 전후기억과 송환의 망각-고바야시 마사루 「어느 조선인 이야기」 시론」, 『日本語文學』第82輯, 일본어문학회, 2018년, pp.601-626.

최범순, 「전후 일본의 기억과 망각-'고바야시 마사루 문학'이라는 단층지대」, 『日本語文學』第78輯, 한국일본어문학회, 2018년, pp.77-103.

최준호 「고바야시 마사루의 식민지 조선 인식-초기 작품들 속의 인물표상을 중심으로」, 『日本語文學』48, 한국일본어문학회, 2011년, pp.139-156.

하라 유스케, 「그리움을 금하는 것-조선식민자 2세 작가 고바야시 마사루와 조선에 대한 향수」, 『일본연구』第15輯, 글로벌일본연구원, 2011년, pp.311-332.

姜德相, 『関東大震災』, 中公新書, 1975年.

姜德相・琴秉洞編, 『現代史資料6　関東大震災と朝鮮人』, みすず書房, 1963年.

姜博, 「拒否運動のめざすもの」, 『季刊三千里』第42号, 三千里社, 1985年, pp.91-93.

姜尚中, 「「在日」に未来はあるか」, 『季刊三千里』第50号, 三千里社, 1987年, p.107.

姜尚中, 「「在日」の現在と未来の間」, 『季刊三千里』第42号, 三千里社, 1985年, p.119.

姜在彦, 「「在日朝鮮人」であることの意味」, 『季刊三千里』第50号, 三千里社, 1987年, p.45.

姜在彦, 「日朝関係史(3)近代」, 『足元の国際化』, 海風社, 1993年, p.94.

姜在彦, 「在日朝鮮人の現状-祖国歴史在日同胞」, 『季刊三千里』第12号, 三千里社, 1975年, pp.24-27

姜在彦, 「在日朝鮮人問題の文献」, 『季刊三千里』第18号, 三千里社, 1979年, p.51-58

姜在彦, 「戦後三十六年目の在日朝鮮人」, 『季刊三千里』第24号, 三千里社, 1980年, pp.26-37.

姜在彦, 大沼保昭, 「在日朝鮮人の現在と将来」, 『季刊三千里』第35号, 三千里社, 1983年, pp.28-40.

高史明, 「小林勝を思う」, 『季刊三千里』第5号, 三千里社, 1976年, pp.72-75.

高史明, 『生きることの意味-ある少年のおいたち』, 筑摩書房, 1986年.

高峻石, 『越境―朝鮮人・私の記録』, 社会評論社, 1977年, p.3. pp.320-321.

宮田浩人, 「在日朝鮮人の顔と顔」, 『季刊三千里』第8号, 三千里社, 1976年, pp.39-45.

金東勳, 「人種差別撤廃条約と在日朝鮮人」, 『季刊三千里』第39號, 三千里社, 1984年, p.62.

金明, 『国家学』, 博英社, 1995年, pp.31-34.

金石範, 「「在日」とはなにか」, 『季刊三千里』第18号, 三千里社, 1976年, pp.26-36.

崎繁樹, 「国際人権規約と在日朝鮮人」, 『季刊三千里』第18号, 三千里社, 1979年, pp.37-43.

磯貝治良, 「「在日」の思想・生き方を読む」, 『季刊三千里』第46号, 三千里社, 1986年, p.34.

金達寿, 『わがアリランの歌』, 中公新書, 1999年.

金達寿, 『金達寿評論集』, 『わが民族』, 筑摩書房, 1976年.

金石範, 「「「在日」とはなにか」, 『季刊三千里』第18号, 三千里社, 1979年, pp.26-36.

金石範, 『ことばの呪縛-「在日朝鮮人文学」と日本語』, 筑摩書房, 1972年.

金時鐘, 『さらされるものと、さらすものと』, 明治図書出版, 1975年.

金賛汀・方鮮熙, 『風の慟哭-在日朝鮮人女工の生活と歴史』, 田畑書店, 1977年.

金泰生, 『私の日本地図』未来社, 1978年.

南仁淑・曺瑛煥著, 洪大杓編訳, 「在日同胞と在米朝鮮人——その環境, 地位, 展望の比較」, 『季刊三千里』第50号, 三千里社, 1987年, p.53.

渡部徹, 『日本労働組合運動史』, 青木書店, 1954年.

林光澈, 「在日朝鮮人問題」『歴史學研究(特輯)朝鮮史の諸問題, 岩波書店, 1953年, pp.66-72.

文京洙, 「「在日」についての意見」, 『季刊三千里』第39号, 三千里社, 1984年, p.84.

朴慶植, 『朝鮮人強制連行の記録』, 未来社, 1965年, pp.1-334.

朴慶植, 『天皇制国家と在日朝鮮人』, 社会評論社, 1986年.

朴寿南, 『朝鮮・ヒロシマ・半日本人』, 三省堂, 1983年.

朴英鎬, 「在日二世として」, 『季刊三千里』第20号, 三千里社, 1979年, pp.211-212.

朴裕河, 「小林勝と朝鮮「交通」の可能性について」, 『日本文学』57(11), 日本文学協会, 2008年, pp.44-55.

朴裕河, 「小林勝と朝鮮」, 『日本文学』57巻11号, 日本文学協会, 2008年, pp.44-55.

飯沼二郎「10年たてば山河も変わる」, 『季刊三千里』第40号, 三千里社, 1984年, pp.242-244.

飯沼二郎, 『見えない人々 在日朝鮮人』, 日本基督教団出版局, 1973年, p.211.

柏崎正憲, 「反差別から差別への同軸反転: 現代コリア研究所の捩れと日本の歴史修正主義」, 『紀要論文』, 東京外国語大学海外事情研究所, 2008年, pp.417-445.

徐正禹, 「問われる在日の自立と主体」『季刊三千里』第50号, 三千里社, 1987年, p.85.

小沢有作, 『近代民衆の記録 10 在日朝鮮人』, 新人物往来社, 1978年

新木厚子, 「指紋押捺制度に思う」, 『季刊三千里』第40号, 三千里社, 1984年, p.262.

深作光貞, 鶴見俊輔, 飯沼二郎, 「非国民のすすめ」, 『在日朝鮮人を語る Ⅲ <非国民>のすすめ』, 麦秋社, 1985年, p.18.

深川宗俊, 『鎮魂の海峡-海に消えた被爆朝鮮人徴用工』, 現代史出版会, 1974年.

岩村登志夫, 『在日朝鮮人と日本労働者階級』, 校倉書房, 1972年.

有吉克彦, 「"入管体制"の一断面―不条理な在日韓国・朝鮮人処遇に思う」, 『季刊三千里』第18号, 三千里社, 1979年, pp.44-50.

幼方直吉, 「単一民族の思想と機能-日本の場合」, 『思想』(656), 岩波書店, 1979年, p.24.

尹健次, 『「在日」を考える』, 平凡社, 2001年, pp.14-220.

李進熙, 「備忘録」, 『海峡』, 青丘文化社, 2000年, p.225.

李進熙, 「『季刊三千里』の創刊」, 『海峽』, 青丘文化社, 2000年, p.162.

李進熙, 小野誠之, 鶴見俊輔, 飯沼二郎, 「『季刊三千里』をめぐる思想と行動」, 『在日朝鮮人を語る 2 在日の文化と思想』, 麦秋社, 1984年, pp.122-125.

張斗植, 『ある在日朝鮮人の記録』, 同成社, 1981年.

齋藤孝, 「小林勝と朝鮮」, 『季刊三千里』第39号, 三千里社, 1984年, p.15.

田中宏, 「内なる歴史の証人たち—在日朝鮮人が照射するもの」, 『季刊三千里』第50号, 三千里社, 1987年, p.32.

佐藤勝巳, 『在日朝鮮人・その差別と処遇の実態』, 同成社, 1974年, p.52.

佐藤勝巳, 『在日韓国朝鮮人に問う』, 亜紀書房, 1992年

竹田青嗣, 『〈在日〉という根拠』, ちくま学芸文庫, 1995年, pp.269-272.

中薗英助, 『在日朝鮮人 七〇年代日本の原点』, 財界展望新社, 1970年, p.159.

むくげの会編, 『身世打鈴-在日朝鮮女性の半生』, 東都書房, 1972年.

제2장

金子るり子, 「『季刊三千里』における日本進歩的知識人の「在日朝鮮人観」1975～1977年を中心に」, 『日本語文學』第79輯, 일본어문학회, 2017年.

도시 매린저, 박경환외 역, 『공간을 위하여』, 심산, 2016년.

朴正義, 「『季刊三千里』が語る日本人の朝鮮蔑視観-日帝強占期に創造された「停滞論」を基に」, 『일본근대학연구』제53집, 한국일본근대학회, 2016年.

朴正義, 「『季刊三千里』と韓国民主化: 日本人に知らせる」, 『日本文化學報』第54輯, 한국일본문화학회, 2012년.

최범순, 「『계간 삼천리』(季刊三千里)의 민족정체성과 이산적 상상력」, 『일본어문학』41집, 한국일본어문학회, 2009년.

최병두, 『근대적 공간의 한계』, 삼인, 2002년.

岡部伊都子, 「わが意識」, 『季刊三千里』第1号, 三千里社, 1975年.

季刊三千里編集委員会, 「創刊のことば」, 『季刊三千里』創刊号, 三千里社, 1975年.

季刊三千里編集委員会, 「編集委員会」, 『季刊三千里』創刊号, 三千里社, 1975年.

季刊三千里編集委員会, 「終刊のことば」, 『季刊三千里』終刊号, 三千里社, 1987年.

高崎隆治, 「朝鮮飴」, 『季刊三千里』第49号, 三千里社, 1987年.

金明, 『国家学』, 博英社, 1995年

栗野鳳, 「戦後責任を考える」, 『季刊三千里』41号, 三千里社, 1985年.

飯沼二郎, 「『季刊三千里』の十三年」, 『季刊三千里』第50号, 三千里社, 1987年.

山室信一,「空間認識の視角と空間の生産」,『「帝国」日本の学知』, 岩波書店, 2006年.

森正孝,「日本近代史の"闇"を見据える視座」,『季刊三千里』第41号, 三千里社, 1985年.

松岡洋子,「朝鮮と私」,『季刊三千里』第2号, 三千里社, 1975年.

安岡章太郎,「弱者の偏見-S上等兵の記憶」,『季刊三千里』第2号, 三千里社, 1975年.

野口道彦他,『批判的ディアスポラ論とマイノリティ』, 明石書店, 2009

에드워드 렐프저, 김덕현외 역,『장소와 장소상실』, 논형, 2005년.

前田康博,「焦燥のソウル」,『季刊三千里』第1号, 三千里社, 1975年.

田中明,「「敬」と「偏見」と」,『季刊三千里』第1号, 三千里社, 1975年.

斉藤孝,「小林勝と朝鮮」,『季刊三千里』第39号, 三千里社, 1984年.

中野好夫,「ナショナリズムについて」,『季刊三千里』第2号, 三千里社, 1975年.

中村尚司,「アジア研究と戦後責任」,『季刊三千里』41号, 三千里社, 1985年.

鶴見俊輔, 金達壽,「激動が生みだすもの」,『季刊三千里』第1号, 三千里社, 1975年.

제3장

朴正義,『『季刊三千里』が語る日本人の朝鮮蔑視観-日帝強占期に創造された 「停滞論」
        を基に」,『일본근대학연구』53, 한국일본근대학회, 2016年.

姜在彦,「在日朝鮮人の現状-祖国歴史在日同胞」,『季刊三千里』第12号, 三千里社, 1975年.

季刊三千里編集委員会,「創刊のことば」,『季刊三千里』, 創刊号, 三千里社, 1975年.

橋本登志子,「相模ダムの歴史を記録する」,『季刊三千里』第28号, 1981年.

宮田節子,「「内鮮一体」・同化と差別の構造」,『季刊三千里』第31号, 三千里社, 1982年.

宮田浩人,「在日朝鮮人の顔と顔」,『季刊三千里』第8号, 三千里社, 1976年.

金達壽・久野収,「相互理解のための提案」,『季刊三千里』第4号, 三千里社, 1975年.

金英達,『在日朝鮮人の帰化』, 明石書店, 1990年.

金學鉉,「「恨」と抵抗に生きる」,『季刊三千里』第9号, 三千里社, 1977年.

吉留路樹,「日本人の役割はなにか」,『季刊三千里』第10号, 三千里社, 1977年.

大沼久夫,「石橋湛山の朝鮮独立論」,『季刊三千里』第32号, 三千里社, 1982年.

大川周明,『頭山満と近代日本』, 春風社, 2007年.

藤本治,「朝鮮語とわたし」,『季刊三千里』第17号, 三千里社, 1979年.

李仁夏,「民族差別と闘いながら」,『季刊三千里』第24号, 三千里社, 1980年.

李進熙,「編集を終えて」,『季刊三千里』第10号, 三千里社, 1977年.

尾崎彦朔,「悔いのみ, 多し」,『季刊三千里』第25号, 三千里社, 1981年.

梶村秀樹,「日韓体制の再検討のために」,『季刊三千里』第7号, 三千里社, 1976年.

山中恒,「半島の小国民体験について」,『季刊三千里』第31号, 三千里社, 1982年.

森崎和江, 「歴史の中の朝鮮と日本」, 『季刊三千里』第14号, 三千里社, 1978年.

霜多正次, 「日本文化の伝統と朝鮮」, 『季刊三千里』第3号: 三千里社, 1975年.

西田勝, 「田岡嶺雲の朝鮮観」, 『季刊三千里』第4号, 三千里社, 1975年.

小沢有作, 「日本人の朝鮮観」, 『季刊三千里』第4号, 三千里社, 1975年.

松本健一, 『日本の失敗』, 岩波書店, 2007年.

松原新一, 「中国と日本, 朝鮮と日本」, 『季刊三千里』第8号, 三千里社, 1976年.

松井やより, 「ある手紙」, 『季刊三千里』第12号, 三千里社, 1977年.

松村武司, 「朝鮮に生きた日本人ーわたしの「京城中学」」, 『季刊三千里』第21号, 三千里社, 1980年.

水沢耶奈, 「三十六年の「腐蝕」」, 『季刊三千里』第23号, 三千里社, 1980年.

窪寺紘一, 『東洋学事始: 那珂通世とその時代』, 平凡社, 2009年.

伊藤成彦, 「大逆事件と「日韓併合」一一つの仮説」, 『季刊三千里』第17号, 三千里社, 1979年.

李進熙, 「編集を終えて」, 『季刊三千里』第23号, 三千里社, 1980年.

日高六郎・金達寿, 「体制と市民運動」, 『季刊三千里』第6号, 三千里社, 1976年.

日高六郎, 「私の<朝鮮経験>」, 『季刊三千里』第13号, 三千里社, 1978年.

猪狩章, 丹藤佳紀, 鄭敬謨, "「四・一九と今日の韓国」, 『季刊三千里』第22号, 三千里社, 1980年.

前田康博, 「冬の時代・ソウル」, 『季刊三千里』第25号, 三千里社, 1981年.

浄土卓也, 「高校生の朝鮮観」, 『季刊三千里』第14号, 三千里社, 1978年.

佐藤信行, 「八・一五に思う」, 『季刊三千里』第32号, 三千里社, 1982年.

中島岳志, 『アジア主義』, 潮出版, 2010年.

春名徹, 「主観的国際秩序の中の朝鮮・日本」, 『季刊三千里』第20号, 三千里社, 1979年.

春名徹, 「連載を終えて」, 『季刊三千里』第26号, 三千里社, 1981年.

鶴見俊輔・姜在彦, 「15年戦争下の日本と朝鮮」, 『季刊三千里』第32号, 三千里社, 1982年.

和田春樹, 「一九七〇年代を歩きはじめて」, 『季刊三千里』第3号, 三千里社, 1975年.

제4장

김계자, 「1950년대 재일조선인의 문화운동-서클시지 진달래를 중심으로」, 『아시아문화연구』제44집, 가천대학교아시아문화연구소, 2017년.

마경옥, 「해방 후 재일조선 문학운동-『조선 문예』와 『진달래』의 갈등을 중심으로」, 『한국융합학회논문지』 제11권제2호, 한국융합학회, 2020년.

이승진, 「문예지진달래(ヂンダレ)에 나타난 '재일' 의식의 양상」, 『일본연구』 제37집, 중앙대학교일본연구소, 2014년.

하상일, 「김시종과 진달래」, 『한민족문화연구』57, 한국어와문학, 2017년.

ねずまさし,「朝鮮から学んだこと」,『季刊三千里』第17号, 三千里社, 1979年.

姜尚暉,「主体概念の誕生」,『季刊三千里』第20号, 三千里社, 1979年.

宮田浩人,「在日朝鮮人の顔と顔」,『季刊三千里』第8号, 三千里社, 1976年.

金徳順,「在日50年」,『季刊三千里』第16号, 三千里社, 1978年.

金石範,「「在日」とはなにか」,『季刊三千里』第18号, 三千里社, 1979年.

藤野雅之,「私の朝鮮体験」,『季刊三千里』第19号, 三千里社, 1979年.

鈴木道彦,「或る私的回想」,『季刊三千里』第21号, 三千里社, 1980年.

鈴木道彦,『越境の時—1960年代と在日』, 集英社, 2007年.

李銀子, 申英哲, 張善浩, 金是仁, 金禮子, 金誠智,「在日2世の生活と意見」,『季刊三千里』第8号, 三千里社, 1976年.

李仁夏,「民族差別と闘いながら」,『季刊三千里』第24号, 三千里社, 1980年.

尾崎彦朔,「悔いのみ, 多し」,『季刊三千里』第25号, 三千里社, 1981年.

梶村秀樹,「植民地支配者の朝鮮観」,『季刊三千里』第25号, 三千里社, 1981年.

山下肇,「朝鮮人とユダヤ人」,『季刊三千里』第24号, 三千里社, 1980年.

杉浦明平,「私の周りの朝鮮」,『季刊三千里』第14号, 三千里社, 1978年.

西順蔵,「ぼくの朝鮮経験は」,『季刊三千里』第4号, 三千里社, 1975年.

小松茂夫,「思い出させられること」,『季刊三千里』第13号, 三千里社1978年.

小野十三郎,「定住者の文学」,『日本文学』26巻4号, 日本文学協会, 1977年.

小野十三郎,「風景とは私にとって何か」,『季刊三千里』第10号, 三千里社, 1977年.

松原新一,「中国と日本, 朝鮮と日本」,『季刊三千里』第8号, 三千里社, 1976年.

松村武司,「朝鮮に生きた日本人—わたしの「京城中学」」,『季刊三千里』第　号, 三千里社, 1975年.

須藤宣,「36年間の憶い出」,『季刊三千里』第23号, 三千里社, 1980年.

水澤耶奈,「古代との重なりの中で」,『季刊三千里』第14号, 三千里社, 1978年.

安岡章太郎,「弱者の偏見-S上等兵の記憶」,『季刊三千里』第2号, 三千里社, 1975年.

安秋玲,「在日朝鮮人として」,『季刊三千里』第13号, 三千里社, 1978年.

鄭仁,「『チンダレ』のころ」,『季刊三千里』第9号, 三千里社, 1977年.

中野実,「おんどるばん」,『季刊三千里』第32号, 三千里社, 1982年.

崔英愛,「韓國の教會で」,『季刊三千里』第24号, 三千里社, 1980年.

秋山駿,「朝鮮—切れ切れの出会い」,『季刊三千里』第23号, 三千里社, 1980年.

後藤明生,「『夢かたり』拾遺」,『季刊三千里』第7号, 三千里社, 1976年.

제5장

김용안, 「『계간 삼천리』 시좌(視座) 연구-11호 특집 「일본인과 조선어」을 중심으로」, 『日本硏究』Vol.70, 한국외국어대학교 일본연구소, 2016年.

김용안, 「『계간삼천리』연구-「우키시마마루호 폭침」기사를 중심으로」, 『日本硏究』Vol.72, 한국외국어대학교 일본연구소, 2017년.

김태영, 「에스닉 미디어에 나타나는 자기정체성의 전개: 季刊誌『三千里』『靑丘』를 중심으로 한 재일한인의 민족적 성격의 변화」, 『韓国民族文化』30, 한국민족문화연구소 2007년.

朴正義, 「『季刊三千里』の立場(1):総連との決別」, 『日本文化學報』第48輯, 한국일본문화학회, 2011年.

손동주·신종대·이수진·이상수, 「재일한인의 커뮤니티 구축:『계간 삼천리』를 통하여 본 정책변화를 중심으로」, 『동북아문화연구』제35집, 동북아시아문화학회, 2013년.

윤건차, 「「在日」을 산다는 것-「不遇意識」에서 출발하는 普遍性」, 『僑胞政策資料』第53號, 海外僑胞問題研究所, 1996年.

최범순, 「『계간 삼천리』(季刊三千里)의 민족정체성과 이산적 상상력」, 『日本語文學』Vol.41, 한국일본어문학회, 2009년.

金靖純外, 「われらの青春時代」, 『季刊三千里』第9号, 三千里社, 1977年.

岡部一明, 「大民族社会への流れ」, 『季刊三千里』第42号, 三千里社, 1985年.

姜尚中, 「「在日」の現在と未来の間」, 『季刊三千里』第42号, 三千里社, 1985年.

宮田浩人, 「在日朝鮮人の顔と顔」, 『季刊三千里』第8号, 三千里社, 1976年.

金英達, 『在日朝鮮人の帰化』, 明石書店, 1990年.

金泰泳, 「在日コリァンの言論におけるアイデンティティの変遷-季刊誌『三千里』『青丘』にみる70年代から90年代の「在日」」, 『東洋大学社会学部紀要』45巻1号, 東洋大学社会学部, 2007年.

梁泰昊, 「事実としての「在日」-姜尚中氏への疑問」, 『季刊三千里』第43号, 三千里社, 1985年.

李銀子外, 「在日2世の生活と意見」, 『季刊三千里』第8号, 三千里社, 1976年.

文京洙, 「「在日」についての意見-協調への模索」, 『季刊三千里』第39号, 三千里社, 1984年.

朴正義, 「『季刊三千里』の立場(2):金日成主義批判による北韓との決別」, 『日本文化學報』第50輯, 한국일본문화학회, 2011年.

朴正義, 「『季刊三千里』が語る在日の日本定住-日本国籍否定から定住外国人」, 『日本文化學報』第62輯, 한국일본문화학회, 2014年.

徐京植, 「引き裂かれた者たち―徐京植さんに聞く」, 『ホルモン文化』8, 新幹社, 1998年.
徐正禹, 「生活の現場から」, 『季刊三千里』第39号, 三千里社, 1984年.
徐正禹, 「問われる在日の自立と主体」, 『季刊三千里』第50号, 三千里社, 1987年.
小林孝行, 「「在日朝鮮人問題」についての基礎的考察」, 『ソシオロジ』第24巻3号, 社会学研究会, 1980年.
松原新一, 「中国と日本, 朝鮮と日本」, 『季刊三千里』第8号, 三千里社, 1976年.

제6장

이만열, 『한국 근현대 역사학의 흐름』, 푸른역사, 2007년, pp.524-573.

姜尚中, 「福田德三の 「朝鮮停滞史観」-停滞論の原像」, 『季刊三千里』第49号, 三千里社, 1987年, p.80
姜在彦, 「金芝河の思想を考える―それはどこに立っているのか」, 『季刊三千里』第10号, 三千里社, 1977年, pp.28-37.
姜在彦・李進熙, 「日本における朝鮮研究の系譜」, 『季刊三千里』第34号, 三千里社, 1983年, p.73.
季刊三千里編集部, 「神奈川大自主講座朝鮮論」, 『季刊三千里』第3号, 三千里社, 1975년, p.217.
高崎隆治, 「俗流 「内鮮一体」 小説の擬態―中本たか子 「島の挿話」」, 『季刊三千里』第23号, 三千里社, 1980年, pp.227-229.
光岡玄, 「福沢諭吉の国権論・アジア論」, 『季刊三千里』第34号, 三千里社, 1983年, p.42.
久野収, 小沢有作, 旗田巍, 金達壽, 「まず言葉から」, 『季刊三千里』第11号, 三千里社, 1977年, p.78.
宮田節子, 「内鮮一体・同化と差別の構造」, 『季刊三千里』第31号, 1982年, p.56.
金達壽 久野収, 「相互理解のための提案」, 『季刊三千里』第4号, 三千里社, 1975年, p.22
金石範, 「金芝河 「良心宣言」を読んで」, 『季刊三千里』第4号, 三千里社, 1975年, pp.96-106.
金芝河(梶井陟訳), 「苦行…1974」, 『季刊三千里』第2号, 三千里社, 1975年, pp.113-119.
金芝河の母, 「金芝河の母の訴え―全州キリスト教会の祈祷会にて」 『季刊三千里』第6号, 三千里社, 1976年, pp.40-43.
金学鉉, 「光は獄中から・金芝河の思想」, 『季刊三千里』第19号, 三千里社, 1979年, pp.154-167.
大江健三郎, 「金芝河・サルトル・メイラー」, 『季刊三千里』第3号, 三千里社, 1975年, pp.17-20.

大沼久夫,「石橋湛山と朝鮮独立論」,『季刊三千里』第32号, 1982年, p.124.

碓井隆次,「佐藤信淵と河上肇: 帝国主義思想と社会主義思想」,『社會問題研究』21(1・2), 大阪社会事業短期大学社会問題研究会, 1971年, pp.1-20.

渡瀬常吉,『朝鮮教化の急務』, 警醒社書店, 1913年, pp.2-3.

瀧川修吾,「征韓論と勝海舟」,『日本大学大学院法学研究年報』33, 日本大学大学院法学研究科, 2003年, pp.83-130.

牧原憲夫,『客分と国民のあいだ』, 吉川弘文館, 1998年, pp.8-9.

尾崎彦朔,「悔いのみ, 多し」,『季刊三千里』第25号, 三千里社, 1981年, p.19.

飯沼二郎,「柏木義円と朝鮮」,『季刊三千里』第13号, 1978年, p.36.

霜多正次,「日本文化の伝統と朝鮮」,『季刊三千里』第3号, 三千里社, 1975년, p.13.

上田正昭,「「征韓論」とその思想」,『季刊三千里』第3号 三千里社, 1975年, p.36.

石母田正,『歴史と民族の発見』, 東京大学出版会, 1981年, p.27.

石川昌,「明治期ジャーナリズムと朝鮮—征韓論から甲申事変まで」,『季刊三千里』第41号, 三千里, 1985年, p162

小沢有作,「日本人の朝鮮観」,『季刊三千里』第4号, 三千里社, 1975年, p.37.

円谷真護,「金芝河に関するノオト—『苦行・獄中におけるわが闘い』を読んで」,『季刊三千里』第17号, 三千里社, 1979年, pp.131-137.

姉崎正治,『南北朝問題と国体の大義』, 博文館, 1911年, p.86, p.103.

前田康博,「金芝河氏の呼びかけ」,『季刊三千里』第3号, 三千里社, 1975年, pp.113-119.

折原裕,「江戸期における重商主義論の展開: 佐藤信淵と横井小楠」,『敬愛大学研究論集』(44), 敬愛大学・千葉敬愛短期大学, 1993年, pp.105-129.

鄭敬謨,「新3・1独立運動の背景」,『季刊三千里』第10号, 三千里社, 1977年, p.43.

鄭敬謨,「韓国民主化運動の理念」,『季刊三千里』第8号, 三千里社, 1976年, p.115.

佐藤信淵,『混同秘策』, 穴山篤太郎, 1888年, p.1.

中井毬栄,「金芝河にとっての民衆」,『季刊三千里』第15号, 三千里社, 1978年, pp.148-155.

中井毬栄,「金地下のこと」,『季刊三千里』第10号, 三千里社, 1977 三千里社, p.39-41.

川上征雄,「佐藤信淵の国土計画思想に関する研究」,『都市計画. 別册, 都市計画論文集』30, 1995年, pp.379-384.

春名徹,「「主観的国際秩序」の中の朝鮮・日本」,『季刊三千里』第21号, 三千里社,1980年, p.114.

針生一郎,「未完の旅路—金芝河とロータス賞メダルのあいだ」,『季刊三千里』第11号, 三千里社, 1977年, pp.132-138.

鶴見祐輔,「民族の自覚」,『日本及日本人』第2巻第1号, 日本新聞社, 1951年, p.38.

鶴見俊輔,「韓国から日本へ」,『季刊三千里』第25号, 三千里社, 1981年, p.179.

鶴見俊輔・金達寿,「激動が生みだすもの」,『季刊三千里』1号, 三千里社, 1975年, pp.12-31.
丸山敏雄,『天津日を日神と仰ぎ奉る国民的信仰に就いて』, 土井永市, 1939年, pp.108-109.
荒木貞夫,『全日本國民に告ぐ』, 大道書院, 1933年, p.18.
後藤広子,「佐藤信淵における近代国家への指向」,『日本大学精神文化研究所・教育制度研
　　　究所紀要』(5), 日本大学精神文化研究所・教育制度研究所, 1971年, pp.35-58.

초출일람(初出一覽)

제1장

전성곤, 「'자이니치(在日)'가 묻는 새로운 '세계'와 균질함이라는 낡은 '국민국가'」, 『아시아연구』23권4호, 한국아시아학회, 2020년 11월.

제2장

전성곤, 「『계간삼천리』에 교차하는 공간과 주체」, 『日本思想』제 36호, 한국일본사상사학회, 2019년 6월.

제3장

전성곤, 「아시아 제국주의'와 '전후 민주주의'의 함정」, 『인문사회 21』11(2), 아시아문화학술원, 2020년 04월

제4장

전성곤, 「'재일되기'와 '재일외부' 사유에 대한 가능성 - 『계간삼천리』를 중심으로」 『인문사회 21』10(3), 아시아문화학술원, 2019년 06월.

제5장

전성곤, 「New Struggle towards Decolonization: World of Border Crossers - Centered on Quarterly Samchenli」, 『디아스포라연구』vol.14.no1. 글로벌디아스포라연구소, 2020년.

제6장

전성곤, 「'세계주의'의 편승이라는 '식민주의'와 도립(倒立) '내셔널리즘」, 『일본사상』제39호, 한국일본사상사학회, 2020년 12월.

색인어

전성곤

일본 오사카(大阪)대학 대학원에서 일본학을 전공, 문학박사. 오사카대학 외국인초빙
연구원, 고려대학교 일본연구센터 HK연구교수, 중국 북경외국어대학 일본연구센터 객
원교수, 중국 북화대학 교수를 지냈고, 현재 한림대학교 일본학연구소 HK교수이다.
주요 저서로는 「내적 오리엔탈리즘 그 비판적 검토 근대 일본의 식민 담론들」, 「일본인
류학과 동아시아」, 「일본탈국가론」 등이 있으며, 역서로는 『재일 한국인』, 『근대일본의
젠더 이데올로기』, 『고류큐(古琉球)의 정치』가 있다.

『계간삼천리』
· 가교 · 차연
Doing
자이니치

초판인쇄 2021년 1월 15일
초판발행 2021년 1월 15일

지은이 전성곤
펴낸이 채종준
펴낸곳 한국학술정보㈜
주소 경기도 파주시 회동길 230(문발동)
전화 031) 908-3181(대표)
팩스 031) 908-3189
홈페이지 http://ebook.kstudy.com
전자우편 출판사업부 publish@kstudy.com
등록 제일산-115호(2000. 6. 19)

ISBN 979-11-6603-286-8 93330